人権法の現代的課題

ヨーロッパとアジア

中西優美子 [編]

法律文化社

Translation from the English language edition:
Contemporary Issues in Human Rights Law: Europe and Asia
Edited by Yumiko Nakanishi

Copyright © Springer Nature Singapore Pte Ltd. 2018

Springer Nature Singapore Pte Ltd. is part of Springer Science+Business Media
All Rights Reserved.

はしがき

　本書は、原書Yumiko Nakanishi (ed.), *Contemporary Issues in Human Rights Law: Europe and Asia*, Springer, 2018を基礎にしている。もっとも、単に日本語に翻訳するのではなく、『人権法の現代的課題』というタイトルで、日本語で出版する意味を考え、そのままの翻訳書ではなく、あらためて書き直された論文も含まれている。それゆえ、英語版の目次及び内容とは、同一ではない。

　本書は、3部構成になっている。「第1部　ヨーロッパにおける人権」、「第2部　アジアにおける人権」、「第3部　ヨーロッパとアジアにおける個別の人権問題」。『人権法の現代的課題』というタイトルが示すように、多くの章が新聞やテレビ等で問題となっている現代の人権にかかわる事項を扱っている。もっとも、教科書では取り扱わない専門性をもつ論稿も含まれていることから、どの章も読者の利便性を考慮して、要約を章の最初につけた。

　第1部では、「第1章　EUの対外関係において人権を保護するメカニズム」（中西優美子）、「第2章　EUにおける基本権レジーム——その範囲をさぐる」（フェルディナンド・ヴォッレンシュレーガー（翻訳：中西優美子））、「第3章　EUにおける共通庇護制度の発展」（中西優美子）、「第4章　欧州人権条約及びEU基本権法における非差別の原則」（ニール・ペーターソン（翻訳：中西優美子））において、EUやヨーロッパにかかわる人権を中心に取り扱っている。

　第2部では、「第5章　日本における基本権の保護と司法部門の役割」（只野雅人）、「第6章　国際人権法の形式的地位は重要であるか？——国際人権法の拘束力に関する枠組志向の観点から」（黃舒芃（翻訳：渡辺豊））、「第7章　アジア地域と国際刑事裁判所」（竹村仁美）において、アジアを中心とした人権問題を取り扱っている。

　第3部では、「第8章　外国人の人権保障における「普遍性」の諸局面——国民国家型vs.相互承認型」（大藤紀子）、「第9章　ヨーロッパ及びアジアにおける女性の権利とジェンダー平等」（サラ・デ・ヴィード（翻訳：渡辺豊））、「第10章　表現の自由——特に日本とドイツの学説の比較を中心に」（實原隆志）、「第11章

i

アジアにおける中国の開発銀行」(マティアス・ファンフレブッシュ (翻訳：渡辺豊)) と幅広いトピックが扱われている。

また、原書は、EUSI東京 (2017年3月活動終了) の国際シンポジウムを基礎としており、Open Access (https://www.springer.com/gp/book/9789811061288) になっているので、関心をもたれたら、原書も読んでほしいと考える。

翻訳にあたっては、第6章、第9章及び第11章を国際人権法が専門の新潟大学法学部教授の渡辺豊先生にお世話になった。翻訳を快く引き受けていただいたことに感謝したい。

最後に、学術出版が難しいなか、本書の意義を理解し、出版の道筋をつけていただいた、法律文化社の舟木和久氏に感謝したい。中西優美子編『EU環境法の最前線——日本への示唆』(法律文化社、2016年) のときも、企画・編集・校正において大変お世話になり、今回もまた同様にお世話になった。心よりお礼申し上げたい。

2018年9月吉日

国立市にて　中西優美子

〔付記〕なお、本書は、平成30年度科研費「EUの権限と個人の権利に関する体系的研究」の成果の一部である。

目　　次：『人権法の現代的課題——ヨーロッパとアジア』

はしがき

第1部　ヨーロッパにおける人権

第1章　EUの対外関係において人権を保護するメカニズム
………………………………………………………… 中西優美子　3
　　Ⅰ　はじめに　3
　　Ⅱ　価値、原則及び目的　5
　　Ⅲ　EUの対外関係における人権に関する権限　9
　　Ⅳ　結　論　18

第2章　EUにおける基本権レジーム——その範囲をさぐる
……………… Ferdinand Wollenschläger（翻訳：中西優美子）　24
　　Ⅰ　はじめに　24
　　Ⅱ　EU行動に関する国内及びEUの基本権の限界の設定　25
　　Ⅲ　構成国の行動に関する国内及びEUの基本権の制限　32
　　Ⅳ　結　論　39

第3章　EUにおける共通庇護制度の発展 …………………… 中西優美子　56
　　Ⅰ　はじめに　56
　　Ⅱ　EUの共通庇護政策　57
　　Ⅲ　EUの共通庇護制度　59
　　Ⅳ　結びに代えて——今後の発展　69

第4章　欧州人権条約及びEU基本権法における非差別の原則
………………………… Niels Petersen（翻訳：中西優美子）　78
　　Ⅰ　はじめに　78
　　Ⅱ　欧州人権条約　80
　　Ⅲ　EU基本権法　83
　　Ⅳ　結　論　87

第2部　アジアにおける人権

第5章　日本における基本権の保護と司法部門の役割 ……… 只野雅人　97

 I　はじめに　*97*
 II　日本の違憲審査制度　*99*
 III　消極性の背景　*101*
 IV　曖昧な変化　*104*
 V　むすび　*108*

第6章　国際人権法の形式的地位は重要であるか？
――国際人権法の拘束力に関する枠組志向の観点から
……………………………………… 黄舒芃（翻訳：渡辺豊）　114

 I　はじめに　*114*
 II　国内法における国際（人権）法の地位と規範的役割　*115*
  ――ドイツと台湾の比較
 III　国内憲法秩序における国際人権法の重要性に関する人権の観点　*119*
 IV　結　論――枠組指向の観点からの国際人権法の地位の問題　*122*

第7章　アジア地域と国際刑事裁判所 ……………………… 竹村仁美　129

 I　はじめに　*129*
 II　国際刑事裁判所に対するアジア地域の非積極姿勢の背景　*130*
 III　アジア地域と国際刑事裁判所の現状　*131*
 IV　アジア地域と国際刑事裁判所の未来　*138*
 V　おわりに　*140*

第3部　ヨーロッパとアジアにおける個別の人権問題

第8章　外国人の人権保障における「普遍性」の諸局面 ……… 大藤紀子　147
――国民国家型 vs. 相互承認型

 I　はじめに　*147*
 II　国民国家型の人権保障――性質説の内実　*150*
 III　国　籍――人権が保障されるための資格　*153*
 IV　おわりに――トランスナショナルな時代における国民国家の普遍的人権　*160*

第9章 ヨーロッパ及びアジアにおける女性の権利とジェンダー平等
　　　　　………………………… Sara De Vido（翻訳：渡辺豊）　*166*
　　Ⅰ　はじめに　*166*
　　Ⅱ　国際的レベルにおける女性の権利の進展　*169*
　　Ⅲ　ヨーロッパ及びアジアにおける女性の権利の進展とジェンダー平等　*172*
　　Ⅳ　地域化と法システム間の対話——結論　*185*

第10章 表現の自由——特に日本とドイツの学説の比較を中心に …… 實原隆志　*195*
　　Ⅰ　はじめに——2016 World Press Freedom Index　*195*
　　Ⅱ　日本における表現の自由　*196*
　　Ⅲ　ドイツとの比較　*201*
　　Ⅳ　おわりに　*209*

第11章 アジアにおける中国の開発銀行——人権の観点
　　　　　………………… Mattias Vanhullebusch（翻訳：渡辺豊）　*212*
　　Ⅰ　はじめに　*212*
　　Ⅱ　発展の権利——中国による新国際経済秩序への正統性付与　*214*
　　Ⅲ　資金供与、開発と中国——参加から組織設立まで　*220*
　　Ⅳ　アジアにおける開発融資——中国の人権指標に関する可能性　*224*
　　Ⅴ　結　論　*229*

索　引

第 1 部
ヨーロッパにおける人権

第1章

EUの対外関係において人権を保護するメカニズム

中西　優美子

■ 要約

　EUにおける人権の保護は、徐々に発展してきている。EUは、独自の基本権カタログ、EU基本権憲章を有している。EUにおける人権は、EU法とEU司法裁判所によって保障されている。現在、人権に関する対内及び対外における一貫性が必要とされている。リスボン条約は、この一貫性を達成するためのメカニズムを供するものである。つまり、リスボン条約は、EUの対外関係において人権の主流化（mainstream）を可能にするものである。一方、リスボン条約はEU条約2条においてEUの諸価値を定め、EU条約21条において政治的諸原則を規定している。他方、リスボン条約はEUに新たな権限を付与している。さらに、前者と後者と組み合わせにより、EUは人権規定を含む国際協定のみならず、国際人権協定も締結できるようになっている。加えて、EU条約21条は、人権保護の文脈における相互作用（cross-fertilisation）をもたらす手段としても用いられうる。

I　はじめに

　EUにおける基本権の保護は、EU司法裁判所の役割、特に1970年代以降の役割によって発展してきた。[1] EU司法裁判所は、EUにおける基本権を保障するために、EU構成国に共通の憲法的伝統と欧州人権条約に依拠してきた。[2] リスボン条約は、EUにおける基本権の保護に変更を加えた。同条約は、2000年に欧州議会、EU理事会及び欧州委員会によって厳粛に宣言されたEU基本権憲章に法的拘束力を与えた。EU司法裁判所は、ドイツ連邦憲法裁判所のよう

な国内（憲法）裁判所及び欧州人権裁判所により影響を受けつつ、EU基本権憲章に依拠して、EUにおける基本権を保障している。

　他方、EU司法裁判所は、第三国に対しては裁判管轄権を有していないため、EUの対外関係における人権の保護に関しては重要な役割を果たしてきておらず、また、果たすことができない。同裁判所は、EUの裁判所であって、国際裁判所ではない。実際、EUの対外関係において人権に関する事件はあまり存在しない。むしろ、立法機関及び執行機関（欧州議会、理事会及び委員会）が、この分野ではより積極的に活動している。例えば、理事会は、人権に直接関係する国際的な事項を扱う専門機関、つまり人権に関するワーキンググループ（Working Party on Human Rights（COHOM））を擁する[3]。理事会は、世界における人権及び民主主義に関する年次報告書を公表している[4]。ジャン・ブター（Jan Wouters）等は、裁判所の制限的なアプローチはEU法秩序の完全性（integrity）及び自律性を保護したいという希望によって理解されるとし、他方、立法機関の積極性は国際レベルにおける発展を形成する責任ある国際アクターとしてのEUを代表するEUの政治的機関としての希望に照らして理解されると説明する[5]。EU外交安全保障上級代表及び欧州委員会は、「人権をEU事項の中心に据えて」と題される人権及び民主主義に関する行動計画（2015-2019）の共同COM文書を公表し[6]、2015年7月20日に、理事会は、2015〜2019年の期間に対する「人権及び民主主義に関する行動計画」を採択した[7]。同行動計画は、紛争と危機を防ぎまた対処する、包括的な人権アプローチを確保し、EUがよりよく政策の一貫性を確保するために、EU政策の対外側面において人権を主流化すると述べている[8]。人権の保護は、EUの政策の中で主要な要素となっている。上述した共同COM文書は、行動の戦略的分野を特定化している。そのうちの1つがより一貫性を促進することである。同文書は、EUの政策、特に、貿易・投資、移民・難民、開発政策並びにテロ対策、の対外側面における人権考慮を主流化することが必要であると述べている[9]。さらに、欧州議会は、世界における人権及び民主主義並びに2015年EU政策の年次報告書の決議を公表した[10]。このようにEUの立法機関及び執行機関は、EUの対外関係における人権の保護を補完しかつ促進し、また、人権に関するEUの対内行動と対外行動の間の一貫性を改善することに寄与している。

リスボン条約は、EU内と同様にEUの対外関係における人権を保護するメカニズムを供している。本章は、リスボン条約がどのようにEUの対外関係において人権を主流化することを可能にしているかを示すことを目的としている。一方、リスボン条約はEU条約2条においてEUの諸価値を、EU条約21条1項において政治的諸原則を、EU条約3条5項及び21条5項において目的を規定している。他方、リスボン条約はEUに新しい権限を付与している。さらに、前者と後者の組み合わせが人権を含む国際協定のみならず、国際人権協定を締結することを可能にしている。加えて、EU条約21条は、人権保護の文脈において相互作用（cross-fertilisation）の手段として用いられる。まず、EUの諸価値、政治的諸原則及び目的を取り扱う。次に、人権にかかわるまたは人権に関する国際協定を含む、EUの対外関係における権限を明確にすることを目的とする。

II 価値、原則及び目的

1 EUにおける人権の保護

EUの対外関係における人権を議論する前に、EUの対内政策と対外政策の間の一貫性を説明するために、EUにおける基本権保護について簡単に触れておきたい。EU条約21条は、すべての対外政策間のみならず、対外政策と対内政策間の一貫性を要請している[11]。

1958年の欧州経済共同体の初期においては、共同体は経済統合、特に共同市場の達成を目指した。共同体は基本権カタログの欠如のために批判されていた[12]。EU司法裁判所によって、基本権は1974年の4/73 Nold事件[13]の後、共同体（現在EU）において十分に保障されている。リスボン条約以降、EU司法裁判所は、EUにおける基本権を保障するために、EU構成国に共通の憲法的伝統及び欧州人権条約と同様にEU基本権憲章に依拠することができる。ピエト・エックハウト（Piet Eeckhout）は、EUの人権保護制度が法の統合（構成国の憲法と欧州人権条約）によって特徴づけられるとしている[14]。

EU司法裁判所は、もしEUにおいて基本権を保護するために必要であれば、国際的な義務、それが国際連合の義務であれ、と合致しない判決を下すこ

ともためらわない。EU司法裁判所の立場は、Kadi事件で示された。そこでは、国際協定により課される義務は、EC条約の憲法的原則(すべてのEUの法行為は基本権を尊重しなければならないという原則を含む)を損なう効果をもちえないと判示された。

さらに、EUの基本権保護にとって重要なものは、EUの司法制度である。EU条約19条1項は、完全な司法制度、とりわけEU運営条約267条の先決裁定手続を通じて、を確保する。EU司法裁判所の確立された判例法によると、条約は、機関の行為の合法性を確保するための司法的救済と手続の完全な制度を設定している。国内裁判所は、効果的な法的保護を確保するためにEUの司法制度の中に組み込まれている。これは、積極的な意味での多層司法制度 (multi-layered judicial system) の具体化である。EU法秩序及びEU機関、とりわけEU司法裁判所により、EUレベルにおいて基本権を保障するメカニズムが存在すると捉えられる。

2 リスボン条約とEUの対外関係における人権

リスボン条約は、2009年12月1日に発効した。同条約は、既存の条約、すなわち、EC条約とEU条約を本質的に変更した。同条約は、EUの対外関係における人権の保護を変更している。これに関して異なるレベルでの2つの大きな変更が存在する。1つは、EUの諸価値及び政治的諸原則に関係する。もう1つは、EUの権限の改正にかかわる。後者については、Ⅲのところで議論する。

3 EUの諸価値、政治的諸原則及び目的

(1) EUの諸価値

リスボン条約は、EUの諸価値を初めて規定した。ステファン・ウェザリル (Stephen Weatherill) は、1958年のローマ条約には価値を追求する使命はなかったが、リスボン条約はこれを完全に変更し、その発効からEUは諸価値を有するようになったと述べている。これらは、目的追求と活動に当たって条約に規定されている。また、彼はEU条約2条が「EUを価値によって動かされるプロジェクトとして」位置づけていると指摘している。価値はEUの最上のレベルに位置づけられている。マリス・クレモナ (Marise Cremona) は、諸価値を分析

し、EUのアイデンティティとその憲法秩序の不可欠の部分としてみなしている[19]。EU条約2条は、EUが基礎とする諸価値を規定している。つまり、人間の尊厳の尊重、自由、民主主義、平等、法治主義、人権の尊重である。人権の保護は、EUの価値の1つである。EU条約2条は人権を尊重することをEUに義務づけている[20]。

EUの諸価値は、EU機関によってのみならず、EUの構成国によっても尊重されるべきである。条約における諸価値の明示的な規定は、EU構成国にとっても意味がある。例えば、その挿入の意味は、包括的経済貿易協定（CETA）に関するドイツ連邦憲法裁判所の判決の中にもみられる。

EUとカナダはCETAの交渉を終了した。市民や市民グループは、CETAの署名を許可するEU理事会の決定、暫定的適用、同協定の締結はドイツ基本法（憲法）の38条1項の下での基本権に違反するとして、ドイツ連邦憲法裁判所に仮命令を求めて提起した[21]。ドイツ連邦憲法裁判所は、口頭手続の翌日、CETAの署名の直前に判決を下した。同裁判所は、CETAの暫定的適用のドイツの承認を妨げる仮命令は、欧州の対外、対外経済政策の分野で連邦政府の立法裁量に介入することになり、ひいてはそのような仮命令の発行はEUの対外政策及びEUの国際的な地位にマイナスの効果をもたらしてしまうだろうとした[22]。すなわち、同裁判所は、ドイツの利益のみならず、EUの利益を考慮した。さらに、EUの国際的な地位は、EU法秩序におけるEUの価値の国際的な効果を強化するために貿易関係の分野においてEUの基準をグローバルの基準とするEUと構成国の努力に関係するとして、EUの諸価値に言及した[23]。同裁判所は、EU規範の標準化における利益と世界におけるEUの諸価値の拡大の重要性を十分に認識している。

(2) 政治的諸原則

リスボン条約は、EUの対外行動に関する一般規定と共通外交及び安全保障政策に関する特別規定をEU条約21～46条に規定し、また、EUの対外行動に関する一般規定をEU運営条約205～222条に規定することによってEUの対外関係を体系化した。EU条約21条1項は、一般的な政治的諸原則を定めている。もっともリスボン条約以前には開発政策に関するEC条約177条（旧EC条約130u条）及び経済、財政及び技術協力に関するEC条約181a条においては人権

の尊重と民主主義が規定されていたが。現在、政治的諸原則はこれらの政策に適用されるが、それだけではなく、すべての対外行動に適用されるようになった[24]。EU条約21条1項は、諸原則として、民主主義、法治主義、人権と基本的自由の普遍性及び不可分性、平等及び連帯の原則、国際連合の原則及び国際法の尊重を挙げている。これらの諸原則は、EUの対外行動のためのEU運営条約205条において再確認されている。

　人権の尊重、民主主義及び法治主義などのいくつかの政治的諸原則は、発展途上国に財政的支援をする場合にコンディショナリティとして用いられてきた。しかし、EU条約21条1項は、すべてのEUの対外行動に適用される。このことは、政治的諸原則が先進国に対しても適用されることを意味する。

　実際、EUとカナダは、CETAとともに、政治的諸原則を定める協定である、戦略的パートナーシップ協定（SPA）に調印した[25]。これは、先進国への政治的諸原則を適用した最初のケースである。SPAの2条1項は、「EU、または、EU構成国及びカナダが当事者である……国際人権条約及び他の法的拘束力のある文書に定められているように、民主主義の原則、人権及び基本的自由の尊重は、当事者の各々の国内及び国際的政策を支え、この協定の本質的な要素を構成する。」と規定する。SPAの28条7項によると、もし人権の特に重大で実質的な違反がある場合は、CETAの終了の理由になりうるとされている。

　加えて、EU条約21条1項は、人権と同様に国際連合憲章の原則及び国際法の尊重を政治的諸原則の1つとして列挙し、さらに、EUは、政治的諸原則を「共有する第三国、国際、地域またはグローバルな組織との関係を発展させ、パートナーシップを構築することを求める」と定めている。この規定は、対外関係において人権を保護することをEUに奨励している。また、EUは、政治的諸原則を具体化する、国際協定に拘束されうる。これらの協定は、EUにおける人権の保護のレベルを向上させうる。この意味において、EU条約21条は、人権の文脈で相互作用の手段として用いられる。

(3) 目　的

　EU条約3条5項及びEU条約21条2項は、対外関係におけるEUの目的を規定している。

　EU条約3条1項は、EUの目的が平和、価値及び人々の福祉を促進するこ

とであると規定している。EUの価値の促進は、対外関係のためのEU条約3条5項の中にみられる。同項は、「連合は、その価値及び利益を維持し、促進しなければならない」、また、「人権の保護を尊重しなければならない」と定めている。上述したドイツ連邦憲法裁判所の判決は、EUの構成国としてこの目的に寄与した。

EU条約21条2項は、「連合は、次の事項のために、共通の政策及び措置を確定し、実施し、並びに国際関係のすべての分野における高度な協力に向けて尽力する。(a)連合の価値、基本的利益、安全、独立及び不可侵を保護すること、(b)民主主義、法治主義、人権及び国際法の諸原則を確固たるものにし、支援すること……」と定める。EUの価値を保護し、人権を確固たるものとし、支援することは、EUの目的とみなされる。

ジョリス・ラリク (Joris Larik) は、EU条約21条に含まれる規定を通じて、EUの対外関係の「アクティブ・パラダイム」は、存在意義の内在的な合法化の一部として、世界とのEUの積極的な取り組みにアプローチすることと同様にグローバルスケールでの価値の促進を強調することに収束するとしている[26]。エミリー・レイド (Emily Reid) は、リスボン条約がEUの対外人権政策の法的根拠に関して明確性を与え、EU条約21条2項(b)の下では、EUは人権保護を追求する義務をもっていると指摘した[27]。

EU条約3条5項及びEU条約21条2項の目的、他方、EUとの権限の組み合わせは、EUに対内及び対外政策を追求するのと同様に世界において人権を保護することを可能にする。

Ⅲ　EUの対外関係における人権に関する権限

1　リスボン条約以前の権限と実行

EUは、権限付与の原則に基づいている（EU条約5条）。これは、EUが構成国によりEUに付与された権限の範囲内において対内及び対外政策において行動できることを意味する。1993年発効のマーストリヒト条約は、EU条約F条（現行EU条約6条）において上述したEU司法裁判所の実行、つまり、構成国に共通の憲法的伝統及び欧州人権条約への言及、を法典化した。しかし、EU司

法裁判所は、裁判所意見2/94[28]において、共同体は欧州人権条約に加入する権限を有さず、条約の改正が必要であるとした。レイドは、共同体の行動が服する基本的原則としての人権と個別の人権政策そのものを発展させる権限の間には差異があることを指摘した[29]。つまり、人権は共同体法の一般原則として認識されるが、人権に関するEUの特定の権限はないということを指摘した。

マーストリヒト条約は、EUの対内関係における立憲主義を確固なものとし、対外関係におけるその発展を反映させた。最も重要な変更は、開発協力にするEC条約130u条（リスボン条約以前ではEC条約177条、現在はEU運営条約208条）の導入であった。さらに、この変更は、第三国とEUによって締結された国際条約における人権条項の導入につながった[30]。共同体（現EU）は、人権の分野で個別的な権限を付与されていなかった。しかし、このことは、共同体（現EU）が締結する国際協定が人権条項を含みえないことを意味しない。事実、EUが第三国と締結した多くの国際協定は人権条項を含んでいる[31]。さらに、人権条項は、これらの協定の本質的な要素とみなされてきている。また、それらの権利に違反がある場合は、EUは協定を一時停止したり、終了することができる[32]。

さらに、EU司法裁判所は、C-268/94ポルトガル対理事会事件において、EC条約130u条2項は、開発協力の分野で措置をとる場合には、共同体が人権尊重の目的を考慮に入れることを要請するとし、また、人権尊重が関連する協定の本質的要素を構成するという単なる事実はEC条約130u条2項に規定されている目的を超えるものではないと判示し、このことを確認した[33]。

2　価値、目的及び権限の間の関係

構成国は条約（EU条約及びEU運営条約）において目的を達成するための権限をEUに付与している（EU条約1条1項）。EUは、対内政策の分野と同様に対外政策の分野において権限付与の原則に基づいて行動することができる。EUがたとえ条約において明示的に対外権限を付与されていないとしても、EUは一定の条件の下でいわゆる黙示的権限を用いて、第三国及び国際組織と国際協定を交渉し、かつ、締結することができる（EU運営条約3条2項及びEU運営条約216条1項）。さらに、EUが排他的対外権限（例えばEU運営条約207条）または条

件を満たし（例えば協定が共通法規に影響を与えうる場合）排他的黙示的権限を有する場合、EUは構成国の参加なしに単独で国際協定を締結することができる。他方、EUが排他的明示的または黙示的権限を有さないが、共有権限を有する場合は、EUは構成国とともに協定を締結することができる。この場合、締結された協定は混合協定となる。国際協定の締結にとって重要なのは、EUが権限を付与されていることである。たとえ、規定対象が人権の保護に関連していたとしても、EUがEUの価値、原則または目的に基づいて条約を締結するための対外権限を拡大することはできない。

　EU条約2条のEUの諸価値は抽象的で、実際にそれらを定義することは困難である[34]。それらは広く解釈されうる。しかし、EUの諸価値はEUの権限を拡大するために用いられることはできない。EUの権限は、権限付与の原則に基づいている。エルフサリア・ネフラミ（Eleftheria Neframi）は、EU司法裁判所がEUと構成国間の権限の垂直的配分を規律する憲法的機能を行う役割を与えられてきたと指摘する[35]。EUの対外関係においては、同裁判所は国際的分野における統一性の目的を追求する一方で権限付与の原則の尊重を確保しなければならない。もっともディートリッヒ・ムルスヴィーク（Dietrich Murswiek）は、EU権限はEU機関によって拡大されてきたとするが[36]。エスター・ヘルリン・カーネル（Ester Herlin-Karnell）は、EUの諸価値の拡大は、EU権限の適切な監視の観点から注意深い考慮を要請するとする[37]。また、同時にカーネルは、EUが何をすることができるかという問題に関して、正当化手段としての「価値」への言及は監視するのが困難であるとも指摘する[38]。

　EU条約21条2項に列挙されている目的は包括的なものである。しかし、それらはEUの権限を拡大する手段を正当化するものとしては用いられえない。ネフラミは、実質的な個別の目的は、EU運営条約第5部においてEUに付与されている個別の対外行動に一致する一方で、EU条約21条2項(h)におけるより多角的な協力及びよいグローバル・ガバナンスに基づく国際制度を促進する目的は連合の個別の権限と結びつかないことを指摘する[39]。

　EUは、EU条約2条におけるEUの価値、EU条約21条1項の政治的諸原則またはEU条約3条5項もしくはEU条約2条2項の目的から国際人権条約を締結する権限を導出することはできない。

第1章　EUの対外関係において人権を保護するメカニズム　11

3　2つのタイプの国際人権協定

　人権に関する国際協定に2つのタイプが存在する[40]。第1のタイプは、人権規定を含んでいる国際協定である。これは、人権の保護が国際協定の一部を形成しているものの、主要な規定対象ではないものを意味する。第2のタイプは、人権に関する国際協定である。これは、協定の主要な規定対象が人権に関係することを意味する。

　共同体（現在はEU）は、人権に関する国際協定を締結する個別の権限を有していなかった。他方、特にマーストリヒト条約以降、EUは、開発政策、拡大政策、近隣政策、経済及び技術協力政策の文脈において本質的要素として人権条項を含む国際協定を締結してきた[41]。このことは、EUが人権の保護を規律する国際協定を締結できることを意味する。

4　人権規定をもつ国際協定

(1)　人権の水平的条項

　EUは、その権限を拡大したりまたは創設したりするためにEUの価値、原則または目的に依拠することはできない。しかし、このことは、EUが人権の保護を規定する国際協定を締結できないことを意味しない。ネフラミは、EU条約21条及びEU運営条約205条における対外行動の目的へのグローバルなアプローチは、個別の目的が他の主要な個別の目的に一致する対外権限の行使を通じて付随的に追求されうることを指摘している[42]。これは、人権保障が付随的に追求されうるという考え方につながる。上述したように、EUにより締結されてきた多くの国際協定が人権条項を含んでいる。現在、リスボン条約がEU条約2条、3条及び21条に挿入した、価値、原則及び目的を適用することによって、人権を含む国際協定をEUが締結する可能性がより高まっている。なぜならそれらの規定は水平的条項（horizontal clauses）として機能するからである。

　条約にはいくつかの水平的条項と呼ばれるものがある。例えば、環境保護に対してはEU運営条約11条が、また動物福祉に対してはEU運営条約13条がある。EU運営条約11条は、環境統合原則を規定している。この原則に従えば、「環境保護の要請は、とりわけ持続可能な発展を促進する意図をもって、連合

の政策及び活動の策定と実施において統合されなければならない」となる。結果として、環境保護に関する措置は、環境政策分野の法的根拠条文であるEU運営条約192条1項のみならず、他の政策分野における法的根拠条文、例えばEU運営条約43条、114条、194条に基づいても採択可能となる。理論的に、委員会、理事会、欧州議会は、すべてのEUの対内及び対外政策において環境保護の側面を組み入れなければならない。実際、持続可能な発展の概念は、国際貿易協定の中にみられる[43]。

　EU運営条約13条は、動物福祉（animal welfare）に関する水平的条項である。EUと構成国は、農業、運輸、域内市場等の分野において感覚ある生物としての動物の福祉に十分に配慮しなければならない。EUは、動物福祉のために個別的な権限を有していないが、動物福祉に関する多くの措置が採択されてきている[44]。さらに、EUが締結し、または交渉している国際協定は動物福祉に言及する規定を含んでいる[45]。

　人権の保護は、EU条約2条におけるEUの価値の1つであり、EU条約21条1項の政治的原則の1つである。人権の保護は、開発協力に関するEC条約177条に規定されていた。EUの措置は、第三国における人権の尊重を促進することを目的とするEUの活動を組織するために採択された[46]。EU司法裁判所は、C-268/94ポルトガル対理事会事件[47]において、開発協力の分野のEUの措置は、上述したように人権尊重の目的を含むことができることを確認した。現在、EU条約21条2項は、人権を確固なものとし、支援するために、「連合が共通政策及び措置を確定し、実施し、並びに国際関係のすべての分野における高度な協力に向けて尽力する[48]」と定めている。このことは、EU条約21条がEUの対外関係における人権の保護のための水平的条項とみなされうることを意味する。結果として、人権の考慮は、EUのすべての対外行動の中にみられるべきものである。

　次に例を示す。EU運営条約209条は、開発協力のための条文であり、他方、EU運営条約212条は、第三国との経済、財政及び技術的協力のための条文である。EU運営条約209条及び212条に基づいて、世界規模で民主主義及び人権のための財政的手段を設定する、規則235/2014が欧州議会と理事会により採択された[49]。同規則の前文は、EU条約2条におけるEUの価値とEU条約21条の原

則に言及し、目的としての人権の保護を強調している。

(2) EU運営条約207条：共通通商政策

　共通通商政策は、1958年にEECが設立されたときから規律されている最も古い政策の1つである。共通通商政策は、EEC条約113条に規定されていた。その後、数回改正された。リスボン条約以降、EU運営条約207条が共通通商政策を規律している[50]。現在、伝統的な貿易だけでなく、対外直接投資、知的財産の商業的側面、サービス貿易も共通通商政策の枠組に属する。EUは、この分野において排他的権限を有する (EU運営条約3条1項(e))。

　共通通商政策のためのEU運営条約207条がどのように人権規定を含む国際協定を締結する法的根拠となりうるか。アクセル・マックス (Axel Marx) 等は、EU条約21条の下で、EUは、とりわけ民主主義、法治主義及び人権を確固たるものとし、環境とグローバルな自然資源の持続可能な管理を維持し改善するために、対外政策と行動を追求しなければならないとする[51]。彼らは、これらの目的が共通通商政策に適用されると指摘する[52]。クレモナは、共通通商政策はEU条約21条から導出される持続可能な発展を追求し、人権を保護するという委任を受けているとする[53]。ラリクは、共通通商政策において、EUは、国際的場裏において1つの声で話し、グローバルに広げられる委任のメッセージは、EU条約21条及び3条5項に見つけられるとする[54]。学説によれば、人権事項は、EU条約21条に従い共通通商政策において含まれる、または、含まれなければならないということに同意があると考えられる。このことは、EU条約21条は人権のために権限を創設したり、拡大したりすることはできないが、委員会に貿易の文脈で人権事項について交渉し、協定において人権的考慮を含めるよう委任することを意味する。実際、リスボン条約以降、EUが締結または交渉中の自由貿易協定 (FTA) は、明確な人権規定を含んでいる。さらに、EU司法裁判所は、EUとシンガポールのFTAに関する裁判所意見2/15において、共通通商政策がEU条約21条1項及び2項の諸原則及び目的の中で実施されるべきであり、それゆえ、社会的及び環境的事項に関する規定は共通通商政策の範囲に入るということを明確にした[55]。これは、リスボン条約以降の共通通商政策の実質的な変化を示している。

　さらに、人権が関係する共通通商政策の措置の例がある。2014年4月14日

に、理事会は、盲目、視覚的な障がい者、または他のプリント障がい者に対して出版された作品へのアクセスを容易にするためのマラケシュ条約に署名する決定を採択した。理事会決定2014/221は、EU運営条約114条及び207条を法的根拠条文とした。[56]

5 国際人権協定

(1) 一 般

EUは、国際人権条約を締結する個別的な権限を必要とする。これらの権限は、EUの価値、原則または目的からは導出されえない。上述したように、過去においては、人権条約を締結するための個別の権限がEUに付与されていなかった。EU司法裁判所は、1996年に裁判所意見2/94でこのことを明確にした。[57] EU（共同体）は、権限の欠如のために欧州人権条約に加入できなかった。リスボン条約によりEU条約6条2項は、EUが欧州人権条約に加入することを規定している。このことは、EUが欧州人権条約に加入できるだけでなく、それに加入しなければならないことを意味する。もっともEUはまだ欧州人権条約の当事者ではないが[58]、EU条約6条2項は、欧州人権条約の加入のみを規定している。

EUは、国際人権条約を一般的に締結する権限を有しているのか。それについて、とりわけ、EU運営条約19条、114条、82～86条及び352条を検討する。EU運営条約19条は、非差別に関する法的根拠条文である。EU運営条約114条は、域内市場の設立と運営のための措置の接近に関する法的根拠条文である。EU運営条約82条～86条は、リスボン条約以降刑事事項における司法協力のための新しい規定である。EU運営条約352条は、EUの目的を追求するための潜在的権限とみなされてきた。

(2) EU運営条約19条及び114条

リスボン条約発効する直前の2009年11月26日に、理事会は国際連合の障がいをもった者の権利に関する条約（以下国連条約）の締結に関する決定を採択した。[59] この国連条約は、国際人権条約、つまり人権に関する国際条約の1つである。理事会決定2010/48は、EC条約13条（現EU運営条約19条）及びEC条約95条（現EU運営条約114条）に基づいている。前文7段によると、共同体（現EU）及び

構成国は、国連条約の対象とする分野において権限をもっている。決定の４条は、共同体の排他的権限に属する事項については、共同体が国連条約により創設された機関の会合において共同体を代表し、他方、共同体と構成国に共有権限に入る事項に関しては、共同体と構成国が機関の会合において共同体の立場を代表するために前もって適当な取決めを決定しなければならないと規定している。このことは、EUが国連条約を締結するにあたって部分的に排他的権限を、部分的に共有権限をもっていたことを意味する。

理事会は、EU運営条約19条（旧EC条約13条）に従い、性別、人種もしくは種族的出身、宗教もしくは信条、障がい、年齢、または、性的指向に基づく差別と闘うために全会一致により適切な行動をとることができる。この法的根拠は、他の法的根拠ともに重畳的に用いることが可能である[60]。EU運営条約19条（旧EC条約13条）は、独立した法的根拠条文としても用いられうる。EC条約13条（現EU運営条約19条１項）は、1999年に発効したアムステルダム条約により挿入された[61]。EC条約13条２項（現EU運営条約19条２項）は、2003年発効のニース条約によってEC条約に追加された。さらに、EU運営条約19条は、人権に関する国際条約を締結するために多くの潜在性をもっている。

EU運営条約114条（旧EC条約95条）は、域内市場の設立と運営のための法的根拠条文である。この条文は、様々な措置に便利に適用されてきた[62]。もっともいくつかの措置はEU司法裁判所において権限の欠如を理由に取消が求められてきたが[63]。

EU運営条約19条及び114条は、上述した国連条約を締結するのに重畳的に依拠された。EU運営条約19条は、障がいのみならず、様々な差別を規定している。それぞれの条文及び２つの条文の組み合わせにより、EUの対外関係において人権を主流化する文脈の中で人権に関する国際条約を締結する法的根拠条文となりうる。

(3) EU運営条約82条～86条

リスボン条約後、いわゆる第３の柱はEU運営条約に規定され、いわゆる第２の柱はEU条約に残された。第３の柱は、自由、安全及び司法（特に刑事事項における司法協力、警察協力）の領域にかかわる。EU運営条約82条、83条、84条、85条及び86条が司法協力措置の法的根拠条文となりうる。

委員会は、欧州評議会の女性に対する暴力及びドメスティック・バイオレンス防止条約[64]の署名に関する理事会決定及びその締結に関する理事会決定の提案を行った[65]。同条約の両提案によると、決定の法的根拠は、EU運営条約82条2項及び84条である。サラ・デ・ヴィード (Sara De Vido) は、EU運営条約19条も追加的に法的根拠になるべきだとする[66]。EU運営条約82条2項は、判決及び司法決定の相互承認を容易にし、並びに国境を越える側面を有する警察・司法協力事項のための最小限の法規を設定する法的根拠条文である。EU運営条約84条は、「犯罪防止の分野で構成国の行動を促進し、支援するための措置を設定する」ために利用される。

リスボン条約以降、司法協力の分野でEU運営条約82条～86条に基づき、EUは人権に関して国際協定を交渉し、かつ、締結することができる。

(4) EU運営条約352条

過去において、EU司法裁判所は、裁判所意見2/94において、EC条約235条（現EU運営条約352条）の法的性質及び限界を明確にした。裁判所は、EC条約235条は、欧州人権条約への加入の効果は条約を改正することになってしまうので、欧州人権条約への加入のための法的根拠条文としては用いることができないとした[67]。さらに、裁判所は、人権の尊重は、共同体行為の合法性のための条件であり、欧州人権条約への加入は人権の保護のための共同体制度における実質的な変更を伴うことになると判示した[68]。最終的に、裁判所は、共同体における人権保護制度へのそのような修正は、EC条約235条の範囲を超えることになるとした[69]。

しかし、リスボン条約により、状況は変化した。人権に関する国際条約を締結することは、人権の保護のEUの制度に実質的な変更をもたらさない。上述したように、人権の保護は、EUの価値に属し、政治的な原則の具体化とEUの目的の実現を意味する。EU運営条約352条は、潜在的な権限としてみなされる。例えば、EU基本権庁 (EU Agency for Fundamental Rights) は、理事会規則168/2007によって設立された[70]。その法的根拠条文は、EC条約308条（現EU運営条約352条）であった。EU運営条約352条は、「EUによる行動が条約に規定される目的のいずれかを達成するために必要であり、条約が必要な権限を規定していない場合、……理事会は、適切な措置をとる。」と規定している。人権の

保護は、EUの最も重要な目的の1つである。EU運営条約352条は、条文の条件と手続の下で、かつ、権限付与の原則を尊重しつつ、人権に関する国際条約を締結するための法的根拠条文となりうる。

Ⅳ 結 論

すでに2004年にエックハウトは、人権事項はEUの対外行動の多くの異なる側面において組み入れられてきていること、また、多くの措置が民主主義と法治主義を確固たるものとし、人権保護を促進するために用いられていることを指摘していた[71]。彼は、同時に、より意味のある対外人権政策に向けての途上には憲法上のハードルがあり、この分野におけるEUの権限についてはEUと構成国の連邦的なバランスのために人権の重要性に照らして議論があることも指摘していた[72]。過去においてはこのことは真であった。

パイビ・レイノ（Paivi Leino）は、人権が共有された利益の対象として提示されることを指摘する[73]。EUは、EU条約21条に示される政治的諸原則を共有する第三国及び国際組織と関係を発展させ、パートナーシップを構築することを求める[74]。彼は、実際、これらがEUの対外政策における人権の主流化を通じて、また、人権考慮をEUによって締結される国際条約の側面とすることによって実現されるとしている[75]。今日においては、このことが真である。

リスボン条約はこれを可能にする。一方、EU条約2条においてEUの諸価値が定められ、EU条約21条1項において対外行動において適用されるべき政治的諸原則が規定され、EU条約3条5項及び21条2項においてこの分野において包括的な目的が定められている。例えば、人権事項を含む持続可能な発展がFTAに挿入されたが、EU司法裁判所は裁判所意見2/15において、これはEU条約21条1項及び2項と結びついて共通通商政策の範囲に入ると判示した[76]。

他方、EUはEU運営条約82条～86条において司法協力に対して新しい権限を有している。これらの条文は、人権に関する国際協定を締結する際に依拠されうる。EU運営条約19条及び114条もそれらの協定の締結の法的根拠条文となりうる。共通通商政策における207条及び他の政策における他の条文は、EU条約2条、EU条約3条5項及びEU条約21条と結びついて人権の支援を強化

する文脈で用いられうる。さらに、EU運営条約352条は、EU条約2条、3条5項及び21条と結びついて人権に関する国際条約を締結する法的根拠条文となる潜在性をもっている。リスボン条約によるこれらの変更は、EUに人権がEUの対外関係において主流化することを可能にする。EU条約21条は、人権の文脈における相互作用の手段としての役割を果たすと捉えることができる。

【注】

1) CJEU, Case 4/73, *Nold v. Commission*, ECLI: EU: C: 1974: 51.
2) CJEU, Case 44/79, *Hauer v. Land Rheinland-Pfalz*, ECLI: EU: C: 1979: 290.
3) http://www.consilium.europa.eu/en/council-eu/preparatory-bodies/working-party-human-rights/ (last accessed 1 May 2018).
4) Annual report on human rights and democracy in the world 2015, thematic part, http://data.consilium.europa.eu/doc/document/ST-10255-2016-INIT/en/pdf (last accessed 1 May 2018), and country and regional issues part, http://data.consilium.europa.eu/doc/document/ST-12299-2016-INIT/en/pdf (last accessed 1 May 2018).
5) Jan Wouters, Jed Odermatt, and Thomas Ramopoulos, "Worlds Apart? Comparing the Approaches of the European Court of Justice and the EU Legislature to International Law", in Marise Cremona and Anne Thies (eds.), *The European Court of Justice and External Relations Law*, Hart Publishing, Oxford, 2014, p. 246, p. 276.
6) The High Representative and the European Commission, JOIN (2015) 16, 28 April 2015.
7) Council of the EU, 10897/15, http://data.consilium.europa.eu/doc/document/ST-12299-2016-INIT/en/pdf (last accessed 1 May 2018).
8) *Ibid.*, p. 3.
9) *Ibid.*, p. 6.
10) European Parliament, A8-0355/2016, 14 December 2016, Annual Report on Human Rights and Democracy in the World and the European Union's Policy on the Matter 2015, http://www.europarl.europa.eu/sides/getDoc.do?pubRef=-//EP//TEXT+TA+P8-TA-2016-0502+0+DOC+XML+V0//EN&language=EN (last accessed 1 May 2018).
11) Marise Cremona, "Coherence in European Union foreign relations law", in Panos Koutrakos (ed.), *European Foreign Policy*, Edward Elgar, Cheltenham, 2011, p. 55, p. 77.
12) For example, the so-called Solange I decision by the German Federal Constitutional Court, BVerfGE 37, 285, Order of the Second Senate of 29 May 1974, 2 BvL 52/71.
13) CJEU, Case 4/73, *Nold v. Commission*, Judgment of 14 May 1974, ECLI: EU: C: 1974: 51.
14) Piet Eeckhout, "The European Convention on Human Rights and Fundamental Freedoms as an Integral part of EU law-Some reflections on Status and Effect", in E

Govaere, P. Lannon, V. Elsuwege, and S. Adam (eds), *The European Union in the World, Essays in Honour of Marc Maresceau*, Martinus Nijhoff Publisher, Leiden, 2014, p. 87, p. 97.

15) CJEU, Joined Cases C-402/05 P and C-415/05 P, *Kadi and AI Barakaat International Foundation v. Council*, Judgment of 3 September 2008, ECLI: EU: C: 2008: 461, paras. 285, 326 and 327; CJEU, Joined Cases C-584/10 P, C-593/10 P and C-595/10 P, *Commission and others v. Kadi*, Judgment of 18 July 2013, ECLI: EU: C: 2013: 518, paras. 22 and 23.

16) Ex. CJEU, Case C-461/03, *Gaston Shul Douane-expediteur BV v. Minister van Landbouw, Natuur en Voedselkwaliteit*, Judgment of 6 December 2005, para. 22, EU: C: 2005: 742; CJEU, Joined Cases C-402/05 P and C-415/05 P, *supra* note (15), para. 285; CJEU, Joined Cases C-584/10 P, C-593/10 P and C-595/10 P, *supra* note (15), para. 22; Yumiko Nakanishi, "The EU's Rule of Law and the Judicial Protection of Rights", *Hitotsubashi Journal of Law and Politics* 46 (2018), pp. 1-12.

17) Stephen Weatherill, *Law and Values in the European Union*, Oxford University Press, Oxford, 2016, p. 393.

18) *Ibid.*, p. 393.

19) Marise Cremona, "Values in EU Foreign Policy", in M. Evans and P. Koutrakos (eds), *Beyond the Established Legal Orders*, Hart Publishing, Oxford, 2011, p. 275, p. 313.

20) See Weatherill, *supra* note (17), p. 128.

21) BVerfG, Urteil des Zweiten Senats vom 13 Oktober 2016, 2 BvR 1368/16; 中西優美子「ドイツ連邦憲法裁判所のEUとカナダの自由貿易協定（CETA）の締結に関する仮命令」自治研究93巻2号（2017年）84-95頁; 三宅雄彦「ドイツ憲法判例研究（202）CETA（欧加自由貿易協定）暫定適用決議への連邦政府の同意［連邦憲法裁判所第二法廷2016.10.13］」自治研究94巻3号（2018年）146-152頁。

22) BVerfG, *Ibid.*, Rn. 47 and 48.

23) BVerfG, *Ibid.*, Rn. 48.

24) Yumiko Nakanishi, "Political Principles in Article 21 TEU and Constitutionalism", *Hitotsubashi Journal of Law and Politics* 42 (2014), p. 11, p. 18.

25) OJ of the EU 2016 L329/45, Strategic Partnership Agreement between the EU and its Member States, of the one part, and Canada, of the other part.

26) Joris Larik, "Shaping the international order as an EU objective", in Dimitry Kochenov and Fabian Amtenbrink (eds), *The European Union's Shaping of the International Legal Order*, Cambridge University Press, Cambridge, 2014, p. 62, p. 63.

27) Emily Reid, *Balancing Human Rights, Environmental Protection and International Trade*, Hart Publishing, Oxford, 2015, p. 126.

28) CJEU, Opinion 2/94, Accession to the ECHR, Opinion of 28 March 1996, ECLI: EU: C: 1996: 140; 中西優美子「29 EUの欧州人権条約への加盟」同『EU権限の判例研究』（信山社、2015年）305-310頁。

29) Reid, *supra* note (27), p. 120.

30) Nakanishi, *supra* note（24）.
31) Ex. Nakanishi, *supra* note（24）, p. 13; Lorand Bartels, "Human rights and sustainable development obligations in EU free trade agreements", in: Jan Wouters, Axel Marx, Dylan Geraets, and Brengt Natens (eds.), *Global Governance through Trade,* Edward Elgar, Cheltenham, 2015, p. 73, pp. 74-81.
32) The procedure of suspension is regulated by Article 218（9）TFEU; see Panos Koutrakos, *EU International Relations Law*, 2nd ed, Hart Publishing, Oxford, 2015, p. 155.
33) CJEU, Case C-268/94, *Portugal v. Council*, Judgment of 3 December 1996, ECLI: EU: C: 1996: 461, paras. 23-24; see Koutrakos, *supra* note（32）, pp. 67-70; Reid, *supra* note（27）, pp. 124-126.
34) Paivi Leino, "The Journey Towards All that is Good and Beautiful: Human Rights and 'Common Values' as Guiding Principles of EU Foreign Relations Law", in Marise Cremona and Bruno de Witte (eds.), *EU Foreign Relations Law*, Hart Publishing, Oxford, 2008, p. 259, p. 289, p. 263.
35) Eleftheria Neframi, "Vertical Division of Competences and the Objectives of the European Union's External Action", in Marise Cremona and Anne Thies (eds.), *The European Court of Justice and External Relations Law*, Hart Publishing, Oxford, 2014, p. 73.
36) Dietrich Murswiek, "Das Lissabon-Urteil des Bundesverfassungsgerichts aus der Sicht eines Prozessvertreters. Reflexionen zu Demokratie und Souveränität in Europa", in Ivo Appel, Georg Hermes and Christoph Schönberger (eds.), *Öffentliches Recht im offenen Staat, Festschrift für Rainer Wahl zum 70. Geburtstag*, Duncker & Humblot, Berlin, p. 779, p. 787; 中西優美子訳「訴訟代理人の見地からのドイツ連邦憲法裁判所のリスボン判決──欧州における民主主義と主権についての考察」ディートリッヒ・ムルスヴィーク著（畑尻剛編訳）『ディートリッヒ・ムルスヴィーク論文集　基本権・環境法・国際法』（中央大学出版部、2017年）423-454頁参照。
37) Ester Herlin-Karnell, "EU values and the shaping of the international legal context", in Dimitry Kochenov and Fabian Amtenbrink (eds.), *The European Union's Shaping of the International Legal Order*, Cambridge University Press, Cambridge, 2014, p. 89, p. 95.
38) *Ibid.*, p. 95.
39) Neframi, *supra* note（35）, p. 73.
40) Cf. Piet Eeckhout, *External Relations of the European Union*, Oxford University Press, Oxford, 2004, p. 470.
41) For example, Nakanishi, *supra* note（24）, p. 13; Bartels, *supra* note（31）, pp. 74-81.
42) Neframi, *supra* note（35）, p. 90.
43) See Bartels, *supra* note（31）, pp. 82-88; 例えば、日EU間の経済連携協定（EPA）案の16章は「貿易と持続可能な発展」に当てられている。
44) Yumiko Nakanishi, "The Principle of Animal Welfare in the EU and Its Influence in Japan and the World", in Yumiko Nakanishi (ed), *Contemporary Issues in Environmental Law*, Springer, Tokyo, 2016, p. 87, pp. 88-91, pp. 101-104 and pp. 109-111; 中西優美子

「第6章　EUにおける動物福祉措置の意義と国際的な影響」同編『EU環境法の最前線――日本への示唆』(法律文化社、2016年) 86、87-90頁。
45)　For details, Yumiko Nakanishi, "Animal Welfare in the European Union's External Relations Law", in Jeremiah Weaver (ed.), *Animal Welfare*, 2016, Nova Science Publishers, New York, 2016, p. 125, pp. 138-142.
46)　Alan Dashwood, "Article 47 TEU and the relationship between first and second pillar competences", in Alan Dashwood and Marc Maresceau (eds.), *Law and Practice of EU External Relations*, Cambridge University Press, Cambridge, 2008, p. 70, p. 85 and footnote 44.
47)　CJEU, Case C-268/94, *Portugal v. Council*, Judgment of 3 December 1996, ECLI: EU: C: 1996: 461, paras. 23-24.
48)　下線部筆者による。
49)　OJ of the EU 2014 L77/85.
50)　For details, see Marc Bungenberg and Christoph Herrmann (ed.), *Common Commercial Policy after Lisbon*, Springer, Berlin, 2013.
51)　Axel Marx, Bregt Natens, Dylan Geraets, and Jan Wouters, "Global governance through trade: an introduction", in Wouters, Marx, Geraets, and Natens (eds.), *Global Governance through Trade*, Edward Elgar, Cheltenham, 2015, p. 1, p. 4.
52)　*Ibid.*, p. 4.
53)　Marise Cremona, "A Reticent Court? Policy Objectives and the Court of Justice", in Cremona and Thies (eds.), *The European Court of Justice and External Relations Law*, Hart Publishing, Oxford, 2014, p. 15, p. 19.
54)　Larik, *supra* note (26), p. 65.
55)　CJEU, Opinion 2/15, FTA between the EU and Singapore, Opinion of 16 May 2017, ECLI: EU: C: 2017: 376, paras. 141-142 and 167.
56)　OJ of the EU 2014 L115/1.
57)　CJEU, Opinion 2/94, *supra* note (28).
58)　CJEU, Opinion 2/13, Accession to the ECHR, Opinion of 18 December 2014, ECLI: EU: C: 2014: 2454; 中西優美子「欧州人権条約加入に関するEU司法裁判所の判断」一橋法学 14巻3号 (2015年) 1213-1241頁。
59)　Council of the EU, Council Decision of 26 November 2009 (2010/48/EC), OJ of the EU 2010 L23/35.
60)　See Rudolf Streinz, "Art. 19 AEUV", in Rudolf Streinz (ed.), *EUV/AEUV Kommentar*, 2 Aufl., C.H. Beck, Müchen, 2012, Rn. 3.
61)　*Ibid.*, Rn. 1.
62)　Ex. Regulation 1007/2009 on trade in seal products, OJ of the EU 2009 L286/36; Council Decision (2014/221/EU) on the signing of the Marrakesh Treaty to facilitate access to published works for persons who are blind, visually impaired, or otherwise print disabled, OJ of the EU 2014 L115/1.
63)　Ex. As for advertising tobacco products, see CJEU, Case C-376/98, *Germany v. EP and Council*, Judgment of 5 October 2000, ECLI: EU: C: 2000: 544; as for seal products,

see Case T-526/10, Inuit Tapiriit Kanatami and others, Judgment of 25 April 2013, ECLI: EU: T: 2013: 215 and Case C-398/13 P, inuit Tapiriit Kanatami and others, Judgment of 3 September 2015, ECLI: EU: C: 2015: 535; as for an agency of the EU (ESMA), see CJEU, Case C-270/12, *UK v. EP and Council*, Judgment of 22 January 2014, ECLI: EU: C: 2014: 18.

64) European Commission, COM (2016) 111, 4 March 2016; この条約について、今井雅子「欧州評議会『女性に対する暴力及びドメスティック・バイオレンス防止条約』」国際女性 No. 25（2011年）124-126頁。
65) European Commission, COM (2016) 109, 4 March 2016.
66) The Convention is also referred to as the Istanbul Convention on Preventing and Combating Violence against Women and Domestic Violence. For details, see Sara De Vido, "The Ratification of the Council of Europe Istanbul Convention by the EU: A Step Forward in the Protection of Women from Violence in the European Legal System", *European Journal of Legal Studies*, Vol. 9, Issues 2, 2017, p. 69.
67) CJEU, Opinion 2/94, *supra* note (28), para. 30.
68) *Ibid.*, para. 34.
69) *Ibid.*, para. 35.
70) Council Regulation 168/2007 of 15 February 2007 establishing a European Union Agency for Fundamental Rights, OJ of the EU 2007 L53/1.
71) Eeckhout, *supra* note (40), p. 473.
72) *Ibid.*, p. 483.
73) Leino, *supra* note (34), p. 263.
74) *Ibid.*, p. 261.
75) *Ibid.*, p. 261.
76) CJEU, Opinion 2/15, *supra* note (55), paras. 141-142.

第2章
EUにおける基本権レジーム
―― その範囲をさぐる

フェルディナンド・ヴォッレンシュレーガー（Ferdinand Wollenschläger）
（翻訳：中西優美子）

■ 要約

　EU構成国においては、国内憲法、EU基本権憲章及び欧州人権条約という複数の制度において基本権・人権が保障されている。それらを保障する機関も国内（憲法）裁判所、EU司法裁判所及び欧州人権裁判所となっている。EU構成国においては、基本権保護は、多層な構造をしている。この基本権保護の重なりは、場合によっては実体的な問題のみならず、手続的な問題を引き起こす。本章では、まず、EUの法行為に対する国内基本権のかかわりあい、特にドイツ連邦憲法裁判所がどのように対処しているかが示される。特に2015年の欧州逮捕状判決で示された「Solange Ⅲ」とも呼ばれる、憲法アイデンティティを維持するための不可侵原則審査が検討されている。次に、2009年に発効したリスボン条約によりEU基本権憲章が法的拘束力をもつようになったが、それにEU構成国がどの範囲において拘束されるかがEU司法裁判所のアプローチと国内（憲法）裁判所のアプローチを対比しながら示される。

I　はじめに

　様々な基本権保護制度が欧州連合（EU）において運用されているが、それらは、時折重なる。つまり、国内憲法（連邦制度をもつ国においてはさらに州等の憲法による制度の重なりも存在する）、EU基本権及び欧州人権条約に基づく制度が重なりを見せる。これは、それぞれの適用範囲をどのように決定するかという、実体的のみならず、手続的な問題を生じさせる。なぜなら、異なる裁判

所、特にEU司法裁判所、欧州人権裁判所及び国内憲法裁判所が基本権の保護を任されているからである。また、裁判管轄権及び裁判所間の紛争が生じうるまたは生じているため、センシティブかつ議論の多い問題でもある。トップダウンの観点から、このような問題は、アメリカやドイツのような連邦制度をもつ国家における経験の中で確認されてきたが、基本権カタログの広範囲にわたる適用は、意味のある統一化（unitarisation）を必然的に伴いうる。逆に、ボトムアップの観点から、分散された保障をEUの行動に適用することは、統一的な適用を危険にさらしめるかもしれない。

このようなことを背景にして、第1に、EU行動に対する国内の基本権の関連性（relevance）を検討する。この点につき、最近のドイツ連邦憲法裁判所（以下憲法裁判所）の欧州逮捕状判決（2015年12月15日）は、憲法上の留保（例えば有名な「Solange」判決のような）が、理論的な関連性のみならず、実際の関連性もあることを示している。第2に、本章は、議論の多い、2009年に発効したリスボン条約により最終的な形で規定されたEU基本権に構成国が拘束される範囲についての問題を対象とする。ここでは、EU司法裁判所（以下司法裁判所）の広いアプローチ（特にFransson事件）を国内裁判所の制限的立場と比較する。

Ⅱ　EU行動に関する国内及びEUの基本権の限界の設定

EU行動がEU基本権により包括的に拘束されることが明らかな場合（EU基本権憲章（以下憲章）51条参照[1]）、EU行動への国内基本権の適用可能性には議論が存在する[2]。もっとも、この点につき、EUと国内の観点を区別する必要性がある。しかし、これらの2つの観点の接近が観察されうる。

1　EU法の観点

自律的な法秩序としてのEU法の理解を前提として、司法裁判所は、EU行動への国内基本権の（直接）適用可能性を否定している。司法裁判所は、すでに1964年の画期的な *Costa v. E.N.E.L.* 事件において、「条約から生じる法、独立した法源は、その特別のかつ独自の性質のために、いかなる形の国内法規定によっても覆されえない。そうでなければ、共同体法は、共同体法としての特

質が奪われ、また、共同体の法的基礎が疑問視されることになるだろう[3]」と判示した。1970年12月17日に下されたインターナチオナーレ貿易会社事件判決において、司法裁判所は、基本権の保護に関して以下のような認識を明確化した。

「共同体機関によって採択された措置の有効性を判断するために国内法の規範や概念に依拠することは、共同体法の統一性及び効果に悪影響をもたらすことになるだろう。そのような措置の有効性は、共同体法に照らしてのみ判断される。事実、条約から生じる法、独立した法源は、その特別のかつ独自の性質のために、いかなる形の国内法規定によっても覆されえない。そうでなければ、共同体法は、共同体法としての特質が奪われ、また、共同体の法的基礎が疑問視されることになるだろう。それゆえ、構成国における共同体の措置の有効性またはその効果は、国家の憲法または国内憲法構造の原則により規定される基本権と矛盾するという主張によって影響を受けえない[4]。」

2 国内憲法の観点
(1) 欧州統合のための憲法上の条件

この問題に関して、異なる国内法的視点が存在する。様々なアプローチにかかわらず、国内法秩序がEU法の無条件の優位を認識しておらず、その優位を特に基本権の十分な保護に依らしめる[5]。ドイツを例にとってみる。よく知られた憲法裁判所の1974年の*Solange*判決は、EU法の優位がEUレベルにおける基本権保護の基準に依る、つまり、実質的にドイツ基本法（ドイツ憲法）の不可欠な要件に相当するものでなければならないとした[6]。それゆえ、憲法裁判所は、基本法に規定される基本権基準に反するEU行動を審査する権利を留保する。欧州統合への基本法の開放性（openness）を考慮して（Cf. 前文及び基本法23条に規定される欧州統合の目標）、憲法裁判所は、そのような基準がEUレベルにおいて、特に司法裁判所により保障される限り、同審査権を行使しない。憲法裁判所は、1986年10月22日の*Solange II*判決以来、このことを確認してきた[7]。憲法裁判所が展開してきた欧州統合に関するこれらの境界線は、欧州統合のための特別の条文（基本法23条）を導入することによってマーストリヒト条約（1992年署名）の批准に際して基本法に取り込まれてきた。基本法23条1項は、「統一された欧州を設立するために、ドイツは、民主的、法治国家的、社会的及び連邦

的な諸原則並びに補完性原則に義務づけられ、本質的に基本法の基本権保障に相当する基本権の保護を保障する、欧州連合の発展に参加する。このため、連邦は、連邦参議院の同意を得た法律により主権的権利を移譲することができる。欧州連合の設立、条約上の根拠の変更及びこの基本法を修正もしくは補足する、または、そのような修正もしくは補足を可能にする、相当する法規は、79条2項及び3項に服する」と定める[8]。

　欧州統合へのドイツの参加に対するこれらの条件は、2015年12月15日に下された欧州逮捕状に関する憲法裁判所の判決において確認された。さらに、この判決は、基本権保護の文脈においてSolange判決の制約にドイツの憲法アイデンティティ[9]から生じる制約を以下のように加えた。

　「一般的に、EUの主権的行為と（それらがEU法によって決定される限り）ドイツの公的機関の行為は、EU法の適用の優位のために（Anwendungsvorrang des Unionsrechts）、基本法に規定される基本権の基準に沿って審査されない(1)。しかし、EU法の適用の優位は、基本法79条3項に結びついた23条1項3文に従い欧州統合の文脈において改正不可能とされる（integrationsfest）憲法原則によって制約される(2)。これは、特に、人間の尊厳の保障にルーツをもつ、刑法における個人の責任（individual guilt）の原則を含む、基本法1条に含まれる諸原則を包含する(3)。ドイツ公的機関から生来するがEU法によって規定されるEU法または法規定を適用するにあたって、これらの諸原則はあらゆる事案において保障される(4)。しかし、基本権保護につき譲れない程の違反は、人間の尊厳が具体的な場合に実際に侵害されることが実証的な形で説明された場合にのみ連邦憲法裁判所において問題とされうる(5)。

> 「1. 基本法23条1項1文に従い、ドイツ連邦共和国は、欧州連合を設立し発展させることに参加する。EU法の統一的な適用は、EUの成功の中心的な重要性を有する。……法の統一的適用及び実効性を確保することなく、現在28構成国の法的共同体として存在し続けることは可能ではないであろう。……これに関して、基本法23条1項も連合法が効果的であり、実施されるよう確保する。……それゆえ、EUへの主権的権利の移譲の許可―基本法23条1項2文の下で与えられる許可を通じて、基本法は、条約の同意法律によって連合法に与えた適用の優位を承認する。概して、EU法の適用の優位は、国内憲法に関しても当てはまり、……概し

て、個別のケースにおいて国内法が適用不可能という結果になる。

　基本法23条1項に基づき、欧州統合事項を決定する立法機関は、一般に、かつ、すべての事項において、ドイツでその公的権限を行使する限りにおいてのみならず、ドイツの機関がEU法を執行する場合も、基本権及び基本法の下での他の保障によって拘束されることをEU機関及びその下部機関に免除することができる。これは、特にドイツの機関が裁量権をもつ（Gestaltungsspielraum）ことなしに第2次法または第3次法を国内化・実施するときに連邦レベル及び州レベルにおける立法機関に当てはまる。……逆に、既存の裁量権を用いて制定された法行為は、連邦憲法裁判所による審査に服する。……

2．しかし、EU法の適用の優位は、基本法と同意法律が主権的権利の移譲を許可または規定している限りにおいて適用される。……同意法律の中に含まれる、国内レベルでEU法へ効果を与える国内命令（Rechtsanwendungsbefehl）は、適用可能な憲法秩序の枠組みにおいてのみ与えられうる。……ドイツの開かれた国家性への制約——同意法律に規定される欧州統合事項の特別の設計図（design）を超えて適用される制約——は、基本法79条3項に規定される基本法の憲法アイデンティティから生じる(a)。これは、誠実協力原則（EU条約4条3項）と両立するものであり(b)、また、EUの大半の構成国の憲法が類似の制約をもっているという事実により裏付けられる(c)。

(a) EU法の適用の優位の範囲は、基本法79条3項と結びついた基本法23条1項3文に従い、憲法改正限界及び欧州統合の文脈において改正不可能となる限界を超えているという、基本法の憲法アイデンティティにより主に限定される（aa）。憲法アイデンティティは、連邦憲法裁判所によりなされる不可侵原則審査により保護される（bb）。

(b) EUの機関またはその下部機関の行為が基本法1条及び20条に規定される原則と結びついて79条3項により保護される憲法アイデンティティに悪影響を及ぼす効果を有する場合、それらの機関は、基本法により設定された開かれた国家性の限界を超えたことになる。そのような行為は、第1次法の下での許可を基礎とすることができない。なぜなら欧州統合事項を決定する立法機関は、基本法79条2項と結びついた23条1項3文によって要請される多数決で行動するにもかかわらず、79条3項により保護される憲法アイデンティティに影響を与える、主権的権利をEUに移譲することはできないからである。……一般に言われている法の発展を通じて発展してきた、当初の憲法上の付与に基づくこともできない。なぜならEUの機関またはその下部機関はそれによって権限踰越行為することになってしまうからである。……

(c) （憲法アイデンティティ維持のための）不可侵原則審査の枠組みにおいて、基

本法79条3項により不可侵の原則がEUの行為によって影響を受けているか否かを審査しなければならない。……そのような審査の結果は、──「solange」留保の場合のように……または権限踰越審査とともに──例外的な場合に連合法がドイツにおいて適用不可能と宣言されなければならないということになりうる。しかし、ドイツ機関及び裁判所に連合法の有効性の主張を単に無視することを妨げるべく、連合法秩序の実効性を保護するために欧州法に開かれた方法、かつ、基本法100条1項に示される法的概念を考慮に入れる方法での基本法79条3項の適用は、憲法アイデンティティの違反の認定が連邦憲法裁判所に留保されることを要請する。……これは、基本法100条2項により強調されている。国際法の一般原則が個人の権利及び義務を創設するか否かについて疑いがある場合、基本法100条2項に従い、裁判所は連邦憲法裁判所に問題を付託しなければならない。……不可侵原則審査は、憲法異議によってもなされうる（基本法93条1項no. 4a）。……」[10]

(2) 実質的及び手続的セーフガードによる潜在的な紛争の軽減

　EU法行為への（少なくとも）2つの異なる基本権制度の適用（さらに異なる機関（司法裁判所及び国内憲法裁判所）により解釈される）は、憲法上の紛争を疑いもなく生じさせうる。しかしながら、そのような紛争は、まず、欧州統合の文脈において、基本法が基本権保護の同一の基準を要請しているわけではなく、相当するものを要請しているという事実により軽減される（特に基本法23条1項1文参照「この基本法により与えられるものに実質的に相当する基本権の保護のレベル」）。さらに、異なる手続上のセーフガードが適用される。[11]第1に、憲法裁判所は、EU法行為がドイツ法秩序の中で適用不可能であると宣言することができる。[12]次に、通常裁判所は、憲法裁判所が（国内）憲法基準違反のためにEU法行為が適用不可能であるという宣言を求める前に、問題となっているEU法行為のEU法との両立性を司法裁判所が審査するように同裁判所に事案を付託しなければならない。[13]憲法異議（例えばある法律に関する憲法異議）が通常裁判所の事前の関与なしに適法（許容）(admissible) とされる場合、これは憲法裁判所自身による司法裁判所への付託という結果をもたらすが、他の構成国の憲法裁判所とは異なり、[14]（ドイツ）憲法裁判所は、これまで基本権の文脈においてはこの道をたどることをしていない。[15][16]さらに、2015年12月15日の欧州逮捕状に関する最近の判決では、憲法裁判所は、EU法行為が適用不可能であると宣言する前に、

司法裁判所への先決裁定付託の必要性を「acte clair（明確性）」理論を用いて以下のように否定した。

> 「EU運営条約267条の下でのEU司法裁判所の先決裁定は不要である。連合法の正しい解釈は、明らかであり、合理的な疑いの余地はない（"acte clair", cf. ECJ, Judgment of 6 October 1982, CILFIT, 283/81 [1982] ECR p. 3415, paras. 16 et seq.）。当該事件では、連合法と……基本法23条1項に結びついた基本法1条1項の下での人間の尊厳の保護の間には不一致はない。上述したように、欧州逮捕状に関する枠組決定は、基本法1条1項から生じる要請の遵守を審査することなく欧州逮捕状の執行をドイツの裁判所及び機関に要請していない。これは、連合法に基づき許容される調査の範囲及びこれに伴う遅滞に鑑みた、調査義務の境界線がEU司法裁判所の判例において明確にされていないことは、状況を変更するものではない。少なくともここで決定されるべき事件において、異議申立人の権利が保護されているか否かをより広範囲に審査する上級地方裁判所の義務と連合法との不一致の兆候はない。これは、イタリア（刑事）手続法の下で異議申立人が効果的に自己を弁護する機会を与えられなかったという上級地方裁判所への異議申立人により提出された立証されたことについて当てはまる。」[17]

さらに、不一致の危険性は、EU法行為が適用不可能であると宣言することを意図する憲法審査の適法性（許容性）に対する厳格な条件設定によって最小化される。異議申立人は、基本法により要請される基本権保護の最小限の基準がEUレベルにおいて一般的に確保されていないことを詳細に立証しなければならない。[18] 2015年12月15日の欧州逮捕状事件判決において、憲法裁判所は、ドイツの憲法アイデンティティの保護の結果として、人間の尊厳に対する違反の可能性を憲法審査に常に服さしめると宣言することによってこの広範囲なテストを相対化した。[19],[20] これは、憲法アイデンティティ保護のための不可侵原則審査が人間の尊厳（基本法1条1項）の権利を広げたのみならず、人間の尊厳に内在する他の基本権の核となる内容にまで広げたので、潜在的に広い相対化になりうる。[21] 憲法裁判所の続く判決は、基本権を基礎とした要請の核となる内容（黙秘権のような）に限定された範囲を強調するという制限的な方向性に従っている。[22] さらに、ここでも異議申立人の側での十分に立証された申立てが要請される。「不可侵原則審査を活性化するための厳格な要請は、そのような問題を生じさせる憲法異議申立ての適法性（許容性）のより厳格な要請と並行している。」[23] 最

後に、さらなる潜在的な不一致は、EU法に規定される基準に照らして（国内）憲法上の基準を解釈することによって回避される[24]。

(3) 評　価

ドイツ法秩序においてEU法行為が適用不可能であると宣言する高い基準に関して、「Solange」留保は、理論的な選択肢としてのみ広く捉えられてきた[25]。基本権の文脈における欧州統合への制限の実際上の関連は、すでに「*Solange Ⅲ*」として呼ばれる、2015年12月15日の欧州逮捕状に関する憲法裁判所の最近の判決により示されている[26],[27]。憲法裁判所は、欧州逮捕状に基づく人の移送が許されるとするデュッセルドルフ上級地方裁判所の判決が人間の尊厳の基本権（基本法1条1項）の違反になると判示した。憲法裁判所は、欠席裁判での判決に関係する当該地方裁判所の判決が個人の責任の原則（これは人間の尊厳を基礎とし、ドイツの憲法アイデンティティに属するもの）を尊重していないとする以下のような判示をした。

「上級地方裁判所によりなされた判決は、基本法23条1項3文及び79条3項に結びついた1条1項により設定される限界を超えている。欧州逮捕状に関する枠組決定の執行は、個人の責任の原則、人間の尊厳（基本法1条1項）の保障と法治国家の原則（基本法20条3項）にルーツをもち、基本法の下で不可譲の憲法アイデンティティを構成する原則である(1)。この事実は、連合法上決定されるにもかかわらず、基本法を基準とした上級地方裁判所の判決のこの保護利益に限定される審査を正当化し、かつ、それを命じる(2)。連合法の判決の基礎におかれている基準及びその国内法化・実施のために採択されるドイツ法は基本法1条1項の要請を満たしている。なぜなら、その要請は、欠席裁判で下された刑事判決の執行の際に訴追者の必要な権利を保障し、移送を扱う裁判所に適切に調査することを許容するだけでなく要求しているからである(3)。上級地方裁判所は、欧州逮捕状枠組決定の適用に当たって、責任主義に違反し、憲法異議申立人の基本法1条1項の基本権を侵害した。なぜなら同適用は、当該枠組決定及び刑事事項における国際権利救済に関する法律の規定の解釈の際に人間の尊厳の意義と範囲を十分に考慮していないからである(4)[28]。」

Solange留保は、他の憲法裁判所によりだされる類似の留保と歩調を合わせており、EU法の優位及び統一的適用の脅威としてみなされてはならない。むしろ、裁判所間対話の手段としてEUレベルでの基本権基準の改善に寄与しうる[29]。これは、類似の留保、とりわけイタリアの憲法裁判所によりなされた留保

と同様に初期のSolange判決にも当てはまる[30]。また、欧州逮捕状の文脈においてもそのような場合であった。ここで、上述した憲法裁判所の判決は、2カ月後、司法裁判所にこの点に関してEU基本権の基準を強調させることにつながった[31]。

3 見解の調整

一方で司法裁判所の、他方で国内憲法又は国内憲法裁判所の欧州統合のための国内基本権に関し異なる見解が存在するが、それらの見解の相違を調整する傾向が高まっている。

第1に、構成国に共通の憲法的伝統は、当初からEU基本権の発展のための源を構成してきた（EU条約6条3項、憲章52条4項）。もっとも国内伝統の複数性は接近に関するブレーキとして働いているが[32]。同様に、国内基本権は、EU法基準に照らして解釈される。

さらに、マーストリヒト条約以来、EU条約4条2項は、EUに「地域及び地方的自治を含む、政治的及び憲法的な基本的構造に固有の」[33]国家アイデンティティを尊重するように要請してきた。しかし、それはEU法の制約のままであり、その結果その範囲を最終的にどのように定義するかは司法裁判所による。これにもかかわらず、付託手続は司法裁判所と構成国裁判所の建設的な対話を可能にする[34]。例えば、司法裁判所が、サービス提供の自由に対する正当化される制限として、レーザー・ドロームゲームの禁止を判断した、*Omega*事件である[35]。その判断は、人間の尊厳（基本法1条1項）の観点から及びドイツの憲法アイデンティティの観点からなされた。

Ⅲ 構成国の行動に関する国内及びEUの基本権の制限

Ⅱで議論した、1974年にだされた、いわゆるSolange留保（暫定的な留保）は、EUの行動に関して基本権の十分な保護を確保することを意図している。他方で、1980年代の終わりにはそのスタンスは、180度回転した。Solange判決で生じた問題、つまり、国内基本権基準が国内レベルにおけるEU法の適用可能性を制限するかということには重要性はもはやおかれない。現在、特に重大な

問題は、リスボン条約によって拘束力を与えられたEU基本権（憲章）がどの範囲で構成国をも拘束するかという問題である。司法裁判所により採られた広いアプローチは、憲法裁判所の制限的なアプローチと対立している。国内の措置がEU法の強制的な要請を実施している限りにおいて、国内の基本権は国内の措置に適用されないというのが憲法裁判所の確立された判例法である。EUの基本権は拘束力を有するようになり、2013年2月26日の司法裁判所の*Fransson*判決においては、その拡大的な傾向が明確に示された。しかし、その2カ月後のテロ対策データベースに関する2013年4月24日の判決において憲法裁判所により異議が唱えられた。憲法裁判所は、構成国へのEU基本権の拡大的な適用可能性が権限踰越（ultra vires）行為であるとみなしただけでなく、ドイツの憲法秩序（基本法79条3項）の不可侵のアイデンティティに与えられた欧州統合の新しいハードルを設定した。すなわち、国内基本権保護の実質的な範囲が維持されなければならないとした。

　問題となっている事項を見てみると、これは理解可能である。連邦制度における経験（例えば、ドイツ連邦国家またはアメリカ合衆国における経験）によれば、統一化の可能性は、特に積極的な司法主義で解釈される場合、中心となる基本権カタログとともにある（連邦レベルにおいて権限がないまたは弱い分野においても）。これは、国内基本権保護を任された憲法裁判所の周辺化と同様に構成国の基本権の周辺化によって伴われる。これは、ドイツにおける基本権の保護のような、上手く機能し、かつ、差別化されている制度に関して、とりわけ問題である。他方、連邦の経験は、連邦法の法的統一性と優位が統一的な基本権基準を要請していることを示している。

　このような背景において、本章は構成国へのEU基本権の適用範囲に関する問題を取り上げる。Ⅲの最初の1、2では、基本権の範囲の実質的な限界に焦点を当てる。Ⅲ.3においては、機構的及び手続的側面をみることにする。

　1980年代の終わりに司法裁判所が確立した判例によれば、構成国は、国内機関が「EU法の適用範囲」で行動している場合にEU基本権により拘束される。憲章51条1項1文は、その形式においてより留保したものになっており、「構成国が連合法を実施する場合においてのみ」EU基本権を構成国に適用する義務を課している。まず、EU法、とりわけEU指令と規則の実施と執行。第2

に、EU法により規律される文脈における構成国の行動（上述したFransson事件が属するもの）。第3に、EUの基本的自由を制限する文脈における構成国の行動、つまり、憲章が拘束力をもってから疑問視されているカテゴリー。本章は、第3のカテゴリーを扱わない。私見では、この構成におけるEU基本権の側面は誇張されている。なぜなら、EU法が基本的自由の許容性及びその限界の範囲を自律的に決めることには疑いはないからである。避けられうる唯一の事項は、基本的自由が制限される場合にEU基本権を包括的に適用することである。[43]

1　EU第2次法の実施と執行

EU基本権を適用する義務は、とりわけEU規則の執行またはEU指令の実施を含む、構成国がEU法を実施するときに憲章51条1項1文の下で存在する。議論されているものは、義務の範囲である。構成国がEU法の義務的な要請を実施するときに構成国はEU基本権を尊重する義務のみをもっているか、あるいは、構成国は裁量権を与えられているときにそのようにする義務をもっているか。両方の場合が、EU基本権を超えて、国内基本権の並行した適用可能性の問題を生じさせる。[44]

EU法の強制的要請を実施する際に、構成国は、EU基本権にのみ拘束されるわけではない。むしろ、国内の実施行為が存在するとしても、EU法の優位と統一的な適用を確保することは、国内の基本権の並行的な適用を排除する。これは、（Solange判決と憲法アイデンティティの制約の範囲において）憲法裁判所によって認められている。[45]（EU基本権に違反するため、無効であると宣言された）[46]データ履歴保存に関する指令2006/24を例にとってみよう。ここで、国内立法がEU第2次法により規定されたデータ接続を維持するように電子通信のプロバイダーに課された義務を実施する。我々が国内基本権に照らして国内実施行為を審査する場合、EU法により義務的とされたデータ履歴保存は、各構成国における基本権の国内審査の結果によるだろう。これは、EU法の優位と統一的適用と対立し、少なくともEUレベルで十分な保護基準がある場合、基本権を保護する利益において必須ではない。そのうえ、構成国が裁量の余地がない場合、EUの伸びた腕としての構成国の機能は、実質的な観点から、国家の主権

的権利の行使の問題とはなりえない[47]。

　EU法が実施に関して構成国に裁量を与えている場合は、状況が異なる。例えば、構成国は、6カ月から24カ月の間で電子通信のプロバイダーが電子通信接続に関するデータ履歴を維持しなければならないかを決定することができる。しかし、司法裁判所は、構成国が、その裁量の中でEUの基本権に遵守する義務があると考える。これは、そのような裁量は、EU法によって与えられてきているからである[48]。このアプローチは、議論の余地がないわけではない[49]。一目で、この制限的な立場に十分な理由があるようにみえる[50]。確かに、構成国が裁量を享受する場合にも、EU基本権に関する構成国に課せられる義務は、「実施」に言及しつつ、基本権憲章51条1項1文の文言によって対象となる。しかし、「構成国が連合を実施するときに限り (only)」という文言の追加、及び、構成国の権限に関する留保を含んでいるという事実は、EU法がいくらかの制限的な傾向を表現していることを意味する。さらに、EU基本権に関する義務から生じる統一的な効果は、構成国への裁量の付与を問題にする。最後に、EU法が構成国へ様々な選択肢を広げているのであれば、これらの選択肢の1つを選択することはEU法の統一的な適用を危険にさらしめない。

　しかし、この基本権の範囲の制約が説得力あるようにみえるとしても、その問題と制限を見過ごしてはならない[51]。指令の義務的な要請と裁量を与える要請の間を区別することは、状況とその規制的な文脈の統一的な組み合わせを分裂させるものになるかもしれない。それは、法的な問題を生じさせるだけではなく、保護に関して不足を生じさせうる。なぜなら基本権の保護は、分散されるからである。そうはいっても、以下のような反論は、より重要でさえあり、また、分離の解決 (separation solution) の説得力を相当に失わせるものとなる。すべての裁量が裁量ではない。裁量が指令の文言に応じて与えられるようにみえる場合、EU法の要請が裁量の範囲を縮小するかもしれない。これは、EU立法機関の行為であれば、指令がEU基本権の要請に従って解釈されなければならないからである。我々の例では、それゆえ、問題は、指令に規定されている6カ月から24カ月までのデータ保存期間がEU基本権と合致するか否かということに関して生じるであろう。基本権の相当な制約を考慮して、最大6カ月の保存がせいぜい許されると結論づけるのであれば、国内レベルでの裁量は全く

ないことになるであろう。それゆえ、EU法により与えられる裁量を行使する国内法に国内の基本権を適用することに対する予備的な質問として、この裁量がEU法により制限されるか、また、どの程度この裁量がEU法により制限されるかという問題が常に生じる。それゆえ多層な立法過程を考慮すると、基本権の範囲の厳格な分離は可能ではない[52]。

この背景において、我々は、裁量権を利用する構成国の行為に国内の基本権の適用可能性を考慮しなければならない。司法裁判所が最近強調しているように、国内の基本権は適用されるが、「憲章の保護のレベル、EU法の優先、統一性及び実効性は影響を受けない場合[53]」のみとなっている。憲法裁判所は、国内基本権を適用するが、実施に関して非常に広い裁量の範囲を想定している（司法裁判所に言及することなく）[54]。

2　EU法により決定される文脈における構成国の行動

構成国がEU法を実施するか否か、また、それゆえEU基本権により拘束されるかという問題は、ある一定の期間電子通信接続からのデータが保存されるべきとするEU指令において含まれる上述した要請のような、EU法により明確に定義される義務に関してのみ生じるだけではない。これは、我々をこの節の第2の部分に連れて行く。すなわち、EU法によって決定される文脈において構成国が行動するケース。これに関する議論は、その初期段階においてのみである[55]。

1つの顕著な例は、すでに言及した、*Fransson*事件である。この事件は、並行で行われていた、かつ、付加価値税の義務の違反に基づく、国内税と刑事手続に関する「一事不再理（*ne bis in dem*）」（基本権憲章50条）のEU基本権の適用可能性に関係する。国内の刑事手続法または税の罰金に関する法律もEU第2次法の特別な規範を実施していないという事実は、司法裁判所によって重要でないと宣言された。司法裁判所によると、むしろ、付加価値税の課税と義務違反の制裁にとって税がEU法によって決定されると宣言することで十分である。そのような決定を設定するために、司法裁判所は、忠実の原則、第2次法により規定される税を宣言する義務、及び、EUの財政的利益に悪い影響を与える行為に対し効果的な罰則を課すために（EU運営条約325条）第1次法に課さ

れた義務に言及した。このことは、EU法へのこれらのリンクはEUの基本権を活性化するのに十分であるか。さらに、進めることになりえ、EU立法を採択することによって行使される共有権限のすべての分野においてEUの基本権を適用することにあたって、法務官Sharpstonの意見に賛成するものになるだろう。これは、EU基本権を適用するという構成国の広範囲に及ぶ義務という結果になるだろう。

　一般的にいって、司法裁判所は、ここでまだ明確なラインを引いていない。Fransson事件のように広範囲な判決を超えて、制限的なアプローチも存在する。例えば、EU権限が行使されない場合の基本権に関する義務の拒絶（Bartsch事件）、あるいは、EU政策分野への間接的なリンクのみがある場合（Annibaldi事件）。憲法裁判所は、テロ対策データベース判決において、国内レベルの意味のある基本権保護の維持からなる欧州統合への新たなバリアを創設した。英語のプレスリリースでは、以下のようになっている。

> 「憲法異議は、EU司法裁判所への先決裁定付託のための根拠を与えるものではない。明らかに、テロ対策データベース法律及びそれに基づく行動は、EU基本権憲章51条1項1文に従い連合法の実施を構成しない。同法律は、EU法の下での法的な関係の機能に間接的に影響を与えうる決定された目的を国内的に追求する。それゆえ、欧州の基本権は、最初から適用不可能であり、EU司法裁判所は、基本法101条1項2文に従った法律上の裁判官ではない。……Åkerberg Fransson事件におけるEU司法裁判所の判決は、この結論を変更するものではない。協力関係の一部として、この判決は、明らかなultra-vires行為としてみられるような方法でまたは基本法の憲法秩序のアイデンティティに疑問を抱かせる方法で構成国における基本権の保護と執行を危険にならしめるかのように解釈されてはならない。（憲法）裁判所の法廷は、EU司法裁判所の判示が付加価値税に関する法律の顕著な特徴に基づいており、一般的な見解を示していないという推定を前提として行動している。この事項に関する（憲法裁判所）の法廷の判決は全会一致ではなかった。」

　それでは、どこに線を引くことができるか。構成国が裁量を享受するとき、基本権に関し義務の文脈で説明される理由に対し、制限的な読み方は適当であるようにみえる。（第1次及び第2次）EU法の十分に特別な要請のみがEU基本権の適用可能性をもたらす。これは、問題となっているEU立法の慎重な分析

を要請する。様々な可能な集まりを考慮して、具体化の大部分は、この制限を運用可能とするために司法及び学説の分野において実施される必要性がある[67]。いずれにせよ、まだ行使されていない権限では確かに十分ではない[68]。

司法裁判所は、最近、より制限的なアプローチを採用した。つまり、2014年3月6日のSiragusa事件の判決においてである。その中の主題は、土地保護法律に違反して建築された建物を撤去するようにという構成国の機関により発行された命令へのEU基本権の適用可能性の問題であった[69]。EU法の特定のルールはこの状況に適用されていなかった。しかし、イタリアの裁判所は、EU環境政策とのリンクを見出した。もっともその結びつきは司法裁判所にとっては十分ではなかった。司法裁判所は、基本権憲章51条1項1文（これに従い、EU基本権がEU法の適用範囲に入る国内措置に適用される）に関しFransson事件で発展したような解釈を再確認したが[70]、司法裁判所は、以前に発展させた原則に従いつつも、EU基本権を尊重する構成国の義務の限界も強調した。このように、基本権憲章51条に定められる「連合法を実施する」概念は、ある程度の接続、密接に関連する事項もしくは他に間接的な影響をもつ事項の1つを要請する[71]。重要な点は、問題となっている国内立法がEU法の規定の実施を意図していること、同立法の性質、及び、それがEU法の対象となる目的以外のものを追求しているか（たとえEU法に間接的に影響を与えることが可能であるとしても）、並びに、事項に関するEU法の特別な法規またはそれに影響を与えうる法規が存在するか否かである[72]。いずれにせよ、EU法は、原訴訟において問題となっている事項に関して義務を構成国に課す必要がある[73]。最後に、重大な要素は、EU基本権の不適用が「EU法の統一性、優位及び実効性」を過小評価することになるか否かである[74]。2014年7月10日のHernádenz事件、2014年11月11日のDano事件、及び、2015年2月5日のNistlahnz Polclava事件における判決は、同じ線に従っている[75]。しかし、2016年12月21日に下された電子通信データの履歴保存へのEU基本権の適用可能性は、広い理解に立っている[76]。

3　手続的関連

簡単に手続的関連を最後にみておくことにする。EU法の義務的な要請が実施され、国内の基本権は適用されない限り、憲法裁判所は、その権限が国内の

憲法を適用することに限定されるため、管轄権を有さない[77]。構成国の裁量権限が関係する限り、事項は異なる。EUと国内の基本権の並行的な適用可能性のために、憲法裁判所は、後者を考慮して、管轄権を維持する。そうであっても、問題は、構成国の裁量は、どれほどEU法により限定されるかについてしばしば生じる。これは、司法裁判所への付託を推定する。憲法裁判所が基本権の分野では従わない道であるが。これは、2つの点において法的保護への異議申立てを表している。まず、司法裁判所への事件の付託義務は、時間がかかるだけではなく、EU法の問題にかかわる多くの事件を考慮して司法裁判所に過剰な負担をかけるかもしれない。第2に、個人は、非常に限定された条件の下でのみ司法裁判所においてEU立法に異議申立てをすることができる（EU運営条約263条4項）。ある見方において、幾人かのコメンターは、EU基本権に照らして国内の基本権を解釈することによって、または、EU基本権を直接的に適用することによって、EUの基本権基準を審査する憲法裁判所の権限の拡大を擁護すると述べていることが言及されるべきである[78]。

最後に、憲法裁判所に関して通常裁判所の強化について指摘する。通常裁判所は、憲法裁判所とは異なり、EU基本権を適用する管轄権を有し、それらに違反する国内立法を排除しなければならない[79]。

Ⅳ　結　　論

欧州統合に関する、より特定するとEU法の優位に関する憲法上の制限は、相反する結果を生み出す。EU法の優位の原則と統一的適用の原則は、一方的に危険にさらしめられる。しかしながら、EUレベルでの基本権の保護を改善することに限定される寄与は見過ごされてはならず、これらの見地の漸進的調和も見過ごされてはならない。

国内法に関して、EU法の優位と統一的適用の原則は、EU基本権がEU法によって決定される国内法に適用されることを要請する。これは、EU第2次法が明示的に構成国にある方法で行動することを義務づける集まりにのみ拡大されるのではない。むしろ、構成国が裁量を享受する事例において、問題はEU基本権が与えられた裁量の範囲を制限する範囲に関して生じる。この（限定さ

第2章　EUにおける基本権レジーム　39

れた)意味において、司法裁判所の*Fransson*判決は、以下のように強調することが適切であった。「憲章により保障される基本権がそれゆえ国内立法がEU法の範囲に入るところでは遵守されなければならないので、基本権が適用可能でなくEU法によってそのようにカバーされる状況は存在しない。EU法の適用可能性は、憲章により保障される基本権の適用可能性を必然的に伴う。」[80]。または、「例えていうと、これは、憲章がEU法の『影』であることを意味する。」[81]。

後者は、なぜ構成国がますますEU基本権により拘束されるかという理由(常に十分に熟慮されているわけではないが)を反映している。この発展は、EUへの権限の配分の拡大及びそれらの権限の行使(司法裁判所の判例と学説(基本権のためのセーフティネット)[82]における拡大アプローチにもかかわらず)から生じる。この背景に、例えば、データ保護一般規則に現在の議論を検討することが重要であるように思える[83]。

【注】

1) Cf. 詳細については、Wollenschläger (2014a), paras. 56 ff.
2) この箇所は、以下に基づいている。Wollenschläger (2014a), paras. 12 ff.
3) ECJ, Case 6/64, Costa/E.N.E.L., [1964] ECR 587, 594;(訳者による追加:中村民雄「2 EC法の国内法に対する優位性」中村民雄・須網隆夫編『EU法基本判例集』(日本評論社、2010年) 14-23頁参照)。
4) ECJ, Case 11/70, Internationale Handelsgesellschaft, [1970] ECR 1125, para. 3, while emphasising the role of national constitutional law as source of inspiration for EU fundamental rights, though (para. 4). Cf. more recently ECJ, Case C-409/06, Winner Wetten GmbH, [2010] ECR I-8015, para. 61; Case C-399/11, Melloni, EU: C: 2013: 107, para. 59.
5) See only for *Denmark:* Højesteret, 6 April 1998-I 361/1997 (Maastricht), Nr. 9.2 (EuGRZ 1999, 49); France: Conseil Const., 20 December 2007-2007-560 DC (Lissabon), Nr. 9: "lorsque des engagements … contiennent une clause contraire à la Constitution, remettent en cause les droits et libertés constitutionnellement garantis ou portent atteinte aux conditions essentielles d'exercice de la souveraineté nationale, l'autorisation de les ratifier appelle une révision constitutionnelle"; Art. 28 III Constitution of *Greece; Italy:* Corte Cost. ("Controlimiti-doctrine"), 27 December 1973-183/1973 (Frontini), Nr. 9 (EuGRZ 1975, 311); 5 June 1984-170/1984 (Granital), Nr. 7 (EuGRZ 1985, 98); 13 April 1989-232/1989 (Fragd); 18 April 1991-168/1991 (Giampaoli), Nr. 4: "l'ordinamento statale non si apre incondizionatamente alla normazione comunitaria giacché in ogni caso vige il limite del rispetto dei principi fondamentali del nostro

ordinamento costituzionale e dei diritti inalienabili della persona umana, con conseguente sindacabilità, sotto tale profilo, della legge di esecuzione del Trattato"; Poland: Tryb. Konst., 24 No-vember 2010-K 32/09 (Lissabon), III.2.1 (EuGRZ 2012, 172): Protection of the "constitutional identity", notably "decisions specifying the fundamental principles of the Constitution and decisions concerning the rights of the individual which determine the identity of the state, including, in particular, the requirement of protection of human dignity and constitutional rights, the principle of statehood, the principle of democratic governance, the principle of a state ruled by law, the principle of social justice, the principle of subsidiarity, as well as the requirement of ensuring better implementation of constitutional values and the prohibition to confer the power to amend the Constitution and the competence to determine competences"; Art. 3 a Constitution of *Slovenia:* "respect for human rights and fundamental freedoms, democracy and the principles of the rule of law"; Spain: Trib. Const., 13 December 2004-DTC 1/2004 (Constitutional Treaty), II.2 : "respeto de la soberanía del Estado, de nuestras estructuras constitucionales básicas y del sistema valores y principios fundamentales consagrados en nuestra Constitución, en el que los derechos fundamentales adquieren sustantividad propia"(EuR 2005, 339); affirmed in Trib. Const., 13 February 2014-DTC 26/2014, II.3: "Notwithstanding, the Constitutional Court also upheld that 'In the unlikely case where, in the ulterior dynamics of the legislation of the European Union, said law is considered irreconcilable with the Spanish Constitution, without the hypothetical excesses of the European legislation with regard to the European Constitution itself being remedied by the ordinary channels set forth therein, in a final instance, the conservation of the sovereignty of the Spanish people and the given supremacy of the Constitution could lead this Court to approach the problems which, in such a case, would arise. Under current circumstances, said problems are considered inexistent through the corresponding constitutional procedures.' (DTC 1/2004, of 13 December, Ground 4)." Chap. 10 Art. 6 Constitution of Sweden: "protection for rights and freedoms in the field of cooperation to which the transfer relates corresponds to that afforded under this Instrument of Government and the European Convention for the Protection of Human Rights and Fundamental Freedoms"; UK: High Court, 18 February 2002 (Thoburn/Sunderland City Council et al.), [2002] EWHC 195 Admin, Nr. 69 (Lord Justice Laws): "In the event, which no doubt would never happen in the real world, that a European measure was seen to be repugnant to a fundamental or constitutional right guaranteed by the law of England, a question would arise whether the general words of the [European Communities Act] were sufficient to incorporate the measure and give it overriding effect in domestic law"; Supreme Court, 22 January 2014, [2014] UKSC 3-HS2, para. 111 (Lord Reed): "There is in addition much to be said for the view, advanced by the German Federal Constitutional Court...that as part of a cooperative relationship, a decision of the Court of Justice should not be read by a national court in a way that places in question the identity of the national constitutional order", para. 207 (Lord

Neuberger and Lord Mance): "It is, putting the point at its lowest, certainly arguable (and it is for United Kingdom law and courts to determine) that there may be fundamental principles, whether contained in other constitutional instruments or recognised at common law, of which Parliament when it enacted the European Communities Act 1972 did not either contemplate or authorise the abrogation" ; further the overview in BVerfG, Order of 15 December 2015-2 BvR 2735/14, para. 47, and the contributions in: von Bogdandy et al. (2008), §§ 14-26. From a comparative perspective: Huber (2008b), paras. 29 ff., 65 ff., 91; Grabenwarter (2009), p. 121; Mayer and Wendel (2014), paras 13 ff.; Wendel (2011), p. 104 ff.; Wollenschläger (2015b), para. 23.

6） BVerfG, Order of 22 October 1986-2 BvR 197/83, BVerfGE (reports) 73, 339, 376; further Order of 12 May 1989-2 BvQ 3/89, NJW 1990, 974, 974; Order of 9 July 1992-2 BvR 1096/92, NVwZ 1993, 883, 883; Judgment of 12 October 1993-2 BvR 2134/92, 2 BvR 2159/92, BVerfGE (reports) 89, 155, 174 f.; Order of 4 October 2011-1 BvL 3/08, BVerfGE (reports) 129, 186, 207 f. Cf. for a contextualisation of this jurisprudence, Davies (2015), p. 434.

7） BVerfG, Order of 22 October 1986-2 BvR 197/83, BVerfGE (reports) 73, 386. The Solange I-ruling of 29 May 1974 did not yet consider the fundamental rights protection on EU level as adequate [BVerfG, Order of 29 May 1974-2 BvL 52/71, BVerfGE (reports) 37, 271, 285; see, however, the dissenting opinions of justice Rupp, Hirsch and Wand, *ibid.*, 291 ff.]. The Vielleicht-decision of 25.7.1979 indicated that a different assessment might be possible [BVerfG, Order of 25 July 1979-2 BvL 6/77, BVerfGE (reports) 52, 187, 202 f.]. For restrictive tones: Kirchhof (2014), pp. 1538 ff.

8） Translation available at <https://www.gesetze-im-internet.de/englisch_gg/englisch_gg.html#p0125>, accessed 11 June 2018.

9） Cf. for a critical view on the identity review only Ingold (2015), p. 1.

10） BVerfG, Order of 15 December 2015-2 BvR 2735/14, paras. 36 ff., English translation available at <http://www.bundesverfassungsgericht.de/SharedDocs/Entscheidungen/EN/2015/12/rs20151215_2bvr273514en.html>, accessed 11 June 2018. See also the Lisbon-judgment of the BVerfG: BVerfG, Judgment of 30 June 2009-2 BvE 2/08, BVerfGE (reports) 123, 267, 335, 399, paras. 191, 337 of the English translation, available at <http://www.bverfg.de/e/es20090630_2bve000208en.html>, accessed 13 January 2017.

11） See for an overview, Wollenschläger (2014a), para. 14.

12） BVerfG, Order of 29 May 1974-2 BvL 52/71, BVerfGE (reports) 37, 284 f.; further Judgment of 30 June 2009-2 BvE 2/08, BVerfGE (reports) 123, 354, para. 241 of the English translation, available at <http://www.bverfg.de/e/es20090630_2bve000208en.html>, accessed 11 June 2018; BVerfG, Order of 15 December 2015-2 BvR 2735/14, para 43, English translation available at <http://www.bundesverfassungsgericht.de/SharedDocs/Entscheidungen/EN/2015/12/rs20151215_2bvr273514en.html>, accessed 11 June 2018.

13) BVerfG, Order of 29 May 1974-2 BvL 52/71, BVerfGE (reports) 37, 271, 281; further Order of 4 October 2011-1 BvL 3/08, BVerfGE (reports) 129, 186, 207 f.; Seidel (2003), p. 97. See also ECJ, Joined Cases C-188/10 and C-189/10, Melki und Abdeli, [2010] ECR I-5667, paras 52 ff.
14) See only BVerfG, Order of 24 January 2012-1 BvR 1299/05, BVerfGE (reports) 130, 151, 177 f.; Judgment of 2 March 2010-1 BvR 256/08, 1 BvR 263/08, 1 BvR 586/08, BVerfGE (reports) 125, 260, 307 f. See further BVerfG, Order of 15 December 2015-2 BvR 2735/14, para. 46, English translation available at <http://www.bundesverfassungsgericht.de/SharedDocs/Entscheidungen/EN/2015/12/rs20151215_2bvr273514en.html>, accessed 11 June 2018. For such an obligation: Sauer (2016), p. 1137.
15) See Österr. VerfGH, 28 November 2012-G47/12 et al. (Seitlinger u.a.); Corte Cost., 13 February 2008-102/2008 (Tasse di Lusso Sardegna); Conseil Const., 4 April 2013-2013-314P QPC (M. Jeremy F.).
16) BVerfG, Order of 24 January 2012-1 BvR 1299/05, BVerfGE (reports) 130, 151, 191 f.; Judgment of 2 March 2010-1 BvR 256/08, 1 BvR 263/08, 1 BvR 586/08, BVerfGE (reports) 125, 260, 308. For a critical view on not having referred cases to the ECJ so far, von Danwitz (2013), p. 261; Huber (2009), p. 582; Kingreen (2013a), pp. 809 f. Reservedly: Britz (2015), pp. 280 f. Beyond fundamental rights issues, the BVerfG has, for the very first time, made a reference to the ECJ in the OMT-case, see BVerfG, Judgment of 14 January 2014-2 BvR 2728/13, 2 BvR 2729/13, 2 BvR 2730/13, 2 BvR 2731/13, 2 BvE 13/13, NJW 2014, 907.
17) BVerfG, Order of 15 December 2015-2 BvR 2735/14, para 125, English translation available at <http://www.bundesverfassungsgericht.de/SharedDocs/Entscheidungen/EN/2015/12/rs20151215_2bvr273514en.html>, accessed 11 June 2018. Cf. for a critical view on refraining from referring the case to the ECJ, Nowag (2016), pp. 1450 f., — identifying a new interpretation of the CILFIT-doctrine requiring a reference only in cases of conflict between national and EU law; Reinbacher and Wendel (2016), pp. 342 f.; Rung (2016), pp. 149 f.
18) BVerfG, Order of 7 June 2000-2 BvL 1/97, BVerfGE (reports) 102, 147, 164; further Order of 9 January 2001-1 BvR 1036/99, NJW 2001, 1267, 1267 f; Order of 13 March 2007-1 BvF 1/05, BVerfGE (reports) 118, 79, 95; Order of 14 May 2007-1 BvR 2036/05, NVwZ 2007, 942, 942; Order of 14 October 2008-1 BvF 4/05, BVerfGE (reports) 122, 1, 20; Judgment of 30 June 2009-2 BvE 2/08, BVerfGE (reports) 123, 267, 334 f., paras. 190 f. of the English translation, available at < http://www.bverfg.de/e/es20090630_2bve000208en.html>, accessed 11 June 2018.
19) For the further relevance of the Solange-II-jurisprudence (beyond human dignity issues), Reinbacher and Wendel (2016), pp. 334 f.
20) BVerfG, Order of 15 December 2015-2 BvR 2735/14, para 34, English translation available at <http://www.bundesverfassungsgericht.de/SharedDocs/Entscheidungen/EN/2015/12/rs20151215_2bvr273514en.html>, accessed 11 June 2018: "If a violation of

the guarantee of human dignity is asserted, the Federal Constitutional Court reviews such a serious violation of a fundamental right in the context of the identity review … —notwithstanding its past jurisprudence declaring inadmissible both constitutional complaints and referrals in specific judicial review proceedings that assert a violation of fundamental rights under the Basic Law by secondary Community law or Union law respectively". Cf. for a critical view on this deviation, Sauer (2016), pp. 1135 ff. Since the BVerfG has seen *in casu* no conflict between EU law and national law (in terms of fundamental rights protection), the application of the identity-control is criticised, see Reinbacher and Wendel (2016), pp. 336 f.; Rung (2016), pp. 148 f.; Sauer (2016), pp. 1135 f. Nuanced: Hong (2016), pp. 553 ff.
21) BVerfG, Judgment of 21 June 2016-BvR 2728/13, para 138 (OMT); further Order of 6 September 2016-2 BvR 890/16, paras 36, 39. See also Hong (2016), p. 557.
22) See BVerfG, Order of 6 September 2016-2 BvR 890/16, para. 36: "Daraus, dass der Grundsatz der Selbstbelastungsfreiheit in der Menschenwürde wurzelt, folgt allerdings nicht, dass jede verfassungsrechtlich gewährleistete Ausprägung dieses Grundsatzes auch unmittelbar dem Schutz von Art. 1 GG unterfiele. Die Beachtung dieses Grundsatzes wird verfassungsrechtlich durch Art. 2 Abs. 1 in Verbindung mit Art. 20 Abs. 3 GG sowie Art. 2 Abs. 1 in Verbindung mit Art. 1 Abs. 1 GG sichergestellt. Nur wenn der unmittelbar zur Menschenwürde gehörende Kerngehalt der Selbstbelastungsfreiheit berührt ist, liegt auch eine Verletzung von Art. 1 GG vor. Dies wäre etwa der Fall, wenn ein Beschuldigter durch Zwangsmittel dazu angehalten würde, eine selbstbelastende Aussage zu tätigen und so die Voraussetzungen für seine strafgerichtliche Verurteilung zu schaffen. Dagegen folgt unmittelbar aus Art. 1 GG nicht, dass ein Schweigen des Beschuldigten unter keinen Umständen einer Beweiswürdigung unterzogen und gegebenenfalls zu seinem Nachteil verwendet werden darf. Dementsprechend hat das Bundesverfassungsgericht nicht beanstandet, dass in bestimmten Konstellationen des sogenannten Teilschweigens aus dem Aussageverhalten des Beschuldigten im Rahmen der Beweiswürdigung Schlüsse zu dessen Nachteil gezogen werden (vgl. BVerfGK 17, 223 <227>), obgleich auch in derartigen Fällen die Selbstbelastungsfreiheit berührt ist und ein gewisser Aussagedruck entstehen kann. Vor dem Hintergrund, dass die Achtung der Menschenwürde eine Würdigung und Verwertung des Schweigens zum Nachteil des Beschuldigten nicht unter allen Umständen verbietet, sind auch die Ausführungen der 3. Kammer des Zweiten Senats in ihrem Beschluss vom 22. Juni 1992 (2 BvR 1901/91, juris, Rn. 10 f.) zu verstehen, wonach eine Auslieferung von Verfassungs wegen auch dann zulässig sein kann, wenn das Schweigen des Beschuldigten im ersuchenden Staat als belastendes Indiz gewertet werden darf. Eine Auslieferung auf der Grundlage eines Europäischen Haftbefehls ist somit nicht schon dann unzulässig, wenn die Selbstbelastungsfreiheit im Prozessrecht des ersuchenden Staates nicht in demselben Umfang gewährleistet ist, wie dies von Verfassungs wegen im deutschen Strafverfahren der Fall ist. Vielmehr ist die Auslieferung erst dann unzulässig, wenn

selbst der dem Schutz von Art. 1 GG unterfallende Kernbereich des nemo-tenetur-Grundsatzes nicht mehr gewährleistet ist. "
23) BVerfG, Order of 15 December 2015-2 BvR 2735/14, para. 50, English translation available at <http://www.bundesverfassungsgericht.de/SharedDocs/Entscheidungen/EN/2015/12/rs20151215_2bvr273514en.html>, accessed 11 June 2018. Emphasising the need for a restrictive application: Reinbacher and Wendel (2016), p. 335.
24) BVerfG, Order of 7 July 2009-1 BvR 1164/07, BVerfGE (reports) 124, 199, 220, 233; further Order of 30 April 2003-1 PBvU 1/02, BVerfGE (reports) 107, 395, 409; Order of 4 May 2004-1 BvR 1892/03, BVerfGE (reports) 110, 339, 342; (left open in casu) Order of 26 August 2013-2 BvR 441/13, NJW 2013, 1540, 1542.
25) See notably Dederer (2006), p. 597; Hoffmann-Riem (2002), p. 476; Huber (2008b), para 36; Kühling (2009), p. 702 f; Liisberg (2001), p. 1195; Lindner (2007b), p.190 f.; Ludwigs (2014), p. 274; Masing (2006), p. 265; idem (2016), p. 496: "reservation for extremely exceptional cases"; Rung (2016), p. 147; Szczekalla (2006), p. 1021; Voßkuhle (2010), p. 6; Walter (2004), p. 40.
26) See Hong (2016), p. 550: "As long as the German Constitution remains in force, the German Federal Constitutional Court will enforce the Constitution's right to human dignity, law of the European Union notwithstanding." Reservedly: Reinbacher and Wendel (2016), p. 334.
27) Qualifying this judgment as a partial overruling of Solange II: Sauer (2016), p. 1135; further Nowag (2016), pp. 1447 ff.
28) BVerfG, Order of 15 December 2015-2 BvR 2735/14, para 51, English translation available at <http://www.bundesverfassungsgericht.de/SharedDocs/Entscheidungen/EN/2015/12/rs20151215_2bvr273514en.html>, accessed 11 June 2018.
29) See from a general perspective: Poli (2016), p. 373.
30) Reservedly: Reinbacher and Wendel (2016), p. 343.
31) ECJ, Joined Cases C-404/15 and C-659/15, Aranyosi und Căldăraru, EU: C: 2016: 198. See on this, Hong (2016), pp. 561 ff.; Nowag (2016), pp. 1452 f.; Dietz (2016), pp. 1383 ff.; Reinbacher and Wendel (2016), pp. 337 ff.
32) See on this Kokott and Sobotta (2010), p. 266; Wollenschläger (2010), paras. 85 f. Overemphasising the relevance of national fundamental rights standards with regard to Art. 53 CFR: Hwang (2014), pp. 411 ff.; idem (2016), p. 369.
33) See on this clause: von Bogdandy and Schill (2010), p. 711 ff; Lerche (1996), p. 919; Pernice (2011), p. 185; Wendel (2011), pp. 572 ff. The BVerfG has, in its Lisbon judgment, parallelised Art. 79 para. 3 GG with Art. 4 para. 2 sentence 1 TEU [cf. BVerfG, Judgment of 30 June 2009-2 BvE 2/08, BVerfGE (reports) 123, 267, 354, 400, paras. 235, 339 of the English translation, available at <http://www.bverfg.de/e/es20090630_2bve000208en.html>, accessed 13 January 2017; similarly Tryb. Konst., 24 November 2010-K 32/09, III.2.1, EuGRZ 2012, 172 (Lissabon)], but, in the meantime, deviated from this qualification, see BVerfG, Order of 14 January 2014-2 BvR 2728/13, BVerfGE (reports) 134, 366 (386 f., para. 29).

34) See only, Franzius (2015a), pp. 401 f.; idem (2015b), p.150.
35) ECJ, Case C-36/02, Omega, [2004] ECR I-9609. See further Case C-379/87, Groener, [1989] ECR 3967, paras. 12 ff.; Case C-159/90, Grogan, [1991] ECR I-4685, paras. 24 ff.; Case C-208/09, Sayn-Wittgenstein, [2010] ECR I-13693, para. 92, with explicit reference to Art. 4 para. 2 sentence 1 TEU. See insofar also, Besselink, (2012), p. 678 ff; von Bogdandy and Schill (2010), p. 707 f.; von Danwitz (2008), pp. 783 ff.; Mayer et al. (2008), pp. 71 f., 86 f.; Pernice (2011), pp. 204 f.; Voßkuhle (2010), p. 7; Wollenschläger (2010), paras 83 f.
36) On this, see Wollenschläger (2014a), paras. 10 ff. Snell (2015), p. 295, speaks of "a certain irony" inherent in this development.
37) ECJ, Case C-617/10, Fransson, EU: C: 2013: 105, paras. 17 ff.
38) BVerfG, Judgment of 24 April 2013-1 BvR 1215/07, BVerfGE (reports) 133, 277, 316; English translation available at <http://www.bverfg.de/e/rs20130424_1bvr121507en.html>, accessed 11 June 2018.
39) On this and the following, see Eeckhout (2002), p. 945; Groussot et al. (2013), pp. 100 f.; Huber (2008a), pp. 190, 198 f.; idem (2011), pp. 2385 f.; Kirchhof (2011), pp. 3681 f.; Mayer (2009), p. 93; Wollenschläger (2014a), paras. 16, 29 ff.
40) Cf. already Ipsen (1968), p. 125; further Masing (2016), pp. 509 ff.; Snell (2015), pp. 286 f.
41) ECJ, Joined Cases 60/84 and 61/84, Cinéthèque, [1995] ECR 2605, para. 26 ("area"); Case C-260/89, ERT, [1991] ECR I-2925, para 42; Case C-368/95, Familiapress, [1997] ECR I-3689, para. 24; Case C-276/01, Steffensen, [2003] ECR I-3735, para. 70.
42) See Wollenschläger (2014a), paras. 16 ff.
43) Cf. the so-called ERT-jurisprudence (ECJ, Case C-260/89, ERT, [1991] ECR I-2925, paras. 42 ff.); also con-firmed after the CFR has entered into force in ECJ, Case C-390/12, Pfleger, EU: C: 2014: 281, paras. 30 ff. Cf. for a de-tailed discussion, Wollenschläger (2014a), paras. 25 ff.; idem (2014b), p. 577. Reservedly: Snell (2015), pp. 304 ff.
44) Cf. for more details and with further references, Wollenschläger (2014a), paras. 18 ff.
45) BVerfG, Order of 13 March 2007-1 BvF 1/05, BVerfGE (reports) 118, 79, 95 ff. Affirmative: Britz (2015), p. 276. Cf. for a critical view with regard to the criterion of determinedness, Sauer (2016), pp. 1135 f.; further, Fran-zius (2015b), pp.148 ff., 152. In view of the primacy of EU law, it is admissible to scrutinise the national measures with regard to national fundamental rights and confirm it (only a declaration as unconstitutional would be problematic), cf. only BVerfG, Order of 02 March 2010-BVerfGE (reports) 125, 260, 309, para. 187 of the English translation, available at <http://www.bverfg.de/e/rs20100302_1bvr025608en.html>, accessed 13 January 2017: "With these contents, the Directive can be implemented in German law without violating the fundamental rights of the Basic Law. The Basic Law does not prohibit such storage in all circumstances. On the contrary, even independent of any priority of Community law, it may permissibly be ordered in compliance with the fundamental

rights enshrined in the Basic Law (see IV below). A review of the challenged provisions as a whole by the yardstick of German fundamental rights is therefore not in conflict with Directive 2006/24/EC, and therefore the validity and priority of the latter is not relevant."; Bäcker (2015), pp. 409 f.; Britz (2015), p. 277.

46) ECJ, Joined Cases C-293/12 and C-594/12, Digital Rights Ireland Ltd et al., EU: C: 2014: 238.

47) Cf. ECJ, Case C-206/13, Siragusa, EU: C: 2014: 126, para. 32; von Danwitz (2013), p. 259; Dederer (2006), p. 584; Jacobs (2001), pp. 333 f.; Masing (2016), pp. 499 f.; Snell (2015), pp. 301 f.; Weiler and Fries (1999), pp. 161 f.

48) Cf. ECJ, Case C-540/03, Parliament/Council, [2006] ECR I-5769, paras. 104 f.; further Joined Cases C-411/10 and C-493/10, N.S. et al., [2011] ECR I-13905, paras 64 ff.; Case C-418/11, Texdata, EU: C: 2013: 588, paras. 70 ff.: "In the present case, the main proceedings concern the penalty imposed for failure to comply with the disclosure obligation, as laid down in the Eleventh Directive. As can be seen from paragraph 49 above, the EU legislature, by Article 12 of the Eleventh Directive, left the Member States responsible for determining the appropriate penalties—that is to say, penalties which are effective, proportionate and dissuasive—in order to ensure compliance with the disclosure obligation [para. 49: Under Article 12 of the Eleventh Directive, Member States are to provide for appropriate penalties in the event of failure to disclose accounting documents. However, that directive does not lay down more precise rules with regard to the establishment of those national penalties and, in particular, it does not establish any explicit criterion for the assessment of the proportionality of such penalties.]"; Bäcker (2015), pp. 402 ff.; von Bogdandy et al. (2012), p. 55; von Danwitz (2009), pp. 27 ff.; Epiney (2007), pp. 63 f.; Franzius (2015b), p.141; Griebel (2013), p. 388; Ladenburger (2012), p. 165; Lenaerts (2015), pp. 354 f.; Trstenjak and Beysen (2013), pp. 304 ff.; Ward (2014), para. 51.119.

49) Disagreeing: ECJ, Case C-2/92, Bostock, [1993] ECR I-972, Opinion of AG Gulmann, paras. 33 f.; Calliess (2009), pp. 120 f.; Masing (2006), p. 267; further Kingreen (2016), paras. 14 f.; idem (2013b), p. 453. The position of the BVerfG is not entirely clear since most rulings only address the issue of the applicability of national fundamental rights in this situation. A rejection of the applicability of EU fundamental rights might be seen in BVerfG, Judgment of 24 April 2013-1 BvR 1215/07, BVerfGE (reports) 133, 277, 313 f.; English translation available at <http://www.bverfg.de/e/rs20130424_1bvr121507en.html>, accessed 13 January 2017: "The European fundamental rights under the EUCFR are not applicable in the case at hand. The challenged provisions must be measured against the fundamental rights under the Basic Law, if only because they are not governed by Union law ... Accordingly, this is also not a case of implementation of European Union law, which alone could result in the Member States' being bound by the Charter of Fundamental Rights (Art. 51 sec. 1 sentence 1 EUCFR)." This finding is subsequently relativised, though [see *ibid.*, p. 316 and on this Thym (2013), pp. 894 f.].

50) See ECJ, Case C-2/92, Bostock, [1993] ECR I-972, Opinion of AG Gulmann, paras 33 f.; Calliess (2009), p.120; Kingreen (2013b), p. 453; Lindner (2007b), pp. 191 f.; Masing (2006), p. 267.
51) Cf. Calliess (2009), p. 121; von Danwitz (2009), pp. 23, 27 f.; De Cecco (2006), p. 11; Di Fabio (2006), pp. 10 f., 15; Franzius (2015a), pp. 391 f.; idem (2015b), p. 141; Lindner (2007a), p. 72; Reinbacher and Wen-del (2016), p. 336; Thym (2013), p. 892.
52) Cf. on the interaction, ECJ, Joined Cases C-293/12 and C-594/12, Digital Rights Ireland Ltd et al., EU: C: 2014: 238, paras 60 ff.; further Ohler (2013), p. 1437.
53) Cf. ECJ, Case C-399/11, Melloni, EU: C: 2013: 107, para 60; further Case C-617/10, Fransson, EU: C: 2013: 105, para. 29; Opinion 2/13, EU: C: 2014: 2454, paras. 187 f. (accession to the ECHR); Case C-168/13, Jeremy F., ECLI: EU: C: 2013: 358, para. 53; Wollenschläger (2014a), para. 24, with further references. See further—distinguishing three types of (EU) legislative consensus with regard to remaining discretion of the Member States—Lenaerts (2015), pp. 357 ff. See for a solution for preserving national autonomy by granting a margin of appreciation to the Member States only Bäcker (2015), pp. 406 f., —this approach is, however, questionable since it leads to double standards vis-à-vis the Member States and the EU and neglects that the task of the ECJ is not to guarantee a minimum fundamental rights standard within the EU (like the EctHR), but to provide full fundamental rights protection within the scope of applicability of EU law, cf. Wollenschläger (2014a), para. 77, with further references. Reservedly: Franzius (2015b), pp. 141 ff. For a restrictive approach questioning the primacy of EU (fundamental rights) law: Kirchhof (2014), pp. 1538 ff. Proposing a reversed Solange-formula, i.e. an application of national fundamental rights as long as they guarantee adequate protection, Ludwigs (2014), p. 282.
54) See only BVerfG, Order of 02 March 2010-BVerfGE (reports) 125, 260, 308 f., English translation available at <http://www.bverfg.de/e/rs20100302_1bvr025608en.html>, accessed 13 January 2017; Order of 19 July 2011-1 BvR 1916/09, BVerfGE (reports) 129, 78, 104 f.; Order of 24 January 2011-1 BvR 1299/05, BVerfGE (reports) 130, 151, 186 ff. Cf. for a critical view Griebel (2013), pp. 386 ff., 395. Cf. further BVerfG, Order of 15 December 2015-2 BvR 2735/14, English translation available at <http://www.bundesverfassungsgericht.de/SharedDocs/Entscheidungen/EN/2015/12/rs20151215_2bvr273514en.html>, accessed 13 January 2017, and on this Hong (2016), pp. 553 ff.
55) For more details, see Wollenschläger (2014a), paras. 29 ff., with further references.
56) ECJ, Case C-617/10, Fransson, EU: C: 2013: 105, paras. 17 ff. Approving: Franzius (2015b), p. 141; Kokott and Sobotta (2015), pp. 70 f. Disagreeing: Britz (2015), p. 278.
57) ECJ, Case C-34/09, Ruiz Zambrano, [2011] ECR I-1177, opinion of AG Sharpston, paras. 163 ff.
58) See for an overview of the case-law: Snell (2015), pp. 292 ff.
59) ECJ, Case C-427/06, Bartsch, [2008] ECR I-7245, para. 18.
60) ECJ, Case C-309/96, Annibaldi, [1997] ECR I-7493, paras. 13 ff.; further Case

C-40/11, Iida, ECLI: EU: C: 2012: 691, para. 79: "To determine whether the German authorities' refusal to grant Mr Iida a 'residence card of a family member of a Union citizen' falls within the implementation of European Union law within the meaning of Article 51 of the Charter, it must be ascertained among other things whether the national legislation at issue is intended to implement a provision of European Union law, what the character of that legislation is, and whether it pursues objectives other than those covered by European Union law, even if it is capable of indirectly affecting that law, and also whether there are specific rules of European Union law on the matter or capable of affecting it (see Case C-309/96 Annibaldi [1997] ECR I-7493, paras. 21 to 23)."

61) Cf. further ECJ, Case C-457/09, Chartry, [2011] ECR I-819, paras. 23 ff. (intermediate proceedings); Case C-466/11 Gennaro Currà and Others, EU: C: 2012: 465, para. 25 (compensation in the context of Second World War); Case C-369/12, Corpul Naţional al Poliţiştilor, EU: C: 2012: 725, para. 15 (salary reductions in the public sector); Case C-370/12, Pringle, EU: C: 2012: 756, paras. 179 f. (ESM-Treaty); Case C-128/12, Sindicato dos Bancários, EU: C: 2013: 149, paras. 11 ff. (salary reductions in the public sector); Case C-73/13, T., EU: C: 2013: 299, paras. 11 ff. (attorneys' fees); Case C-282/14, Stylinart, EU: C: 2014: 2486, paras. 18 and 20 (expropriation): "à cet égard, la Cour a itérativement refusé de reconnaître sa compétence dans une situation où la décision de renvoi ne contient aucun élément concret permettant de considérer que l'objet de la procédure au principal concerne l'interprétation ou l'application d'une règle de l'Union autre que celles figurant dans la Charte…à cet égard, la question posée par la juridiction de renvoi se borne à citer des dispositions de la Charte sans invoquer d'autres dispositions du droit de l'Union. Certes, selon la description faite par la juridiction de renvoi, l'activité économique de la requérante au principal consiste à assurer des transports internationaux et la livraison de meubles à destination de magasins de meubles situés en Allemagne. Toutefois, la demande de décision préjudicielle ne contient aucun élément concret qui aurait conduit celle-ci à s'interroger sur l'interprétation ou l'application d'une règle de l'Union autre que celles figurant dans la Charte" ; Case C-199/14, Kárász, EU: C: 2014: 2243, paras. 14 ff. (national pension); Case C-305/14, Băbăşan, EU: C: 2015: 97, paras. 13 ff. (electoral law); Case C-451/14, Petrus, EU: C: 2015: 71, paras. 16 ff. (prescription acquisitive). Cf. further, von Danwitz (2013), p. 260; Iglesias Sánchez (2012), pp. 1588 ff.

62) BVerfG, Judgment of 24 April 2013-1 BvR 1215/07, BVerfGE (reports) 133, 277, 316; English translation available at <http://www.bverfg.de/e/rs20130424_1bvr121507en.html>, accessed 13 January 2017. See also Wollen-schläger (2015b), para. 103.

63) Press release available at <http://www.bundesverfassungsgericht.de/SharedDocs/Pressemitteilungen/EN/2013/bvg13-031.html>, accessed 11 June 2018.

64) Too far-reaching the fusion model of Thym (2015), pp. 57 ff.; see further, Franzius (2015b), pp. 151 ff. The challenge lies—with Masing (2015), p. 477; idem (2016), pp. 502 ff.; further Britz (2015), pp. 280 f. —in delimitating the different spheres of

fundamental rights. Advocating an extension of the BVerfG's standard of review to the EU fundamental rights Bäcker (2015), pp. 410 ff.
65) See Kirchhof (2011), pp. 3684 ff.; Ladenburger (2012), pp.163 f.; Masing (2016), pp. 506 ff.
66) von Danwitz (2009), p. 28; further Kokott and Sobotta (2015), pp.71 f.; Masing (2016), pp. 507 f.
67) For a test, cf. Ward (2014), para. 51.118. See further, Britz (2015), pp. 277 ff.: danger for efficient implementation of EU law decisive.
68) Cf. Ohler (2013), p. 1434; Thym (2013), p. 894.
69) ECJ, Case C-206/13, Siragusa, EU: C: 2014: 126.
70) ECJ, Case C-206/13, Siragusa, EU: C: 2014: 126, paras 21 f.
71) *Ibid.*, para. 24.
72) *Ibid.*, para. 25.
73) *Ibid.*, para. 26. See also Ladenburger (2012), p. 167 N. 104; Lenaerts and Gutiérrez-Fons (2014), paras. 55.12 ff.
74) ECJ, Case C-206/13, Siragusa, EU: C: 2014: 126, paras. 31 f.
75) ECJ, Case C-198/13, Hernández, EU: C: 2014: 2055, paras. 32 ff. Case C-333/13, Dano, EU: C: 2014: 2358, paras. 87 ff.; Case C-117/14, Nisttahuz Poclava, EU: C: 2015: 60, paras. 27 ff.
76) ECJ, Joined Cases C-203/15 and C-698/15, Tele2 Sverige, EU: C: 2016: 970. Disagreeing, Wollenschläger and Krönke (2016), p. 906.
77) See also N. 46.
78) See N. 65.
79) Cf. Bäcker (2015), pp. 400 ff.; Thym (2013), p. 895; further, Kingreen (2013a), pp. 808 f.
80) ECJ, Case C-617/10, Fransson, EU: C: 2013: 105, para. 21; further Case C-418/11, Texdata, EU: C: 2013: 588, para. 73.
81) Lenaerts and Gutiérrez-Fons (2014), para. 55.26.
82) von Bogdandy et al. (2012), p. 45. Against: Britz (2015), p. 276.
83) See also, Britz (2015), p. 281; Franzius (2015b), p. 144.

References

Bäcker, M. (2015) Das Grundgesetz als Implementationsgarant der Unionsgrundrechte. EuR 50: 389-414

Besselink, L.F.M. (2012) Case C-208/09, Ilonka Sayn-Wittgenstein v. Landeshauptmann von Wien, Judgment of the Court (Second Chamber) of 22 December 2010. CML Rev 49: 671-693

Britz, G. (2015) Grundrechtsschutz durch das Bundesverfassungsgericht und den Europäischen Gerichtshof. EuGRZ 42: 275-281

Calliess, C. (2009) Europäische Gesetzgebung und nationale Grundrechte-Divergenzen in der aktuellen Rechtsprechung von EuGH und BVerfG? JZ 64: 113-121

Davies, B. (2015) Resistance to European Law and Constitutional Identity in Germany: Herbert Kraus and Solange in its Intellectual Context. European Law Journal 21: 434-459

de Cecco, F. (2006) Room to move? Minimum harmonization and fundamental rights. CML Rev. 43: 9-30

Dederer, H.-G. (2006) Die Architektonik des europäischen Grundrechtsraums. ZaöRV 66: 575-624

Di Fabio, U. (2006) Grundfragen der Europäischen Grundrechtsordnung. In: Löwer W (ed.) Bonner Gespräche zum Energierecht, vol. 1. V&R unipress, Göttingen, pp. 9-20

Dietz, S. (2016) Die Menschenwürde im Diskurs zwischen BVerfG und EuGH. Fundament für einen effektiven Individualschutz in einem konfliktfreien Unionsgerichtsverbund. NVwZ 35: 1383-1385

Eeckhout, P. (2002) The EU Charter of Fundamental Rights and the Federal Question. CML Rev 39: 945-994

Epiney, A. (2007) Zur Reichweite der Grundrechtsbindung des Gemeinschaftsgesetzgebers. ZAR 27: 61-64

Franzius, C. (2015a) Grundrechtsschutz in Europa. Zwischen Selbstbehauptungen und Selbstbeschränkungen der Rechtsordnungen und ihrer Gerichte. ZaöRV 75: 383-412

Franzius, C. (2015b) Strategien der Grundrechtsoptimierung in Europa. EuGRZ 42: 139-153

Grabenwarter, C. (2009) Staatliches Unionsverfassungsrecht. In: von Bogdandy A, Bast J (eds.) Europäisches Verfassungsrecht. Theoretische und dogmatische Grundzüge. Springer, Berlin/Heidelberg, pp. 121-175

Griebel, J. (2013) Doppelstandards des Bundesverfassungsgerichts beim Schutz europäischer Grundrechte. Der Staat 52: 371-399

Groussot, X., Pech, L., Petursson, G.T. (2013) The Reach of Fundamental Rights on Member State Action after Lis-bon. In: de Vries SA, Bernitz, U., Weatherill S (eds.) The Protection of Fundamental Rights in the EU after Lisbon. Hart, Oxford, pp. 97-118

Hoffmann-Riem, W. (2002) Kohärenz europäischer und nationaler Grundrechte. EuGRZ 29: 473-483

Hong, M. (2016) Human Dignity, Identity Review of the European Arrest Warrant and the Court of Justice as a Lis-tener in the Dialogue of Courts: Solange-III and Aranyosi: BVerfG 15 December 2015, 2 BvR 2735/14, Solange III, and ECJ (Grand Chamber) 5 April 2016, Joined Cases C-404/15 and C-659/15 PPU, Aranyosi and Caldararu. European Constitutional Law Review 12: 549-563

Huber, P.M. (2008a) Unitarisierung durch Gemeinschaftsgrundrechte-Zur Überprüfungsbedürftigkeit der ERT-Rechtsprechung. EuR 43: 190-199

Huber, P.M. (2008b) Vergleich. In: von Bogdandy A, Cruz Villalón P, Huber PM (eds.) Handbuch Ius Publicum Europaeum. Offene Staatlichkeit-Wissenschaft vom Verfassungsrecht, vol. 2. C.F. Müller, Heidelberg, § 26

Huber, P.M. (2009) Das europäisierte Grundgesetz. DVBl 124: 574-582

Huber, P.M. (2011) Auslegung und Anwendung der Charta der Grundrechte. NJW 64: 2385-2390

Hwang, S.-P. (2014) Grundrechte unter Integrationsvorbehalt? Eine rahmenorientierte Überlegung zur Debatte um die Bindung der Mitgliedstaaten an die Unionsgrundrechte. Europarecht 49: 400-419

Hwang, S.-P. (2016) Grundrechtsoptimierung unter dem Vorbehalt des unionsrechtlichen Vorrangs? -Zur Auslegung des Art. 53 GRCh im Lichte des Vorrangs des Unionsrechts. ZEuS 29: 369-388

Iglesias Sánchez, S. (2012) The Court and the Charter: The Impact of the Entry into Force of the Lisbon Treaty on the ECJ's Approach to Fundamental Rights. CML Rev 49: 1565-1612

Ingold, A. (2015) Die verfassungsrechtliche Identität der Bundesrepublik Deutschland. Karriere-Konzept-Kritik. AöR 140: 1-30

Ipsen, H.P. (1968) Gleichheit. In: Neumann FL, Nipperdey HC, Scheuner U (eds.) Die Grundrechte, vol. 2., 2nd edn. Duncker & Humblodt, Berlin, pp. 111-198

Jacobs, F.G. (2001) Human rights in the European Union: the role of the Court of Justice. Eur Law Rev. 26: 331-341

Kingreen, T. (2013a) Die Grundrechte des Grundgesetzes im europäischen Grundrechtsföderalismus. JZ 68: 801-811

Kingreen, T. (2013b) Ne bis in idem: Zum Gerichtswettbewerb um die Deutungshoheit über die Grundrechte. EuR 48: 446-453

Kingreen, T. (2016) Art. 51 GRC. In: Calliess C, Ruffert, M (eds.) EUV/AEUV. Das Verfassungsrecht der Europäischen Union mit Europäischer Grundrechtecharta. Kommentar, 5th edn. C. H. Beck, München, pp. 2949-2964

Kirchhof, F. (2011) Grundrechtsschutz durch europäische und nationale Gerichte. NJW 64: 3681-3686

Kirchhof, F. (2014) Nationale Grundrechte und Unionsgrundrechte. Die Wiederkehr der Frage eines Anwendungsvorrangs unter anderer Perspektive. NVwZ 33: 1537-1541

Kokott, J., Sobotta, C. (2010) Die Charta der Grundrechte der Europäischen Union nach Inkrafttreten des Vertrags von Lissabon. EuGRZ 37: 265-271

Kokott, J., Sobotta, C. (2015) Protection of Fundamental Rights in the European Union: On the Relationship between EU Fundamental Rights, the European Convention and National Standards of Protection. Yearb Eur Law 34: 60-73

Kühling, J. (2009) Grundrechte. In: von Bogdandy A, Bast J (eds.) Europäisches Verfassungsrecht. Theoretische und dogmatische Grundzüge. Springer, Berlin/Heidelberg, pp. 657-704

Ladenburger, C. (2012) EU Institutional Report. In: Laffranque J (ed.), The Protection of Fundamental Rights Post-Lisbon, Reports of the XXV FIDE Congress Tallinn 2012, vol. 1. Tartu University Press, Tallinn, pp. 141-215

Lenaerts, K., Gutiérrez-Fons JA (2014) The Charter in the EU Constitutional Edifice. In: Peers S, Hervey T, Kenner J, Ward A (eds.) The EU Charter of Fundamental Rights. A

Commentary. Hart, Oxford, pp. 1600-1637

Lenaerts, K. (2015) In Vielfalt geeint/Grundrechte als Basis des europäischen Integrationsprozesses. EuGRZ 42: 353-361

Lerche, P. (1996) Achtung der nationalen Identität (Art. F Abs. 1 EUV). In: Bundesnotarkammer (ed.) Festschrift für Helmut Schippel zum 65. Geburtstag, C.H. Beck, München, pp. 919-932

Liisberg, J.B. (2001) Does the EU Charter of Fundamental Rights Threaten the Supremacy of Community Law? CML Rev. 38: 1171-1199

Lindner, J.F. (2007a) Grundrechtsschutz gegen gemeinschaftsrechtliche Öffnungsklauseln -zugleich ein Beitrag zum Anwendungsbereich der EU-Grundrechte. EuZW 18: 71-75-Lindner, J.F. (2007b) Grundrechtsschutz in Europa-System einer Kollisionsdogmatik. EuR 42: 160-193

Ludwigs, M. (2014) Kooperativer Grundrechtsschutz zwischen EuGH, BVerfG und EGMR. EuGRZ 41: 273-285

Masing, J. (2006) Vorrang des Europarechts bei umsetzungsgebundenen Rechtsakten. NJW 59: 264-268

Masing, J. (2015) Einheit und Vielfalt des Europäischen Grundrechtsschutzes. JZ 70: 477-487

Masing, J. (2016) Unity and Diversity of European Fundamental Rights Protection. Eur Law Rev. 41: 490-512

Mayer, F.C., Lenski, E, Wendel, M. (2008) Der Vorrang des Europarechts in Frankreich. EuR 43: 63-87

Mayer, F.C. (2009) Der Vertrag von Lissabon und die Grundrechte. EuR Supplement (EuR-Beiheft) 1 /2009: 87-102

Mayer, F.C., Wendel, M. (2014) Die verfassungsrechtlichen Grundlagen des Europarechts. In Hatje A, Müller-Graff P.-C. (eds.) Enzyklopädie Europarecht. Europäisches Organisations- und Verfassungsrecht, vol. 1. Nomos, Baden-Baden, § 4, pp. 163-258

Nowag, J. (2016) EU law, constitutional identity, and human dignity: A toxic mix? Bundesverfassungsgericht: Mr R, CML Rev. 53: 1441-1453

Ohler, C. (2013) Grundrechtliche Bindungen der Mitgliedstaaten nach Art. 51 GRCh. NVwZ 32: 1433-1438

Pernice, I. (2011) Der Schutz nationaler Identität in der Europäischen Union. AöR 136: 185-221

Poli, M.D. (2016) Der justizielle Pluralismus der europäischen Verfassungsgemeinschaft-"Babylonische Gerichte" oder "Gerichte für Babylon". Der Staat 55: 373-391

Reinbacher, T., Wendel, M. (2016) Menschenwürde und Europäischer Haftbefehl-Zum ebenenübergreifenden Schutz grundrechtlicher Elementargarantien im europäischen Auslieferungsverfahren. EuGRZ 43: 333-343

Rung, J. (2016) Grundrechtsschutz zwischen Verfassungsidentität und der Melloni-Rechtsprechung des EuGH. EWS 26: 145-150

Sauer, H. (2016) "Solange" geht in Altersteilzeit-Der unbedingte Vorrang der

Menschenwürde vor dem Unionsrecht. NJW 69: 1134-1138

Seidel, M. (2003) Pro futuro: Kraft Gemeinschaftsrechts Vorrang des höheren einzelstaatlichen Grundrechtsschutzes? EuZW 14: 97

Snell, J. (2015) Fundamental Rights Review of National Measures: Nothing New under the Charter? Eur Public Law 21: 285-308

Szczekalla, P. (2006) Grenzenlose Grundrechte. NVwZ 25: 1019-1021

Thym, D. (2013) Die Reichweite der EU-Grundrechte-Charta-Zu viel Grundrechtsschutz? NVwZ 32: 889-896

Thym, D. (2015) Vereinigt die Grundrechte! JZ 70: 53-63

Trstenjak, V., Beysen, E. (2013) The growing overlap of fundamental freedoms and fundamental rights in the case-law of the CJEU. Eur Law Rev. 38: 293-315

von Bogdandy, A., Schill, S. (2010) Die Achtung der nationalen Identität unter dem reformierten Unionsvertrag. Zur unionsrechtlichen Rolle nationalen Verfassungsrechts und zur Überwindung des absoluten Vorrangs. ZaöRV 70: 701-734

von Bogdandy A, Cruz Villalón P, Huber PM (eds.) (2008) Handbuch Ius Publicum Europaeum. Offene Staatlichkeit-Wissenschaft vom Verfassungsrecht, vol. 2. C.F. Müller, Heidelberg

von Bogdandy, A., Kottmann, M., Antpöhler, C., Dickschen, J., Hentrei, S., Smrkolj, M. (2012) Ein Rettungsschirm für europäische Grundrechte. Grundlagen einer unionsrechtlichen Solange-Doktrin gegenüber Mitgliedstaaten. ZaöRV 72: 45-78

von Danwitz, T. (2008) Funktionsbedingungen der Rechtsprechung des Europäischen Gerichtshofes. EuR 43: 769-785

von Danwitz, T. (2009) Grundrechtsschutz im Anwendungsbereich des Gemeinschaftsrechts nach der Charta der Grundrechte. In: Herdegen M, Klein HH, Papier H-J, Scholz R (eds.) Staatsrecht und Politik: Festschrift für Roman Herzog zum 75. Geburtstag (Essays in honour of Herzog), C. H. Beck, München, pp. 19-34

von Danwitz, T. (2013) Verfassungsrechtliche Herausforderungen in der jüngeren Rechtsprechung des EuGH. EuGRZ 40: 253-261

Voßkuhle, A. (2010) Der europäische Verfassungsgerichtsverbund. NVwZ 29: 1-23

Walter, C. (2004) Grundrechtsschutz gegen Hoheitsakte internationaler Organisationen. Überlegungen zur Präzisierung und Fortentwicklung der Dogmatik des Maastricht-Urteils des Bundesverfassungsgerichts. AöR 129: 39-80

Ward, A. (2014) Article 51-Field of Application. In: Peers S, Hervey T, Kenner J, Ward A (eds.) The EU Charter of Fundamental Rights. A Commentary. Hart, Oxford, p. 1415

Weiler, J.H.H., Fries, S.C. (1999) A Human Rights Policy for the European Community and Union: The Question of Competences. In: Alston P, Bustelo M, Heenan J (eds.) The EU and Human Rights. Oxford University Press, Oxford, pp. 147-165

Wendel M (2011) Permeabilität im europäischen Verfassungsrecht. Mohr Siebeck, Tübingen

Wollenschläger, F. (2010) Die Gewährleistung von Sicherheit im Spannungsfeld der nationalen, unionalen und EMRK-Grundrechtsordnungen: Überlegungen zu

Grundrechtsregimekonkurrenzen und ihrer Bewältigung im Europäischen Mehrebenensystem. In: Iliopoulos-Strangas J, Diggelmann O, Bauer H (eds.) Rechtsstaat, Freiheit und Sicherheit in Europa. Societas Iuris Publici Europaei, vol. 6. Nomos, Athen/Baden-Baden/Brüssel, pp. 45-88

Wollenschläger, F. (2014a) Grundrechtsschutz und Unionsbürgerschaft. In: Hatje A, Müller-Graff P-C (eds.) Enzyklopädie Europarecht. Europäisches Organisations- und Verfassungsrecht, vol. 1. Nomos, Baden-Baden, § 8, pp. 367-475

Wollenschläger, F. (2014b) Anwendbarkeit der EU-Grundrechte im Rahmen einer Beschränkung von Grundfreiheiten. Bestätigung der ERT-Rechtsprechung durch den EuGH auch unter der Grundrechtecharta. EuZW 25: 577-580

Wollenschläger, F. (2015a) The EU Charter of Fundamental Rights and its Applicability to the Member States-A Step towards Unitarisation or Federalisation? Ritsumeikan International Affairs 13: 1-11

Wollenschläger, F. (2015b) Art. 23 GG. In: Dreier H (ed.) Grundgesetz Kommentar: GG, vol. 2, 3rd edn. Mohr Siebeck, Tübingen, pp. 436-551

Wollenschläger, F., Krönke, L. (2016) Telekommunikationsüberwachung und Verkehrsdatenspeicherung-eine Frage des EU-Grundrechtsschutzes? NJW 69: 906-910

第3章

EUにおける共通庇護制度の発展

中西　優美子

■ 要約

　大量難民の流入を受けたEUでは、難民危機に対処するために、既存の共通庇護制度に修正を加える動きがみられる。EUの共通庇護制度（CEAS）は、1つの措置から構成されているのではなく、複数の措置から構成されている。有名なダブリン規則は、その1つである。CEASは、実質的法規と手続的法規に分けられる。実質的法規、つまり、実質的な認定と保護を定める法規として、いわゆる庇護要件指令と一時的な保護指令が存在する。他方、手続的法規、つまり国際的な保護を申請するときの手続法規として、ダブリン規則、Eurodac規則、庇護手続指令、受入基準指令が採択されている。本章では、EUの共通庇護制度の発展を明確にすることを目的とする。CEASは、最初から現行の制度の形で採択されたわけではなく、複数の改正を経て現行制度になっている。また、現行のCEASについても改正案がだされ、現在審議中となっている。そのような変化の中にある、CEASの状況を解説する。

I　はじめに

　シリア等からの大量の難民がイタリアやギリシャに押し寄せて、2015年にはいわゆる難民危機がEUにおいて発生した[1]。イタリア・ギリシャへの大量難民の流入を受け、ダブリン制度の一部に変更を加える、受入れのリロケーション（relocation）に関する決定をEU理事会が行ったが、ハンガリーはその履行を拒んだ。このような状況に直面して、EUは手を拱いているわけではなく、特に、欧州委員会は難民危機に対処する行動をとっている。

難民に関する措置に関しては、EUと構成国間の権限配分が密接にかかわっている。条約上（第1次法レベル）の権限配分のみならず、EU法行為（legal acts）（第2次法レベル）のそれもかかわってくる。さらに、立法権限のみならず、裁判管轄権、執行権限も別個にみなければならない。これらの権限配分は固定されているのではなく、条約の改正とともに、また、EU法行為の採択とともに変化している。

　EUにおける難民政策に関する法的枠組は、シェンゲン圏の創設とともに形成されて、その後共通庇護制度として発展してきたが、現在、難民危機に対処することでさらに一段上に進もうとしている。本章では、EUの共通庇護制度の発展を明確にすることを目的とする。まず、その歴史的な発展を概観する。その後、共通庇護制度がどういったものであるのかを明らかにする。そのうえで、今後の発展について述べたい。

II　EUの共通庇護政策

1　リスボン条約以前

　1989年12月のストラスブール欧州首脳理事会では、構成国の難民政策の調和が決定された[2]。共通難民政策の前提として、最初に、どの構成国が難民申請を審査する管轄権を有するかということが問題となった[3]。1990年6月15日に署名され、1997年9月1日に発効したダブリン協定がその管轄権規定のための基準を定めた。ダブリン協定は、シェンゲン協定が規定する域内国境の廃止に関連している。構成国はEU内における国境廃止により、庇護申請の増加になることを危惧し、また、同じ者が複数の構成国に庇護申請し、複数の構成国が同時に管轄権を有する事態を避けるために、どの構成国が申請に対し管轄権を有するかを定めるルールが必要とされた[4]。

　1997年10月2日に調印され、1999年5月に発効したアムステルダム条約によりいわゆる第3の柱「内務司法協力」の一部「査証、庇護、入国及び人の自由移動に関するその他の政策」がEC条約61条～69条に規定された（共同体化）。EC条約63条において難民に関する措置のための法的根拠条文が規定され、EUは立法権限を有するようになった。後述する第1段階の共通欧州庇護制度の措

第3章　EUにおける共通庇護制度の発展　57

置の多くは、この条文を法的根拠条文とした。ただ、意思決定手続においては、欧州議会は立法権限を有さず、理事会の全会一致であった。また、裁判所の管轄権も制限されていた。

　2003年に発効したニース条約では、EC条約67条5項が挿入され、理事会が庇護に関する「共通のルールと基本原則」を全会一致で定めた後は、理事会は特定多数決により、欧州議会との共同決定手続に基づき措置を採択できるようになった[5]。もっとも、これは、まず理事会の全会一致を必要とするため、通常の特定多数決とは異なる。また、裁判所の管轄権も制限されたままであった。

2　リスボン条約以降

　2009年12月1日に発効したリスボン条約によりEU条約及びEC条約が大幅に改正されたが、難民政策に関する権限についても大きな変更が加えられた。EUは、「域内市場」の設立とともにアムステルダム条約で導入された「自由、安全及び司法の領域」の設立を目的としており、特に、EU運営条約第3部5編は「自由、安全及び司法の領域」を規定対象としている。同2章は、「国境管理、難民及び移民に関する政策」に当てられ、その78条が庇護に関する措置を規定している。EU運営条約78条は、3つの項から構成されている。同条1項は、EUが、国際的な保護を必要とする第三国国民に対し適切な地位を与え、かつ、ノン・ルフルマンの原則の遵守を確保しつつ、難民、補充的保護及び一時的保護に関する共通政策を発展させることを規定している。さらに、同政策は、難民の地位に関する1951年7月28日のジュネーブ条約及び1967年1月31日の議定書並びにその他の関連条約に従うことが明示的に規定されている。EU運営条約78条2項は、欧州庇護制度のための措置を採択するための法的根拠条文を規定している。同条約78項2項は、アムステルダム条約及びその後のニース条約のときとも異なり、欧州議会と理事会の双方に立法権限を付与し、共同決定手続（通常立法手続）の形をとっている。その際、理事会は特定多数決で決定する。リスボン条約以降、立法手続の変更を受け、これまで理事会指令や規則であったものが、欧州議会と理事会の指令及び規則になった。同条2項インデント(a)～(g)により具体的な事項が規定されている。インデント(a)は第三国の国民に対する庇護の統一的認定、(b)は欧州庇護認定を受けないが、国際的な保

護を必要とする、第三国国民の補充的保護の統一的認定、(c)大量流入の場合における避難民の一時的な保護の共通制度、(d)統一的な庇護または補充的保護認定の付与または撤回のための共通手続、(e)庇護または補充的保護申請を審査することに責任を有する構成国を定める基準及びメカニズム、(f)庇護または補充的保護の申請者の受入れのための条件に関する法規、(g)庇護または補足的もしくは一時的な保護を申請する者の流入を管理するための第三国とのパートナーシップ及び協力となっている。同条3項は、1または2以上の構成国が第三国国民の突然の流入による緊急事態に対峙する場合、理事会は、当該構成国のために一時的な措置を採択することができると規定している。さらに、EU司法裁判所の裁判管轄権にも限定がなくなった。リスボン条約以前は、先決裁定手続は最終審の国内裁判所からの付託にのみ限定されていたが、その制限はなくなった[6]。もっとも、EU運営条約78条2項を通じ、EUは立法権限を付与されているが、それを実施する権限は付与されておらず、構成国が実施している[7]。

　また、リスボン条約によりEU条約及びEU運営条約と同一の法的価値を付与されたEU基本権憲章の18条は、「庇護に対する権利は、難民の地位に関する1951年7月28日のジュネーブ条約及び1967年1月31日の議定書の諸規則に適切な考慮を払い、かつ、欧州連合条約及び欧州連合運営条約に従って、保障される。」と規定している。なお、EU自体は、ジュネーブ条約の当事者ではない。

III　EUの共通庇護制度

1　共通欧州庇護制度の歴史

　アムステルダム条約発効後、1999年10月のタンペーレ（Tampere）欧州首脳理事会の総括において、共通欧州庇護制度（CEAS：Common European Asylum System）[8]を発展させるという事項が挿入された[9]。これを受け、欧州委員会はCEASの第1段階を設定する立法を2000年及び2001年に提案した[10]。2005年までの第1段階においては、ダブリンII規則343/2003、Eurodac I 規則2725/2000、受入基準I指令2003/9、庇護要件I指令2004/83、庇護手続I指令2005/85、一時的な保護のための指令2001/55が採択された。第1段階では、最小限の基準形成の形で共通の法的枠組条件がつくられた[11]。

その後、第2段階のCEASは、2004年に11月4日、5日の欧州首脳理事会により承認された2005年から2009年までのハーグ・プログラムを基礎とした。[12]第2段階は、統一的かつ効果的な難民手続の導入を目標とした。[13]2009年12月10日、11日の欧州首脳理事会はストックホルム・プログラム[14]を承認した。「庇護：保護と連帯の共通領域」と題される同プログラムの6.2の最初において、庇護申請する構成国がどの国であろうと、個人が受入状況に関して同等レベルの取扱いを受け、また、手続取決め及び地位の決定について同一のレベルのものが適用されることが重要であると述べられている。さらに、EUの下部機関である欧州難民支援事務局（EASO：European Asylum Support Office）がCEASの発展と実施において重要な役割を果たし、構成国間における実際の協力を強化することに寄与すべきであることが述べられている。[15]EU運営条約78条2項に基づいて採択された現行の法行為（第2段階のCEAS）は「庇護パッケージ2013」と呼ばれる。法行為としては、後述するダブリンIII規則604/2013、EurodacII規則603/2013、受入基準（reception）II指令2013/33、庇護要件（qualification）II指令2011/95、庇護手続（procedure）II指令2013/32になる。

2　共通欧州庇護制度

　共通欧州庇護制度（CEAS）は、実質的法規と手続的法規に分けられる。実質的法規、つまり、実質的な認定と保護を定める法規として、いわゆる庇護要件指令と一時的な保護指令が挙げられる。手続的法規、つまり国際的な保護を申請するときの手続法規として、ダブリン規則、Eurodac規則、庇護手続指令、受入基準指令が含まれる。

(1)　実質的法規——いわゆる庇護要件指令

① 庇護要件（Qualification）指令

　第1段階のCEASで、「難民」の定義並びに補充的保護の地位及び地位の内容に関する指令、正式には難民としてまたはその他国際的な保護を必要とする者としての第三国の国民または無国籍者の庇護要件及び地位のための最小限の基準並びに付与される保護の内容に関する指令2004/83が2004年4月29日に採択された。略して「庇護要件指令[16]」と呼ばれる。同指令は、EC条約63条1項(c)、2(a)及び3(a)を法的根拠条文とした。

庇護要件指令は、ジュネーブ条約の適用にあたって構成国を導くことを目的としている[17]。このためジュネーブ難民条約の意味における難民としての庇護申請者の承認のために共通の基準を導入した[18]。また、同指令は、EU構成国がジュネーブ難民条約の意味における難民への「国際的な保護」と補充的保護 (subsidiary protection) を供することを明確にしたものとされる[19]。

その後、第2段階のCEASにおいて、2011年12月に現行のいわゆる庇護要件Ⅱ指令が採択された。現行の指令の名称は、国際的な保護の受益者として第三国国民または無国籍者の庇護要件、難民または補充的保護を受益しうる者の統一的な地位、及び付与される保護の内容に対する法規に関する指令2011/95に変更された[20]。同指令は、EU運営条約78条2項(a)及び(b)条約を法的根拠条文としている。同指令は、2012年1月9日に発効した。当該指令は、前文53段と41カ条により構成されている。構成国は、2013年12月21日までに国内法化・実施することを義務づけられた（同指令39条）。なお、この指令はデンマークには適用されない。

難民の定義には、ジュネーブ難民条約に従い、6つのメルクマールがある[21]（庇護要件Ⅱ指令2条インデント(d)）。①理由のある迫害の恐れ (well-founded fear of being persecuted)、②迫害行為 (acts of persecution)（庇護要件Ⅱ指令9条）、③迫害理由 (reason for persecution)（庇護要件Ⅱ指令10条）、④国籍国外 (outside the country of nationality)、⑤国籍国における保護が不可能または考えられない、⑥除外 (exclusion)（庇護要件Ⅱ指令12条）。迫害の恐れがあり、迫害行為が人権の重大な違反であり、その迫害が人種、宗教、国籍、ある一定の社会的グループへの所属、政治的なものを理由とするか、申請者が国籍国の外にいるか、国籍国における保護が不可能あるいは考えられないか、さらに、すでに申請したり、庇護を受けているなどの除外の対象ではないか等が審査される。

EUの難民政策の特徴の1つは、庇護（国際的な保護）の範囲をジュネーブ難民条約の意味における難民だけではなく、補充的保護 (subsidiary protection) を必要とする者に対しても広げている点にある。逆に日本で難民として認められる者が少ないのは、国際条約に従っているものの、補充的保護にまで広げていない点が1つの要因として挙げられる。難民としては認定されないが、一定の要件を満たせば、保護申請者が補充的保護を受けることができる。要件とは、

保護申請者がもし出生国に戻れば(無国籍者の場合は過去の常居所に戻れば)、重大な危害 (serious harm) を被ると考えられる実質的な理由が示されることである (庇護要件Ⅱ指令2条(f))。重大な危害とは、(a)死刑または死刑の執行、(b)本国 (the country of origin) における申請者の拷問、非人道的もしくは品位を傷つける扱い (inhuman and degrading treatment) または罰、(c)国際または国内の武力紛争の状況における無差別の暴力 (indiscriminate violence) のための民間人の生命または人格への重大かつ個々の脅威 (individual risks) を意味する (庇護要件Ⅱ指令15条)。EU法における庇護と補充的保護恩恵の間の差異は、家族の再統合を除いて、庇護要件指令から庇護要件Ⅱ指令への変更に伴い縮小されたとされる。[22]

EU司法裁判所は、EU難民法の解釈にあたっては、体系と目的に照らして、ジュネーブ条約、関連する国際条約及びEU基本権の尊重を考慮しなければならないというスタンスをとっている。[23] CostelloとMouzourakisは、ストラスブールの欧州人権裁判所が庇護要件指令の中の補充的保護の定義について重要な役割を果たしているとし、庇護要件指令は拷問、非人道的もしくは品位を傷つける扱いに関する15条(b)は、EUにおける補充的保護は欧州人権条約による保護よりも狭いものの、欧州人権裁判所の判例法を法典化したものであるとしている。[24]

② 一時的な保護

第1段階のCEASにおいて、避難民の大量流入の場合における一時的な保護 (temporary protection) を与えるための最小限の基準及びそのような者を引き受け、その責任を負う際に構成国間の負担のバランスを促進する措置に関する指令2001/55[25]が2001年7月20日に採択された。同指令は、EC条約63条2(a)及び(b)を法的根拠条文にした。指令は、2001年8月7日に発効し、その国内法化・実施期限は2002年12月31日とされた。当該指令は、1990年代最初の旧ユーゴスラビアからの難民の流入を受けたものとされるが、実際には用いられたことがない。[26] 第2段階のCEASにおいても欧州委員会から改正提案はなされなかった。[27] 現在でも、当該指令が有効である。

(2) 手続的法規

① ダブリン規則

　CEASの要石と位置づけられているダブリン制度は、上述した1990年のダブリン協定から始まっている。ダブリン協定は、その後、2003年9月1日よりいわゆるダブリンⅡ規則343/2003に置き換わった。同規則は、EC条約63条1項(1)(a)を法的根拠条文として採択された。その後、現行の第三国国民または無国籍者によりだされる国際的保護の申請を審査するのに責任を有する構成国を決定する基準及びメカニズムを設定する規則604/2013が採択された。同規則は、ダブリンⅢ規則と呼ばれている。ダブリンⅢ規則は、ダブリンⅡ規則とは異なり、補充的保護を含む国際的保護に対象を拡大している。同規則は、EU運営条約78条2項(e)を法的根拠条文としている。ダブリンⅢ規則は、2013年6月26日に採択され、2013年7月19日は発効した。同規則は、前文42段及び49カ条により構成されている。同規則は、どのEU構成国が庇護申請に対し管轄権を有するかを決定するものであるが、その問題は申請者にとっても国内管轄機関にとっても重要な意味をもつ。また、管轄権規定の目的は、保護申請者に唯一の機会 (one only chance) を保障し、同時に複数の手続を並行して行われるのを妨げるため（庇護ショッピングを防止するため）である。第2段階のCEASの措置には、庇護要件Ⅱ指令、庇護手続Ⅱ指令など、構成国に国内法化・実施を義務づける指令の形をとっているものがあるが、ダブリン規則は、直接適用される、統一的な法規である規則の形をとっている。

　ダブリン制度は、EU構成国ではない、ノルウェー、アイスランド、リヒテンシュタイン及びスイスにも適用されている。他方、EU構成国であるデンマークは、もともとの1990年のダブリン協定の当事国であるものの、EU条約及びEU運営条約の付属書、デンマークの立場に関する議定書22の1条及び2条に従い、オプトアウトしており、ダブリンⅢ規則は適用されない。イギリス及びアイルランドは、自由、安全及び司法の領域においてオプトアウトしているが、採択に加わり、ダブリン規則に拘束されることを表明している。ダブリンⅢ規則3条1項に従い、同規則のⅢ章に規定される基準に基づき責任を有するとされる唯一の構成国によって申請が審査されなければならない。

　基準は、次の順番で審査される。子どもの福祉及び家族の統一の観点から、

①未成年（minors）（ダブリンⅢ規則8条）、②保護の庇護要件を有する家族（family members who are beneficiaries of international protection）（ダブリンⅢ規則9条）、③家族の一員が国際的保護を申請している（family members who are applicants for international protection）（ダブリンⅢ規則10条）、④家族の手続（family procedure）（ダブリンⅢ規則11条）、また、次に構成国の入国責任という観点から、⑤査証または在留庇護要件書類（ダブリンⅢ規則12条）、⑥入国・滞在（Entry and/or stay）（ダブリンⅢ規則13条）、⑦査証が要らない入国（visa waived entry）（ダブリンⅢ規則14条）、⑧トランジットの領域（application in an international transit area of an airport）（ダブリンⅢ規則15条）。最後に、⑨最初に申請が提出された構成国が管轄権を有する。例えば、①により未成年者の家族が合法に住んでいる構成国が管轄権を有する。②により家族の一員が国際的な保護を享受している構成国が管轄権を有する。③により家族の一員が国際的保護をすでに申請している構成国が管轄権を有する。④により家族の大半が申請する構成国が管轄権を有する。⑤により申請者が有効な在留庇護要件書類または査証を発行した構成国が管轄権を有する。⑥により最初に不正な対外国境通過（first irregular external border crossing）が行われた構成国が管轄権を有する。⑦により、特別な申請者に査証を免除した構成国が管轄権を有する。⑧により国際的な保護の申請が空港のトランジット領域で行われた構成国が管轄権を有する。⑨により最初に申請書が提出された構成国が管轄権を有する。

　他方、そのような基準から逸脱の場合が4章に規定されている。1つは、ダブリンⅢ規則16条に規定される、妊婦、病人、子ども、障がい者など申請者が助けを必要とする者（dependent persons）である。もう1つは、裁量条項と呼ばれるものである。当該規則17条は、当該管轄権規定基準に基づいては責任を有さない、構成国は国際的な保護の申請を審査することを決定できることを定めている。これは、自己介入権（Selbsteintrittrecht）とも呼ばれる[36]。もともとの責任を有するとされた構成国は、この自己介入権を有する構成国に申請者に対して責任をもつよう要請できる。家族や文化的配慮に基づく人道的理由からそのようになされるため人道的条項（humanitäre Klausel）と呼ばれる。また、連帯の精神で行われる。

　これに関連して、ダブリン規則の基準に従い責任あるとされた構成国が必ず

しも難民申請者にとって適当であるわけではない。構成国の裁判所は、ギリシャに難民申請者を送ることを拒否していた[37]。そのような中で、欧州人権裁判所[38]は、M.S.S事件ではギリシャにおける難民制度が欧州人権条約3条の最小限の基準を満たしていないとした[39]。この判決を受け[40]、EU司法裁判所は、N.S. and M.E.事件において、EU基本権憲章4条[41]は、難民手続及び庇護申請者の受入状況における制度的な不備（systemic deficiencies）が、庇護申請者が非人道的または品位を傷つける扱いに服する実際のリスクに直面するということを信じる実質的な理由になることに構成国が気づくことができない場合、ダブリンⅡ規則の意味における「責任のある構成国」に庇護申請者を送ってはならないという意味に解釈されなければならないとした[42]。マアルテン・デン・ヘイジャー（Maarten den Heijer）は、欧州人権裁判所及びEU司法裁判所は、それぞれ、欧州人権条約の3条またはEU基本権憲章4条の違反の実際のリスクがあるという例外的な場合は、庇護申請者が移送に異議申し立てできるようにすべきであるということを明確にしたとしている[43]。なお、EU司法裁判所の判決を受け、現行のダブリンⅢ規則は、その3条2項2段においてこの判示を法典化した。

　ダブリン協定、ダブリンⅡ規則、現行のダブリンⅢ規則とダブリン制度が発展してきたが、シリア等からの大量避難民の流入を受け、ダブリン制度の見直しがなされている[44]。特に、イタリアとギリシャに過剰の負担がかかっていることを踏まえて、2015年9月、EU運営条約78条3項に定められている緊急権限を基礎にして、リロケーション（relocation）に関する2つの決定が採択された[45]。これは、ダブリンⅢ規則に基づくと、イタリアとギリシャが難民申請に対して責任を有する国になるが、取決めによって他の構成国に配分するものであった。1つの決定は、イタリアとギリシャのための国際的保護の分野における一時的な措置を設定する理事会決定2015/1523であった[46]。この決定は、2015年9月14日に採択され、2015年9月16日発効し、2017年9月17日に失効した（13条）。また、2つの目の理事会決定2015/1601は[47]、2015年9月22日に採択され、9月25日発効し、2017年9月26日に失効した（13条）。1つ目の理事会決定では、具体的な配分数が示されていなかったが、2つ目の理事会決定では、イタリアの1万5600人の配分（付属書Ⅰ）とギリシャの5万400人の配分（付属書Ⅱ）が規定された。スロバキアは、イタリアからは80人、ギリシャからは612人、

第3章　EUにおける共通庇護制度の発展　65

また、ハンガリーは、イタリアからは306人、ギリシャからは988人を受け入れることを義務づけられたが、それに不服であるとし、決定の取消を求めた。ちなみにドイツは、イタリアから4027人、ギリシャからは1万3009人を受け入れることを義務づけられた。スロバキアとハンガリーは、それぞれ、具体的な配分数が示された2つ目の理事会決定の取消をEU運営条約263条に従いEU司法裁判所に求めた。同裁判所は、両国の主張を棄却した[48]。これらは、構成国がリロケーションに関する理事会決定の取消を求めたものであるが、逆に2017年6月15日に欧州委員会はハンガリー、チェコ及びポーランドに対しEU運営条約258条に規定される条約違反手続を開始した。これら3カ国から満足できる回答を得られなかったため、欧州委員会は、2017年7月26日に条約違反手続の第2段階(理由を付した意見)に進んだ。しかし、これら3カ国からは満足できる回答を得られなかったため、委員会は2017年12月7日にEU司法裁判所に付託することを決定した[49]。

② Eurodac規則

　第1段階のCEASとして、ダブリン協定の効果的な適用のための指紋比較のための「Eurodac」の設定に関する規則2725/2000 (いわゆるEurodac規則)[50]が2000年12月に採択された。法的根拠条文は、EC条約63条(1)(a)であった。庇護ショッピングを防止し、ダブリン制度の唯一の機会原則の実施をより効果的なものにするために、Eurodac規則が強化されている。Eurodacは、ダブリン制度と結びついた、重要なデータバンク制度である[51]。現行のEurodac規則603/2013[52] (Eurodac Ⅱ規則) は、ダブリンⅢ規則と同様に2013年6月26日に採択され、2013年7月19日に発効した。当該規則は、EU運営条約78条2項(e)の他、87条2項(a)及び88条2項(a)を法的根拠条文としている。前文53段及び46カ条により構成されている。Eurodac Ⅱ規則は、すべての庇護申請者の指紋登録等を行い、データベース化するものであり、これにより、すでに申請したか否かが分かる。また、採取されたデータは、国内の警察機関やEUの下部機関であるユーロポール (Europol) によりテロ活動や重大犯罪の捜査のため等一定の条件のもとでアクセスされうる。当該規則は個人のデータ保護権に密接にかかわるため、国内監督機関及び欧州データ保護監視官により監督される (30条及び31条)[53]。

③ 庇護手続 (asylum procedures) 指令

　第1段階のCEASの1つとして、庇護手続指令、正式名称、難民の地位を付与及び撤回するための構成国における手続に関する最小限の基準についての指令2005/85[54]が2005年12月1日に採択された。同指令は、EC条約63条1項(1)(d)を法的根拠条文にした。その後、第2段階のCEASとして、同指令は、国際的保護を付与及び撤回するための共通手続に関する指令2013/32（庇護手続Ⅱ指令）[55]が2013年6月26日に採択された。当該庇護手続Ⅱ指令は、EU運営条約78条2項(d)を法的根拠条文にしている。同指令は、2013年7月19日に発効し、構成国は51条に基づき一部を2015年7月20日までに、他の部分を2018年7月20日まで国内法化・実施することを義務づけられている。指令は、前文62段と55カ条から構成されている。いわゆる庇護手続指令の名称が難民の地位の付与から国際的保護の付与に変更されている。これは、手続指令の範囲が補充的保護の地位の申請を含むように広げられたためである（当該指令1条及び2条）[56]。また、第1段階の指令2005/85に関しては、当該指令の領域的範囲が領海にまで及ぶか議論があったが、第2段階の指令3条1項において領海を含む、領域と明示的に規定されている[57]。また、キャスリン・コステロ（Cathryn Costello）とミノス・ムズラキス（Minos Mouzourakis）は、第2段階の庇護手続指令には欧州人権条約の判例に取り入れられた原則を組み入れることによって改善点がみられるとしている[58]。

　庇護手続Ⅱ指令においては、重要な概念は、安全な第三国（safe third country: STC）（庇護手続Ⅱ指令38条）と安全な本国（safe country of origin: SCO）（庇護手続Ⅱ指令36条）である。この指令の特徴は、保護申請者が、庇護または補充的保護を求めるにせよ、公正な機会を得るように形成される、共通の手続（common procedures）を規定していることである[59]。EU法では行政的な手続は国内法にゆだねられることが多いが、この分野では、EUレベルで規律されている[60]。当該指令が規定している主な共通手続として、①申請と手続期間、②申請審査、③申請者のための手続保障、④法的支援と法的代理人、⑤手続中の滞在権が挙げられる[61]。①申請と手続期間について、国際的な保護を申請された日から就業日（working days）3日以内に登録されなければならない（庇護手続Ⅱ指令6条1項）。同時に多くの国際的な保護がされた場合は、10日の就業日（2週間）以内に延長

第3章　EUにおける共通庇護制度の発展　67

されうる（庇護手続Ⅱ指令6条5項）。適切で完全な審査ができる限り迅速になされなければならず、原則的に6カ月以内に完了しなければならない（庇護手続Ⅱ指令31条2項及び3項）。②申請手続については、手続Ⅱ指令の10条が定めている。それによると、構成国は、管轄機関が、まず申請者が難民であるか否か、難民でない場合、その者が補充的保護を受ける庇護要件があるか否かを審査することを確保しなければならない。審査及び決定にあたっては、個別に（individually）、客観的に（objectively）かつ中立的に（impartially）になされなければならない。③申請者のための手続保障（guarantees for applicants）としては、理解できる言語かつ提出期限、決定の結果につき通知されること(a)と(f)、必要であれば通訳者サービスを受けること(b)、難民高等弁務官事務所（UNHCR）、弁護士等と連絡をとる機会を拒否されないこと(c)、情報へのアクセス権(d)などを構成国は申請者に与えるよう確保しなければならない（庇護手続Ⅱ指令12条）。さらに、管轄機関が決定を下す前に個人的な聴聞（personal interview）の機会が与えられなければならない（庇護手続Ⅱ指令14条）。④法的支援と法的代理人については、申請者は、すべての手続段階において、自己負担で法的支援を受け、法的代理人を付ける権利を有する（庇護手続Ⅱ指令22条）。他方、法的救済手続においては、構成国は要請があれば申請者に対し無償で法的支援及び法定代理人を付けることを確保しなければならない（庇護手続Ⅱ指令20条）。⑤手続中の滞在権については、申請者は、申請審査の間構成国に滞在する権利を有する（庇護手続Ⅱ指令9条）。

④ 受入基準（reception conditions）指令

　第1段階のCEASとしての庇護申請者のための受入れのための最小限の基準を定める関する指令2003/9[62]は、EC条約63条(1)(b)を法的根拠条文にして採択された。その後、第2段階のCEASとして、国際的保護のための申請者の受入れのための基準を定める指令2013/33[63]（受入基準Ⅱ指令）が2013年6月26日に採択された[64]。発効は、2013年7月19日であり、国内法化・実施の期限は、2015年7月20日に設定された。同指令は、EU運営条約78条2項(f)を法的根拠条文としている。受入基準Ⅱ指令は、前文37段及び34カ条により構成される。受入基準指令は、端的にいうと、国際的な保護が申請され、審査中の生活条件及び権利を扱ったものである[65]。また、受入基準指令は、申請者に人間の尊厳にかなった

生活を可能にし、すべての構成国において比較可能な生活条件を確保するためのものである（受入基準Ⅱ指令前文11段）。国際的な保護（庇護及び補充的保護）の申請者は、不法移民とは区別され、法に沿って保護を申請し、その資格があるか否かの審査結果を待つ者である。そのため、人間の尊厳にかなった生活を保障し、自由権を認めることが前提とされる。また、申請者の受入基準の調和は、申請者の別の構成国への二次的な移動を制限する意味もある（同前文12段）。受入基準Ⅱ指令の名称が難民庇護から国際的保護に変更されている。これは、構成国での実行を確認したもので、補充的保護にも適用されることを意味する[66]。受入基準Ⅱ指令8条は収容（detention）を規定するが、それによると、構成国はある者が上述した庇護手続Ⅱ指令2013/32に従った保護申請者だからという理由に基づいて当該者を収容することはできない。収容正当化事由としては、身分の審査や確定（インデントa）、申請関連証拠の確保(b)、領域に入る権利の決定(c)、治安または公序(d)、ダブリン手続(e)が列挙されている（受入基準Ⅱ指令8条）。また、EU基本権憲章6条によりすべての者は自由の権利（the right to liberty）を有するとされ、正当化事由は、この条文に照らして、比例性原則に則って制限的に解釈されなければならない[67]。受入基準Ⅱ指令は、収容施設の状況・条件（10条）、家族の再統合（12条）、医療（13条、19条）、未成年の学校教育（14条）、労働市場へのアクセス（15条）、職業訓練（16条）、一般的な受入基準の法規（17条）等が規定される。

Ⅳ　結びに代えて——今後の発展

1　COM文書「共通欧州庇護制度の改革と欧州の法的手段の強化に向けて」

2016年4月に欧州委員会は、「共通欧州庇護制度の改革と欧州の法的手段の強化に向けて」というCOM文書を公表した[68]。その中で、大量の難民流入を受け、CEAS（特にダブリン制度）の内在的な弱点が露呈していることが指摘されている。また、CEASの問題点として、庇護手続の期間や受入条件を含み庇護申請者の取扱いが構成国で異なっており、それが二次的な移動を促していると捉えている。また、そのような差異は、現行の手続Ⅱ指令及び受入Ⅱ指令に含まれる裁量規定が要因であるとしている。さらに、庇護要件指令は、EUレベ

ルでの承認と保護の基準を定めているが、委員会は承認率が構成国間で違っていることを指摘している。加えて、難民の地位または補充的保護の地位を付与する決定に関して十分な収斂が不足しているとしている。この差異は、同様に居住許可の期間、社会的扶助及び家族の再統合に関し、二次的な移動を促していると欧州委員会は評価している。そのうえで、委員会は、CEASが構造的に改善されるべき分野として、5つの優先事項を指摘している。①庇護申請者に対して管轄権を有する構成国を決定するための持続的かつ公正な制度の設立、②Eurodac制度の強化、③EU庇護制度における収斂の達成と真の共通EU庇護制度、④EUにおける二次的移動の防止、⑤EU庇護機関に対する新しい委任。①については、庇護申請者の公正な配分を通じて構成国における高いレベルの連帯と責任の公正な分担を確保するようにダブリンⅢ規則の改正を提案することが述べられている。②については、ダブリン規則の適用をサポートし、かつ、不法移民対策を容易にするために、Eurodac制度を難民の目的を超えて活用することを提案しようとしている。③については、委員会は、現行の庇護手続Ⅱ指令をEUにおける単一の共通庇護手続を設定する新しい規則に変更することを提案しようとしている。また、共通アプローチの重要な側面は、「安全な国」メカニズムの利用に関するとし、2015年9月に委員会が申請者の迅速な審査を可能にするために「安全な本国（safe countries of origin）」の共通リストを設定する規則の採択を提案したことを述べている。さらに、現行の庇護要件Ⅱ指令を国際的な保護の恩恵を受ける手続と権利に関する統一的な法規を設定する規則に置き換えることを提案しようとしている。加えて、受入Ⅱ指令の改正も提案しようとしている。そこでは、庇護申請者の取扱いの調和が重要であるが、その取扱いが人道的であることを確保するだけではなく、ヨーロッパに移動するインセンティブを下げることも確保すべきと考えている。④については、二次的な移動を防止するために、申請者が管轄権のある構成国にとどまらない場合に比例性に基づく罰則が科されるべきであるということが示されている。⑤については、新しい政策を実施する役割及び運用的に強化された役割を果たすことができるように、また、それによってCEASの適切に機能するように、欧州庇護支援局（EASO：European Asylum Support Office）により強力な任務を与えることを提案しようとしている。

2　立法提案

　欧州委員会は、上述したCOM文書の公表後、実際に複数の立法提案を行ってきた。

　2016年5月に欧州委員会は、ダブリンⅢ規則に修正を加えたダブリンⅣ規則案を提案した[69]。ダブリンⅢ規則の改革提案は、CEASの主な改革（第3段階のCEAS）を構成する立法提案の第1弾のものとなる。第1弾のものは、ダブリンⅣ規則案の他、後述するEurodacⅢ規則提案と難民のためのEU下部機関（European Union Agency for Asylum）の設立提案からなる。

　ダブリンⅣ規則案は、①国際的な保護の適用を審査することに管轄権を有する単一の構成国を効率的にかつ効果的に決定する制度の能力を高めること、②是正配分メカニズムを備え、現行の制度を補足することによって構成国間の責任の公正な分担を確保すること、③濫用を防ぎ、EUにおける申請者の二次的移動を防止することを目的とする。②については、多くの難民申請者がギリシャとイタリアに流入し、2015年9月に理事会は2つのリロケーション決定を採択した。これらは、2017年9月までの適用であり、大量流入を受けた一時的でアドホックなものであった。それを踏まえ、恒常的な規則を採択することが提案された。ヘイジャーは、2013年の*Abdullahi*事件[70]においてEU司法裁判所がダブリンⅡ規則を取扱い、効果的な法的救済の権利が狭く解釈されなければならないと判示したと捉えたうえで、ダブリンⅣ規則案の28条4項は、救済の範囲を縮小していることを指摘している[71]。なお、同28条案の4項は、効果的な救済の範囲は非人道的または品位を傷つける取扱いのリスクの存在に関して3条2項、10条から13条及び18条が違反されたか否かという審査に限定されるとなっている[72]。

　第1弾の提案として、Eurodac規則についても、欧州委員会は2016年5月にEurodacⅡ規則の修正を提案した[73]。また、委員会は、2016年5月に庇護のためのEU機関（European Union Agency for Asylum）に関する規則案を提案した[74]。これは、既存の、欧州難民支援事務局（European Asylum Support Office: EASO）にとって代わるものである。提案は、EASOの作業のうえに構築することによってCEASの実施と機能を改善させることを目的とし、また、EASOがCEASの機能を容易にすること、EUの国際的保護の申請審査における収斂を確保する

第3章　EUにおける共通庇護制度の発展　71

こと、EU法の運用及び技術的適用を監視することに対して権限を有するEUの下部機関に発展させることを目的とする。EU運営条約78条1項及び2項を法的根拠条文としている。提案されている新しいEUの下部機関は、共通庇護制度の実施の際に構成国を運営の面でも技術的な面でも支援することが想定されている。

第3段階のCEASの第2弾は、庇護手続Ⅱ指令、庇護要件Ⅱ指令、受入基準Ⅱ指令を改革する立法提案となる。2016年7月、欧州委員会は、庇護要件Ⅱ指令を修正する規則案[75]を提出した。現行の指令という形ではなく、統一的な法規の性格を有する規則案の形で提案がなされている。規則案でも国際的保護として庇護と補充的保護の両方が含まれる。また、2016年7月、欧州委員会は、庇護手続Ⅱ指令にとって代わる、国際的保護共通手続を設定する規則案を提出した[76]。庇護手続指令を規則とすることが提案されている。Henkelは、規則案の7条から、規則案では申請者の権利だけではなく、義務も詳細に規定していると指摘している[77]。また、規則案の44条から47条に「安全な国」の概念の規定があり、その付属書1では、安全な第三国のEUの共通リストが定められている。リストには、アルバニア、ボスニア・ヘルツゴビナ、マケドニア、コソボ、モンテネグロ、セルビア、トルコの7カ国が挙げられている。加えて、2016年9月に欧州委員会は、受入基準Ⅱ指令を修正する国際的保護のための申請者の受入基準を定める指令案を提出した[78]。これは、指令の形のままであり、構成国に裁量を残すものとなっている。

欧州委員会が提案した立法案は欧州議会と理事会により通常立法手続により採択されることになるが、立法手続進行過程をみると、理事会において何度も議論されていることを知ることができる。今回の一連の欧州委員会の提案は、構成国間の意見の相違、構成国からEUへの2次法レベルでの権限の委譲（例えば指令から規則）がみられるため、交渉に時間がかかる可能性がある[79]。

3　裁判所による履行確保

リロケーションに関する決定について、欧州委員会はハンガリー、チェコ及びポーランドに対し、EU運営条約258条に規定された条約違反手続を開始し、EU司法裁判所に付託することを決定した。また、欧州委員会はそれとは別

に、ハンガリーに対し手続Ⅱ指令2013/32、受入Ⅱ指令2013/33及び送還指令2008/115並びにEU基本権憲章違反として条約違反手続を開始した。[80]

4　結　語

　EUにおける共通庇護制度は、上述したように複数の法行為から構成されている。それは、完成したものではなく、改正を重ねながらよりよい制度設計の構築が試みられている。それを補完しかつその履行を確保することがEU司法裁判所の役割である。EU司法裁判所は、欧州人権裁判所の判例を考慮しつつ、EUのCEAS制度に関する条文を解釈してきた。今後、ハンガリーやポーランドなど、難民の受け入れに消極的な構成国に対して、EU司法裁判所が条約違反手続等において重要な役割が果たすことが期待されている。

【注】
1) Cf. Steve Peers, "Can Schengen be suspended because of Greece", 2 December 2015, http://eulawanalysis.blogspot.jp/2015/12/can-schengen-be-suspended-because-of.html, last accessed 2 May 2018.
2) Conclusions of the Presidency European Council, Strasbourg, 8 and 9 December 1989, p. 5.
3) Matthias Keller, "Kapitel 3. Asyl", in Hans Georg Fischer (ed.), *Justiz und innere-Sicherheit im EU-Recht*, 2014, Bundesanzeiger Verlag, Berlin, pp. 84-85 (para. 137).
4) Steve Peers, *EU Justice and Home Affairs Law, Fourth edition, Volume I: Immigration and Asylum Law*, Oxford University Press, Oxford, 2016, p. 295.
5) *Ibid.*, pp. 237-238.
6) もっともEl-Enanyは、裁判管轄権の制限はなくなったものの、庇護法行為の統一的かつ完全な適用は判例によっては達成されていないと捉えている。Nadine El-Enany, "Chapter 33 EU Asylum and Immigration Law under the Area of Freedom, Security, and Justice", in Anthony Arnull and Damian Chalmers (ed.), *The Oxford Handbook of European Union Law*, Oxford University Press, Oxford, 2017, p. 867, pp. 873-874.
7) Peter-Christian Müller Graf, "Die Rolle des supranationalen Unionsrechts im Migrationsgeschen", in Stefan Lorenzmeier and Hans-Peter Folz (ed.), *Recht und Realität: Festschrift für Christoph Vedder*, Nomos, Baden-Baden, p. 222, p. 230.
8) 邦語文献として、佐藤以久子「欧州共通の庇護制度（CEAS）」桜美林論考（法・政治・社会）5号（2014年）63-81頁参照。
9) Presidency conclusions, Tampere European Council, 15 and 16 October 1999.
10) Peers, *supra* note (4), p. 236.
11) Keller, *supra* note (3), p. 85 (para. 139).

12) Peers, *supra* note (4), p. 238.
13) Keller, *supra* note (3), p. 85 (para. 139).
14) OJ of the EU 2010 C115/1.
15) OJ of the EU 2010 C115/32.
16) 庇護要件指令については、佐藤以久子「庇護要件指令における難民の位置づけ——国際難民法・国際人権法の交錯」日本EU学会年報38号 (2018年) 149-173頁がある。なお、"Qualification directive" と略されることから「資格指令」という訳語もあるが、内容をより明確に表すものとして、「庇護要件指令」を用いる。
17) Keller, *supra* note (3), p. 89 (para. 150).
18) *Ibid.*
19) Cathryn Costello and Minos Mouzourakis, "The Common European Asylum System", in Maria Fletcher, Ester Herlin-Karnell and Claudio Matera (ed.), *The European Union as an Area of Freedom, Security and Justice*, Routledge, 2017, p. 262, p. 273.
20) OJ of the EU 2011 L337/9, Directive 2011/95 of the European Parliament and of the Council on standards for the qualification of third-country nationals or stateless persons as beneficiaries of international protection, for a uniform status for refugee or for persons eligible for subsidiary protection, and for the content of the protection granted.
21) Keller, *supra* note (3), pp. 89-95 (paras. 153-181).
22) Costello and Mouzourakis, *supra* note (19), p. 274.
23) Keller, *supra* note (3), p. 89 (para. 152); Kellerが参照している判例は、Case C-364/11 El Kott and others, Judgment of 19 December 2012, ECLI: EU: C: 2012: 826, para. 43; 庇護要件指令の解釈に関する判例については、Costello and Mouzourakis, *supra* note (19), pp. 273-274.
24) Costello and Mouzourakis, *supra* note (19), p. 274.
25) OJ of the EU 2001 L212/12, Council Directive 2001/55/EC on minimum standards for giving temporary protection in the event of a mass influx of displaced persons and on measures promoting a balance of efforts between Member States in receiving such persons and bearing the consequences thereof.
26) Keller, *supra* note (3), p. 97 (para. 193).
27) Peers, *supra* note (4), p. 279.
28) OJ of the EU 2003 L50/1, Council Regulation No 343/2003 establishing the criteria and mechanisms for determining the Member State responsible for examining an asylum application lodged in one of the Member States by a third-country national.
29) OJ of the EU 2013 L180/31, Regulation No 604/2013 of the European Parliament and the Council establishing the criteria and mechanisms for determining the Member States responsible for examining an application for international protection lodged in one of the Member States by a third country national or a stateless person (recast).
30) Keller, *supra* note (3), p. 101 (para. 209).
31) *Ibid.*
32) アイスランドとノルウェーについては、2001年に締結された協定、スイスについて

は、2008年に締結された協定、リヒテンシュタインについては、2011年に締結された議定書による。デンマークとEUについては、国際協定が締結されている。Cf. COM (2016) 270, pp. 6-7.
33) ダブリンⅢ規則の前文42段。
34) ダブリンⅢ規則の前文41段。
35) Keller, *supra* note (3), p. 103 (para. 214); Cf. Costello and Mouzourakis, *supra* note (19), pp. 269-270.
36) これについては、Matthias Wendel, "Asylrechtlicher Selbsteintritt und Flüchtlingskrise", *JZ* 2016, pp. 332-341.
37) Elspeth Guild, "6. Administrative law and the Common European Asylum System", in Carol Harlow, Päivi Leino and Giacinto della Cananea, *Research Handbook on EU Administrative Law*, Edward Elgar, Cheltenham, 2017, p. 137, p. 157.
38) ECtHR, Case of M.S.S. v Belgium and Greece, Application no. 30696/09, Judgment of 21 January 2011.
39) 欧州人権条約3条は拷問の禁止を定めており、難民に関しての明示的な規定ではない。しかし、欧州人権裁判所は、ここから国際的な保護の実質に関する原則を発展させた。Peers, *supra* note (4), p. 250.
40) CJEU, C-411/10 and C-493/10, N.S. v Secretary State for the Home Department and M.E. and others v Refugee Applications Commissioner and Minister for Justice, Equality and Law Reform, Judgment of 21 December 2011, ECLI: EU: C: 2011: 865, para. 105.
41) EU基本権憲章4条は、拷問及び非人道的または品位を傷つける取扱いまたは刑罰の禁止を規定する。
42) CJEU, C-411/10 and C-493/10, N.S. v Secretary State for the Home Department and M.E. and others v Refugee Applications Commissioner and Minister for Justice, Equality and Law Reform, Judgment of 21 December 2011, ECLI: EU: C: 2011: 865, paras. 88-90.
43) Maarten den Heijer, "Remedies in the Dublin Regulation: Ghezelbach and Karim", *Common Market Law Review* 54, 2017, p. 859, p.860.
44) これについて、邦語文献として、中坂恵美子「EUにおける難民等受入れの責任と負担の分担——ダブリン規則の改正とリロケーション」広島平和科学38 (2016年) 1-14頁参照。
45) Peers, *supra* note (4), pp. 304-305.
46) OJ of the EU 2015 L239/146, Council Decision (EU) 2015/1523 establishing provisional measures in the area of international protection for the benefit of Italy and of Greece.
47) OJ of the EU 2015 L248/80, Council Decision (EU) 2015/1601 establishing provisional measures in the area of international protection for the benefit of Italy and Greece.
48) Joined Cases C-643/15 and C-647/15, Slovakia and Hungary v Council, Judgment of 6 September 2017, ECLI: EU: C: 2017: 631；中西優美子「EU庇護制度のための一時的措置の合法性」国際人権29号 (2018年) 101-103頁。

49) European Commission, Press release, 7 December 2017, Relocation: Commission refers to the Czech Republic, Hungary and Poland to the Court of Justice, see http://europa.eu/rapid/press-release_IP-17-5002_en.htm, last accessed 2 May 2018.
50) OJ of the EU 2000 L316/1, Council Regulation (EC) No 2725/2000 concerning the establishment of 'Eurodac' for the comparison of fingerprints for the effective application of the Dublin Convention.
51) Keller, *supra* note (3), p. 105 (para. 228).
52) OJ of the EU 2013 L180/1, Regulation No 603/2013 of the European Parliament and of the Council on the establishment of Eurodac for the comparison of fingerprints for the effective application of Regulation (EU) No. 604/2013 and on requests for the comparison with Eurodac data by Member States' law enforcement authorities and Europol for law enforcement purposes, and amending Regulation (EU) No. 1077/2011 establishing a European Agency for the operational management of large-scale IT systems in the area of freedom, security and justice (recast).
53) 個人データ保護とEU機関のデータ収集については、中西優美子「EUにおける個人データ収集と基本権保護の仕組み——GPS捜査とプライバシー権を中心視座において」指宿信編『GPS捜査とプライバシー保護』（現代人文社、2018年）170-182頁。
54) OJ of the EU 2005 L326/13, Council Directive 2005/85/EC on minimum standards on procedures in Member States for granting and withdrawing refugee status.
55) OJ of the EU 2013 L180/60, Directive 2013/32 of EU of the European Parliament and of the Council on common procedures for granting and withdrawing international protection (recast).
56) Peers, *supra* note (4), p. 292.
57) *Ibid*.
58) Costello and Mouzourakis, *supra* note (19), p. 276.
59) Keller, *supra* note (3), p. 98 (para. 94).
60) Costello and Mouzourakis, *supra* note (19), p. 275.
61) Keller, *supra* note (3), pp. 98-101 (paras. 196-208).
62) OJ of the EU 2003 L31/18, Council Directive 2003/9 laying down standards for the reception of asylum seekers.
63) OJ of the EU 2013 L180/96, Directive 2013/33/EU laying down standards for the reception of applicants for international protection (recast).
64) Cf. Keller, *supra* note (3), pp. 106-109 (paras. 230-243).
65) Costello and Mouzourakis, *supra* note (19), p. 274.
66) Peers, *supra* note (4), p. 311.
67) Keller, *supra* note (3), p. 107 (para. 237).
68) COM (2016) 197, Towards a reform of the Common European Asylum System and enhancing legal avenues to Europe.
69) COM (2016) 270, Proposal for a Regulation of the European Parliament and of the Council establishing the criteria and mechanisms for determining the Member States responsible for examining an application for international protection lodged in one of

the Member States by a third-country national or a stateless person (recast); 通常立法手続が用いられ、現在の審議状況は、see http://eur-lex.europa.eu/legal-content/EN/HIS/?uri=CELEX:52016PC0270&qid=1520492681514, last accessed 2 May 2018.
70) CJEU, Case C-394/12 *Shamso Abdullahi v. Bundesasylamt*, Judgment of 10 December 2013, ECLI: EU: C: 2013: 813
71) Heijer, *supra* note (43), p. 859, p. 866.
72) COM (2016) 270, p. 61.
73) COM (2016) 272 final/2, Proposal for a Regulation of the European Parliament and of the Council on the establishment of 'Eurodac' for the comparison of fingerprints for the effective application of [Regulation (EU) No 604/2013 establishing the criteria and mechanisms for determining the Member State responsible for examining an application for international protection lodged in one of the Member States by a third-country national or a stateless person], for identifying an illegally staying third-country national or stateless person and on requests for the comparison with Eurodac data by Member States' law enforcement authorities and Europol for law enforcement purposes (recast).
74) COM (2016) 271, Proposal for a Regulation of the European Parliament and of the Council on the European Union Agency for Asylum and repealing Regulation (EU) No. 439/2010.
75) COM (2016) 466, Proposal for a Regulation of the European Parliament and of the Council on standards for the qualification of third-country nationals or stateless persons as beneficiaries of international protection, for a uniform status for refugees or for persons eligible for subsidiary protection and for the content of the protection granted and amending Council Directive 2003/109/EC of 25 November 2003 concerning the status of third-country nationals who are long-term residents.
76) COM (2016) 467, Proposal for a Regulation of the European Parliament and of the Council establishing a common procedure for international protection in the Union and repealing Directive 2013/32/EU.
77) Joachim Henkel, "Zur Reform des Gemeinsamen Europäischen Asylsystems," *DVBl*, 2017, p. 269, p. 271.
78) COM (2016) 465 final/2, Proposal for a Directive of the European Parliament and of the Council laying down standards for the reception of applicants for international protection (recast).
79) 第2段階のCEASの法行為でも交渉が長引いたとされている。El-Enany, *supra* note (6), p. 868.
80) European Commission, Press release, 7 December 2017, Migration: Commission steps up infringement against Hungary concerning its asylum law, see http://europa.eu/rapid/press-release_IP-17-5023_en.htm, last accessed 2 May 2018.

第４章
欧州人権条約及びEU基本権法における非差別の原則

ニール・ペーターソン(Niels Petersen)
(翻訳：中西優美子)

■ 要約

　本章は、欧州人権条約とEU基本権憲章、それぞれに規定される人権・基本権を保障する、欧州人権条約とEU司法裁判所の判決を比較し、その相違を取り扱う。その比較の対象として非差別 (non-discrimination) の原則に焦点を当てる。具体的には、欧州人権条約14条に関する欧州人権裁判所の判例と、他方、EU運営条約18条及びEU基本権憲章21条1項に関するEU司法裁判所の判例とを比較検討する。また条文による保障の内容の質及び制約並びに管轄裁判所による解釈の間の相互作用を分析する。

I　はじめに

　すべての者が法の前において平等に取り扱われるべきであるという要請は、法治主義 (rule of law) の中心的要請の1つのように思える。しかし、平等保護の前提 (postulate) は直観的にもっともらしいが、その適用は単純ではない。むしろ、規範は必然的に区別するものである[1]。すなわち、規範は、ある一定のグループにのみ適用され、彼らに受益を与えまたは義務を課す。それゆえ、平等の保護条項の本質に関して学説上議論が存在する[2]。
　原則的には、この緊張を取り扱うのに2つの方法がある。第1は、差異がそのようなものとして禁じられていないことである。つまり、むしろ、差異が正当化されうることである。問題は、どのような条件の下で2人の個人または社会的グループの間の差異が正当化されるかである。しかしながら、まず差異が

あるか、次にこの差異が正当化されるか否かと尋ねる2段階の単純なテストは裁判官に多くの裁量を与える危険性がある[3]。それゆえ平等保護条項の範囲を制限する試みがある。そのような制限は、規定の文言にあらかじめ含まれていたり、または、判例によりなされうる。

　平等原則条項の範囲を制限する最も影響のあるアプローチは、アメリカ最高裁判所が発展させてきた、段階的審査（tiered scrutiny）制度である。同裁判所は、3つのタイプの審査を明確化した。つまり、①厳格審査、②合理性審査及び③中間審査である。①厳格審査の下では、区別は、「従わざるをえない（compelling）政府の利益を促進するのに必要である場合」にのみ正当化される[4]。逆に緩やかなものが、合理性審査（rational basis）である。このテストの下では、区別はそれが合法的な目的と合理的な結びつきを有する場合に正当化される[5]。立法行為が合理性審査の下で違憲とされるのは稀な例外である[6]。最後に、裁判所は、厳格審査に服せしめるほどは重大ではないが、合理性審査よりは綿密さを要請する区別に対して、中間審査（intermediate scrutiny）を発展させた。

　アメリカ最高裁判所の段階審査モデルは、他国の法制度においてはあまり浸透していないが、平等保護条項がある種の制限的な適用を必要とする考え方自体は非常に影響力がある。本章では、この問題への2つの欧州の解決（つまり欧州人権裁判所とEU司法裁判所による判決）並びに条文による制限と管轄裁判所による解釈による相互作用（interplay）を分析する。第1に、欧州人権条約について検討する。欧州人権条約14条は、2つの制限のタイプを含んでいる。同条文において、まず、規定の範囲または適用が制限されている。つまり、欧州人権条約14条は、条約に定められる別の権利の文脈で差別が生じているときにのみ適用される。もう1つは、とりわけ、欧州人権条約14条に列挙されている（この列挙は網羅的ではないが）特定の理由に基づく差別に対しての保護が想定されている。

　第2に、EU司法裁判所の判例を分析する。EU法は、複数の平等保護保障を含んでいるが、そのうちの2つ、つまり、EU運営条約18条に含まれる国籍に基づく差別の禁止及びEU基本権憲章21条1項にかかわる一般的な差別の禁止に焦点を当てる。これらの2つの条文は、1つは、区別（distinction）の範囲にかかわり、もう1つは区別の基準にかかわり、検討に適している。

II　欧州人権条約

　欧州人権条約14条は、「この条約に定める権利及び自由の享有は、性、人種、皮膚の色、言語、宗教、政治的意見その他の意見、国民的もしくは社会的出身、国内少数者集団への所属、財産、出生または他の地位等いかなる理由による差別もなしに、保障される。」(『国際条約集』(有斐閣)の訳参照)と定める。同条は、その範囲において2つの明示的な条件(qualifications)、制限を含んでいる。1つ目の制限は、同条がすべての種類の差別を禁じているわけではなく、「(同)条約に定める権利及び自由の享有」の際に生じる差別のみを禁じていることである。最近、この制限を廃止しようとする試みがみられる。欧州人権条約第12議定書の1条は、条約に定められる別の権利との結びつきを前提としない一般的な差別の禁止を含んでいる。しかしながら、この新しい規定、同議定書1条は、実際の適用可能性は制限されてきた。なぜなら同議定書は、19の加盟国による批准にとどまっているからである。今のところ、欧州人権裁判所が、欧州人権条約14条に含まれる制限に現実的に意味をもたせる形で判例の中でそれに言及することはまれである。2つ目の制限は、区別の基準に関する文言上の制限、は明らかにむしろ緩やかなようにみえる。なぜなら欧州人権条約14条自体は、差別に対する特定の理由に限定していないからである。確かに、同規定は、性、人種、宗教、社会的出身などのような特に問題となるとみなされる差別の理由のリストを含んでいるものの、網羅的ではない。

1　欧州人権条約14条の適用範囲

　欧州人権裁判所は、欧州人権条約14条の適用範囲を広く解釈してきた。同裁判所は、同条約14条が適用されうるために別の権利の保障の違反を要請としない[7]。すなわち、同裁判所は、主張されている差別が条約の別の権利の適用範囲に入ることを要求さえもしない。むしろ、問題となっている事実が欧州人権条約の規定または追加議定書の規定の範囲に入ることで十分であるとする[8]。

　この解釈の意味を表している典型的な事件の1つが、*Karlheinz Schmidt v. Germany*事件である[9]。申立者は、毎年75マルク(約38.35ユーロ)を消防隊に支

払うように要求されていた。彼が住んでいた地域では、そのような消防のための徴収は、消防役務を行わないことに対する代償金としてみなされていた。しかし、問題となっている地域では、男性だけが消防役務を負い、その結果そのような徴収も男性の住民のみに適用されていた。申立者は、この規定が性に基づく差別をなすものであると主張した。

　欧州人権裁判所は、消防のための徴収が強制労働を禁じる欧州人権条約4条2項(「何人も、強制労働に服することを要求されない」)の範囲に入ると判示した。[10] 同裁判所は、通常の民間役務が「強制労働」の概念には入らないと定める、欧州人権条約4条3項インデント(d)(「市民としての通常の義務とされる作業または役務」)に言及した。[11] 徴収は、消防隊における役務の強制機能のために民間役務に密接に結びついているとした。[12] 同条約4条3項インデント(d)は、同条約4条2項の適用範囲からそのような民間役務を明示的に排除している一方で、それらが規定の範囲に入るほど十分に近いことも判示した。[13] (訳者による補足：結局、欧州人権裁判所は、欧州人権条約4条3項インデント(d)に結びついて同条約14条の違反を認定した。)

　ある一定の事実が明示的に適用範囲に入らないとしても条約の保障の範囲の一部としてそれらの事実をみなすというこの傾向は、欧州人権裁判所の他の判決においても確認される。この傾向は、税、公的拠出及び社会的便益への欧州人権条約14条の適用においてみられる。例えば、欧州人権条約第1議定書の1条の規定が「すべての自然人または法人は、その財産を平和的に享有する権利を有する。何人も、公益のために、かつ、法律及び国際法の一般原則で定める条件に従う場合を除くほか、その財産を奪われない。ただし、前項の規定は、国が……税その他の拠出もしくは罰金の支払いを確保するために必要とみなす法律を実施する権利を何ら妨げるものではない。」(『国際条約集』(有斐閣)の訳参照)と規定している。

　このように但し書きで課税に関する国家の権利が明示的に規定されているのにもかかわらず、欧州人権裁判所は、税支払いの義務を同条の範囲に入るとDarby事件において判示した。[14] 同事件では、欧州人権裁判所は、教会の一員ではないスウェーデンの住民のみが教会税を免除されえ、他方住民でないものは免除されないというスウェーデンの法規を欧州人権条約14条違反とした。[15] 適用

第4章　欧州人権条約及びEU基本権法における非差別の原則　81

範囲を審査する際、同裁判所は、税を条約規範の保護から排除する、当該議定書1条2項に言及したものの、議定書1条の適用範囲であると判示した[16]。

また、他の判決において、欧州人権裁判所は、たとえ加盟国が欧州人権条約の下で便益を与えることを義務づけられていないとしても、家族に対する社会的便益は欧州人権条約8条の適用範囲に入るとみなした[17]。例えば、*Okpisz*事件の判決は、子供の福祉手当が永住者にのみ与えられ、暫定的な居住許可を有する者には与えられないというドイツ法に関係した[18]。裁判所は、国が欧州人権条約8条の下で子どもの福祉手当を与えることを義務づけられていないとして、国はそれを通じて「家族生活の尊重」を示すことになり、福祉手当は同条の範囲に入ると判示した[19]。

欧州人権条約14条の適用可能性に関するこれらの検討から、欧州人権裁判所が同条の適用範囲を広く解釈していることが理解される。特に、欧州人権条約8条及び第1議定書1条は、平等保護の保障の適用のための「ドア・オープナー」となっている。この広義の解釈により、ほとんどの事実が条約に規定される権利とある種の結びつきをもつことになる。それゆえ、その効果において、欧州人権条約14条は、第12議定書1条により設定される一般的な差別の禁止とあまり異ならないものとなる。

2 区別の基準 (criteria of distinction)

欧州人権裁判所が欧州人権条約14条の適用範囲を広く解釈する一方で、同裁判所は、区別の基準に関しては同じような傾向を示していない。特定の区別の基準に限定していない、欧州人権条約14条の文言は広義の解釈を許容するものであるが、欧州人権裁判所は自己抑制を示している。裁判所は、以下のように述べる。

「14条は、取扱いにおけるすべての相違を禁じているのではなく、人または人の集団が他から区別される、識別できる、客観的または個人的な特徴に基づいた相違のみを禁じている[20]。」

このアプローチは、判決の中にも示されている。欧州人権裁判所が欧州人権条約14条の違反を認定するとき、問題となる区別は、区別の基準が同条のカタログに常に明示的に列挙されていないとしても、通常疑わしい区別（suspect classification）に基づいている。人種もしくは民族性[21]、性[22]、性的指向[23]または宗教[24]に基づく差別が、同裁判所が欧州人権条約14条に違反すると判示した際の判決の半分以上を占める。残りの判決は、圧倒的に、特定の社会的集団が十分に代表されておらず、また、政治的にプロセスによって保護されていない状況にかかわっている。例えば、これらは国籍[25]、非嫡出子もしくは養子[26]、健康問題もしくは障がい[27]、または、囚人[28]を起因とする差別に関係する。

しかしながら、この一般ルールにあわないいくつかの事件も存在する。*Chassagnou*事件において、欧州人権裁判所は、小規模の農場または森林地の所有者に地方自治体のハンター団体への加入を義務づけ、大規模の所有者にはこの義務から免除するというフランス法が欧州人権条約14条に違反すると判示した。[29] *Driha*事件では、裁判所は、ある兵士の老齢手当が税の対象となるのに対して類似の状況にある他の兵士は税免除されているという、ルーマニアの実行が差別であるとした。[30] 最後に、*Altinay*事件では、裁判所は、大学へのアクセスのルールが、古いルールに従い投資を行った個人に通知されることなく、また、過渡的な取決めを定めることなく変更されたために違反であるとした。[31]

しかし、これらは例外である。一般的に、裁判所は、問題となる法律または国の措置が疑いのある基準に基づく区別となっている場合にのみ違反を認定する。これらの基準は、必ずしも欧州人権条約14条に明示的に列挙されていない。むしろ、裁判所は、列挙されていないが問題と考えられる、性的指向といった他の基準を特定してきた。もっとも、差別の基礎となりうる区別の基準のこととなると、かなりの抑制を裁判所が示しているということが検討から理解される。

Ⅲ　EU基本権法

EUを設立する条約（以前はECを設立する条約）は、当初から非差別条項を含んでいた。しかし、差別の禁止は、範囲において非常に特定的であった。第1に、EU運営条約157条及びその旧条文は、同一労働または同一の価値を有する労働に対する男女の同一賃金の原則を設定した。この差別の禁止は、労働者の性に基づく区別にのみかつ報酬にのみ関係した。第2に、基本的自由は、黙

示的に国籍に基づいて差別することの禁止を含んでいた。つまり、この禁止は2つの制限を含んでいる。それは、当該個人または会社の国籍に関係する直接または間接的な差別にのみ関係する。第3に、当初からEU基本条約はEU運営条約18条に含まれる、国籍に基づく差別の一般的な禁止を含んでいた。この規範は、原則的に、基本的自由の非差別の原則よりも広いが、その適用は制限されている。つまり、同条は、「条約の適用範囲内」における状況にのみ適用される。

明示的な差別の一般的禁止は、リスボン条約発効後、EUの第一次法の一部になった、EU基本権憲章（以下憲章と略）21条1項により初めて導入された。欧州人権条約14条と同様に、憲章21条1項は、特に問題となる差別の理由を列挙している。しかし、これらの理由は、網羅的ではない。憲章21条2項は、EU運営条約18条にすでに含まれている国籍に基づく差別の禁止を繰り返している。以下の検討において、2つの差別に焦点を当てる。

1 国籍に基づく差別の禁止

EU司法裁判所は、EU運営条約18条及び憲章21条2項に含まれる国籍差別の禁止を司法審査の強力な手段として発展させてきた。EU運営条約18条は、「両条約の適用範囲において、かつ、両条約に別段の定めがある場合を除くほか、国籍に基づくすべての差別は禁止される。」（『国際条約集』（有斐閣）の訳参照）と定める。憲章21条2項も、「両条約の適用範囲で、かつ、両条約に別段の定めがある場合を除くほか、国籍に基づくすべて差別は禁止される。」と定めている。上述したように、規範は、2つの明示的な制限を含んでいる。1つは、国籍に基づく差別のみを禁止しており、ジェンダー、人種または性的指向といった他の理由に基づく差別を禁止していない。もう1つは、EU基本条約（EU条約とEU運営条約）の適用範囲に入る場合にのみ規範力を有することである。同条約の範囲の外では、構成国は、原則的に国籍に基づく差別をすることは自由である。

しかし、EU司法裁判所は、EU運営条約18条の範囲を広く解釈してきた。区別の理由に関し、裁判所は、直接差別のみならず、一見すると中立的な区別が他の構成国の国民に対し自国の国民を有利にする効果をもつ場合の間接的な

差別も対象としてきた。特に、裁判所は、何度も間接差別として適格居住者要請を間接差別としてしてきた。さらに、裁判所は、中等教育を受けた国、国内の公的社会保障制度の一員であること、自動車の登録の場所、一定の国内社会的便益の受領、または営業許可証に基づく区別も間接的な差別とみなしてきた。しかし、間接差別の禁止は、絶対的ものではない。裁判所は、区別が合法的な目的を追求しかつ比例的である場合はその正当化を何度も受け入れてきた。

　裁判所は、区別の基準、国籍に関しては、EU運営条約18条を広く解釈するだけではなく、適用範囲についても広く解釈した。欧州共同体の初期において、国籍に基づく一般的な差別の禁止は、マージナルな役割しか果たしていなかった。結局、経済統合が欧州共同体の主要な目的であり、条約の範囲に入る活動は通常基本的自由の対象であった。しかし、1993年のマーストリヒト条約によるEU市民権の導入後これが相当に変更された。

　EU司法裁判所がEU運営条約18条における差別の禁止とEU市民権を通じて導入された、移動の自由の一般的な権利の結びつきを発展させたランドマーク的事例の1つは*Martínez Sala*事件である。同事件において申立人は、子どものときにドイツにやってきたスペイン人で、ドイツで数年働いた後で社会扶助支援を受給した。子どもの誕生後、彼女は児童扶養手当を申し込んだ。ドイツ法の下では手当受領の前提条件となる、正式の居住許可を有していなかったため、その申請は却下された。同裁判所は、他の構成国に合法的に居住しているすべてのEU市民はEU運営条約21条に含まれる移動の自由の保障を受けることができるためEU運営条約18条が適用可能であると判示した。それゆえ、本事件は、EU市民権の規定の下に入り、条約の適用範囲に入った。

　また、EU司法裁判所は、たとえ学生がEU運営条約45条に従うと労働者の自由移動の範囲には入らないとしても、学生が構成国の国民のように社会的扶助を受ける同じ権利を有すると判示し、*Grzelczyk*事件においてこの原則を確認した。学生が他の構成国に合法的居住し、EU運営条約21条の下で権利を行使するという事実は、EU運営条約18条の適用範囲を広げるのに十分であった。*Bickel and Franz*事件において、裁判所は、職業的な目的または旅行者としての他の構成国への短期間の旅行に関してEU市民へのEU運営条約18条の保護を広げた。そのような個人がEU運営条約21条に従って他の構成国に自由

に移動し居住する権利を行使したので、彼らはEU運営条約18条の平等の保護の保障を享受することができた[45]。

EU司法裁判所のこのような判例を受け入れれば、EU運営条約18条が適用されないという場合をほぼ想像できなくなる。少なくともEU市民が他の構成国の領域に合法的にいる限りにおいて、その者はEU運営条約18条の保護を享受している。状況が「条約の適用範囲内」でなければならないという必要条件の制限的な性質は、EU市民が自国にいる場合にのみ実際的な意義を有する。ルーマニアにいるルーマニア人またはブルガリアにいるブルガリア人は、フランスまたはベルギーにおいて社会的扶助を求めることができない。

しかし、その結果に到達するためにはその条件（状況が「条約の適用範囲内」でなければならない）は必要ではない。なぜならEU司法裁判所が原則的に社会的扶助の受領に対して居住要件の設定が正当化されるとしたためである[46]。他の事件において、最近、裁判所は、社会的な扶助ツーリズム（社会的扶助を求めて別の構成国に移動すること）を防ぐために、労働者ではない、または、学生である、EU市民に対する社会的扶助の支払いについては、より制限的な傾向を示した[47]。しかし、これらの事件は、そこからの逸脱というよりもむしろEU司法裁判所のこれまでの判例の明確化に当たる。結局、EU運営条約18条の適用範囲の広い解釈にもかかわらず、裁判所は差別の絶対的な禁止を設定していない。

2　EU基本権憲章21条1項における差別の一般的な禁止

EU基本権憲章21条1項は、「1　性、人種、皮膚の色、民族的または社会的出身、遺伝的特徴、言語、宗教もしくは信念、政治的意見その他の意見、国内少数者集団の一員であること、財産、出生、障がい、年齢、または性的指向等いかなる理由による差別も禁止される。」（『国際条約集』（有斐閣）の訳参照）と定める。同条は、区別の理由にかかわらず差別の一般的な禁止を設定している、憲章21条1項も、その適用範囲を制限されている。憲章51条によると、憲章の基本権はEU法を実施する範囲においてのみ構成国を拘束する。EU司法裁判所は、「EU法の実施」の文言を広く解釈し、その結果構成国が指令の実施において判断裁量の余地をもつ場合[48]またはEU基本条約の基本権を制限する場合[49]にも対象となる。しかし、憲章21条1項の適用の範囲は、EU運営条約18条の範

囲ほどは広くない。なぜならEU市民が他の構成国にいるという単なる事実では構成国によるEU法の実施を構成しないからである。そのような解釈は憲章を構成国とその領域にいる他の構成国の市民のすべての関係事項に適用可能にしてしまうことになるだろう。しかし、EU司法裁判所はその事項についてまだ判断を下していない。

　憲章21条1項に関する既存の判例法は、少ない。2つの最も重要なケースは、年齢差別に関係する。[50] *Mangold*事件において、EU司法裁判所は、有期の雇用契約に関してドイツの労働法規定につき判断を下さなければならなかった。[51] 当該ドイツ法によると、原則では、有期の雇用契約は、特別の理由がある場合に限り許された。しかし、当該法律は、52歳を超える被雇用者に対しては例外を許容していた。つまり、労働市場への再統合を容易にするために52歳を超える被雇用者との有期の契約は特別の理由なく締結できた。EU司法裁判所は、その当該ドイツ法規定は指令2000/78の6条1項の違反であるとみなした。なぜなら労働市場への年配の被雇用者の再統合を促進するのに必要な程度を超えているとしたからである。[52] しかし、国内法化・実施の期限がまだ過ぎていなかったため、裁判所は指令を直接に適用することはできなかった。それゆえ、EU司法裁判所は、「年齢の非差別の原則」は、EU法の一般原則であるとしてみなさなければならず、[53] 国内裁判所はこの原則に違反する国内法を排除しなければいけないと判示した。[54]

　*Kücükdeveci*事件判決もドイツの労働法規範に関係した。[55] 問題となったドイツ法規定によると、25歳までの雇用期間は雇用関係終了の際の通知期間の計算の際に考慮に入れられない。EU司法裁判所は、この規定が指令2000/78と合致しないと判示した。しかし、指令の国内法化・実地期間が今や過ぎていたとしても、裁判所は再び指令を直接的に適用しなかった。なぜなら指令の水平的な直接適用はできないからである。[56]（訳者による補足：指令は名宛人が構成国であるため、私人間においては直接適用できない。）

Ⅳ　結　論

　差別の一般的禁止は、しばしば問題であるとみなされる。なぜならそれらが

裁判所に大きな裁量を与えるからである。このため、平等保護保障の起草者は、しばしば司法の積極主義を防ぐために条件や制限を一緒に規定する。時には、裁判所が自己抑制をする。本章は、欧州人権条約及びEU基本法（EU基本条約及憲章）における平等保護保障並びに欧州人権裁判所及びEU司法裁判所によるそれらの保障の解釈を検討した。

　欧州人権条約14条及びEU法の平等保護保障は、2つのタイプの条件と制限を含んでいる。第1は、適用の範囲にかかわる。欧州人権条約14条は、条約の他の権利の範囲にも入る事実にのみ適用される。EU運営条約18条は、EU条約及びEU運営条約の適用範囲に入る限りで適用される。憲章21条1項は、EU法を実施する範囲において構成国に義務を課している。欧州人権裁判所及びEU司法裁判所は、適用範囲を広く解釈する傾向がある。欧州人権裁判所は、適用範囲より広く、条約に定められる権利の範囲を定義し、時折明示的に除外されている状況も適用範囲に含める。同様に、EU司法裁判所は、EU運営条約21条の一般的な自由移動をEU運営条約18条の「ドア・オープナー」として用いる。結果として、欧州人権条約14条またはEU運営条約18条の制限された範囲のゆえに差別の認定を裁判所が拒否することはほとんどない。憲章21条に関しては、まだ判例の蓄積が乏しい。いずれにせよ、EU司法裁判所は、憲章の適用範囲を寛大に解釈する一般的な傾向を示してきた。[57]

　第2の基準は、区別の基準にかかわる。この点について最も特別な規定は、国籍を基礎とした区別のみを禁じている、EU運営条約18条である。EU司法裁判所は、直接差別のみならず間接差別も含むとし区別の基準を広く解釈してきた。しかし、この合理的な解釈は平等保護保障からその実効性を奪わないようにするために必要である。これに対して、欧州人権裁判所は、欧州人権条約14条の区別の基準については抑制してきた。規定が禁止される区別の制限（numerus clausus）を含んでいないとしても、欧州人権裁判所は、いかなる区別も欧州人権条約14条の対象となるわけではないと判示してきた。むしろ、同裁判所は、措置が意図的な差別の結果となりうることを示す問題のある区別にのみ規定を適用してきた。なお、憲章21条に関する判例法は、この点に関してEU司法裁判所の立場につき結論を導けるほど十分には発展していない。

【注】

1) C.R. Sunstein, "Public Values, Private Interests, and the Equal Protection Clause", *The Supreme Court Review* (1982), p. 127, p. 129; R.C. Farrell, "Successful Rational Basis Claims in the Supreme Court from the 1971 Term Through Romer v. Evans", *Indiana L Rev* 32 (1999), p. 357, p. 358; E. Chemerinsky, "The Rational Basis Test is Constitutional (and Desirable)" in Legal Studies Research Paper: University of California, Irvine, 2016, p. 4.
2) See, e.g., D Hellman, *When Is Discrimination Wrong?* Harvard University Press, Cambridge, 2008; T. Khaitan, *A Theory of Discrimination Law*, Oxford University Press, Cambridge, 2015.
3) See K Yoshino, "The New Equal Protection", *Harvard Law Review* 124, (2011), p. 747, p. 759 (arguing that "courts simply cannot perform the Sisyphean task of independently testing the fairness of every governmental distinction").
4) See *Reno v. Flores*, 507 U.S. 292, 301-02 (1993); *Washington v. Glucksberg*, 521 US 702, 720-21 (1997).
5) See *Day-Brite Lighting, Inc. v. Missouri*, 342 U.S. 421 (1952); *Williamson v. Lee Optical*, 348 U.S. 483 (1955); *Allied Stores v. Bowers*, 358 U.S. 522 (1959); *U.S. R.R. Retirement Bd. v. Fritz*, 449 U.S. 166 (1980); *Pennell v. City of José*, 485 U.S. 1 (1988).
6) K. Yoshino, "Why the Courts Can Strike down Marriage Restrictions under Rational Basis Review", *NYU Rev L & Soc Change* 37, (2013), p. 331, p. 333; R Holoszyc-Pimentel, "Reconciling Rational Basis Review: When Does Rational Basis Bite?", *NYU L. Rev.* 90, (2015), p. 2070, p. 2071; Chemerinsky, *supra* note (1), p. 2.
7) *Abdulaziz, Cabales and Balkandali v. U.K.*, 28 May 1985, Series A No. 94, at para. 71.
8) *Rasmussen v. Denmark*, 28 Nov. 1984, Series A No. 87, at para. 29; *Inze v. Austria*, 28 Oct. 1987, Series A No. 126, at para. 36; *Karlheinz Schmidt v. Germany*, 18 July 1994, Series A No. 291-B, at para. 22; *Van Raalte v. the Netherlands*, App. No. 20060/92, ECHR 1997-I, at para. 33.
9) *Karlheinz Schmidt, supra* note (8).
10) *Ibid.*, at para. 22.
11) *Ibid.*
12) *Ibid.*, at para. 23.
13) *Ibid.*, at para. 22.
14) *Darby v. Sweden*, 23 Oct. 1990, Series A No. 187, at para. 30; *Van Raalte, supra* note (8), § 34; *P.M. v. UK*, App. No. 6638/03, 19 July 2005, at paras. 26-29; *Driha v. Romania*, App. No. 29556/02, 21 Feb. 2008, at paras. 34-39.
15) *Darby, supra* note (14).
16) *Ibid.*, at para. 30.
17) *Okpisz v. Germany*, App. No. 59140/00, 25 Oct. 2005, at para. 32; *Weller v. Hungary*, App. No. 44399/05, 31 March 2009, at para. 29; *Fawsie v. Greece*, App. No. 40080/07, 28 Oct. 2010, at paras. 31-40.

18) *Okpisz, supra* note (17).
19) *Ibid.*, at para. 32.
20) *Clift v. UK*, App. No. 7205/07, 13 July 2010, at para. 55.
21) See, e.g., *Aziz v. Cyprus*, App. No. 69949/01, ECHR 2004-V; *Nachova and others v. Bulgaria* [GC], App. No. 43577/98, ECHR 2005-VII; *Moldovan and others v. Romania*, App. No. 41138/98, ECHR 2005-VII; *Bekos and Koutropoulos v. Greece*, App. No. 15250/02, ECHR 2005-XIII; *Sečić v. Croatia*, App. No. 40116/02, 31 Aug. 2007; *Cobzaru v. Romania*, App. No. 48254/99, 26 July 2007; *Angelova and Iliev v. Bulgaria*, App. No. 55523/00, 26 July 2007; *Petropoulou-Tsakiris v. Greece*, App. No. 44803/04, 6 Dec. 2007; *Sampanis and others v. Greece*, App. No. 32526/05, 5 June 2008; *Turan Cakir v. Belgium*, App. No. 44256/06, 10 March 2009; *Muños Díaz v. Spain*, App. No. 49151/07, ECHR 2009; *Seijdic and Finci v. Bosnia and Herzegovina*, App. No. 27996/06, ECHR 2009; *Oršuš and others v. Croatia*, App. No. 15766/03, ECHR 2010; *Paraskeva Todorova v. Bulgaria*, App. No. 37193/07, 25 March 2010; *B.S. v. Spain, App. No. 47159/08, 24 July 2012; Makhashevy v. Russia*, App. No. 20546/07, 31 July 2012; *Fedorchenko and Lozenko v. Ukraine*, App. No. 387/03, 20 Sept. 2012; *Yotova v. Bulgaria*, App. No. 43606/04, 23 Oct. 2012; *Lăcătuş v. Romania*, App. No. 12694/04, 13 Nov. 2012; *Sampani and others v. Greece*, App. No. 59608/09, 11 Dec. 2012; *Horváth and Kiss v. Hungary*, App. No. 11146/11, 29 Jan. 2013; *Lavida v. Greece*, App. No. 7973/10, 30 Mai 2013; *Abdu v. Bulgaria*, App. No. 26827/08, 11 March 2014; *Antayev v. Bulgaria*, App. No. 37966/07, 3 July 2014; *Zornić v. Bosnia and Herzegovina*, App. No. 3681/06, 15 July 2014; *Ciorcan and others v. Romania*, App. No. 29414/09, 27 Jan. 2015; *Balázs v. Hungary*, App. No. 15529/12, 20 Oct. 2015; *Boacă and others v. Romania*, App. No. 40355/11, 12 Jan. 2016; *Biao v. Denmark* [GC], App. No. 38590/10, ECHR 2016.
22) See, e.g., *Abdulaziz, supra* note (7); *Schuler-Zgraggen v. Switzerland*, 24 June 1993, Series A No. 263; *Karlheinz Schmidt, supra* note (8); *van Raalte, supra* note (8); *Wessels-Bergervoet v. Netherlands*, App. No. 34462/97, ECHR 2002-IV; *Willis v. UK*, App. No. 36042/97, ECHR 2002-IV; *Ünal Tekeli v. Turkey*, App. No. 29865/96, ECHR 2004-X; *Zarb Adami v. Malta*, App. No. 17209/02, ECHR 2006-VIII; *Zeman v. Austria*, App. No. 23960/02, 29 June 2006; *Paulik v. Slovakia*, App. No. 10699/05, 2006-XI; *Hobbs, Richard, Walsh and Geen v. UK*, App. No. 63684/00, 14 Nov. 2006; *Weller, supra* note (17); *Opuz v. Turkey*, App. No. 33401/02, ECHR 2009; *Losonci Rose and Rose v. Switzerland*, App. No. 664/06, 9 Nov. 2010; *Konstantin Markin v. Russia*, App. No. 30078/06, ECHR 2012; *Huela v. Romania*, App. No. 33411/05, 2 Oct. 2012; *García Mateos v. Spain*, App. No. 38285/09, 9 Feb. 2013; *Leventoglu Abdulkadiroglu v. Turkey*, App. No. 7971/07, 28 May 2013; *Eremia v. Moldova*, App. No. 3564/11, 28 May 2013; *Mudric v. Moldova*, App. No. 74839/10, 16 July 2013; *Tanbay Tüten v. Turkey*, App. No. 38249/09, 10 Dec. 2013; *Cusan and Fazzo v. Italy*, App. No. 77/07, 7 Jan. 2014; *T.M. and C.M. v. Moldova*, App. No. 26608/11, 28 Jan. 2014; *Emel Boyraz v. Turkey*, App. No. 61960/08, 2 Dec. 2014; *Vrountou v. Cyprus*, App. No. 33631/06, 13 Oct. 2015; *Di Trizio v. Switzerland*, App. No. 7186/09, 2 Feb. 2016; *M.G. v. Turkey*, App. No.

31740/96, 22 March 2016.
23) See, e.g., *Salgueiro da Silva Muta v. Portugal*, App. No. 33290/96, ECHR 1999-IX; *L. and V. v. Austria*, App. No. 39392/98, ECHR 2003-I; *Karner v. Austria*, App. No. 40016/98, ECHR 2003-IX; *B.B. v. UK*, App. No. 53760/00, 10 Feb. 2004; *Bączkowski v. Poland*, App. No. 1543/06, 3 May 2007; *E.B. v. France*, App. No. 43546/02, 22 Jan. 2008; *Kozak v. Poland*, App. No. 13102/02, 2 March 2010; *P.B. and J.S. v. Austria*, App. No. 18984/02, 22 July 2010; *J.M. v. UK*, App. No. 37060/06, 28 Sept. 2010; *Alekseyev v. Russia*, App. No. 4916/07, 21 Oct. 2010; *Genderdoc-M v. Moldova*, App. No. 9106/06, 12 June 2012; *X v. Turkey, App. No. 24626/09, 9 Oct. 2012*; *X and others v. Austria*, App. No. 19010/07, 19 Feb. 2013; *E.B. and others v. Austria*, App. No. 31913/07, 7 Nov. 2013; *Vallianatos v. Greece*, App. No. 29381/09, ECHR 2013; *Identoba v. Georgia*, App. No. 73235/12, 12 May 2015; *Pajić v. Croatia*, App. No. 68453/13, 23 Feb. 2016; *M.C. and A.C. v. Romania*, App. No. 12060/12, 12 Apr. 2016; *Taddeucci and McCall v. Italy*, App. No. 51362/09, 30 June 2016.
24) See, e.g., *Hoffmann v. Austria*, 23 June 1993, Series. A No. 255-C; *Thlimmenos v. Greece*, App. No. 34369/97, ECHR 2000-IV; *Palau-Martinez v. France*, App. No. 64927/01, ECHR 2003-XII; *97 Members of the Gldani congregation of Jehova's Witnesses v. Georgia*, App. No. 71156/01, 3 May 2007; *Religionsgemeinschaft der Zeugen Jehovas v. Austria*, App. No. 40825/98, 31 July 2008; *Löffelmann v. Austria*, App. No. 42967/98, 12 March 2009; *Sâmbata Bihor Greek Catholic Parish v. Romania*, App. No. 48107/99, 12 Jan. 2010; *Grzelak v. Poland*, App. No. 7710/02, 15 June 2010; *Savez crkava "Riječ života" and others v. Croatia*, App. No. 7798/08, 9 Dec. 2010; *Milanović v. Serbia*, App. No. 44614/07, 14 Dec. 2010; *O'Donoghue and others v. UK*, App. No. 34848/07, ECHR 2010; *Manzanas Martín v. Spain*, App. No. 17966/10, 3 Apr. 2012; *Jehovas Zeugen in Österreich v. Austria*, App. No. 27540/05, 25 Sept. 2012; *Vojnity v. Hungary*, App. No. 29617/07, 12 Feb. 2013; *Begheluri v. Georgia*, App. No. 28490/02, 7 Oct. 2014; *Cumhuriyetçi Eğitim ve Kültür Merkezi Vakfı v. Turkey*, App. No. 32093/10, 2 Dec. 2014; *İzzettin Doğan v. Turkey*, App. No. 62649/10, 26 Apr. 2016.
25) See, e.g., *Koua Poirrez v. France*, App. No. 40892/98, ECHR 2003-X; *Luczak v. Poland*, App. No. 77782/01, 27 Nov. 2007; *Andrejeva v. Latvia*, App. No. 55707/00, ECHR 2009; *Weller, supra* note (17); *Fawsie v. Greece*, App. No. 40090/07, 28 Oct. 2010; *Ponomaryovi v. Bulgaria*, App. No. 5335/05, ECHR 2011; *Rangelov v. Germany*, App. No. 5123/07, 22 March 2012; *Kurić and others v. Slovenia* [GC], App. No. 26828/06, ECHR 2012; *Dhahbi v. Italy*, App. No. 17120/09, 8 Apr. 2014.
26) See *Marckx v. Belgium*, 13 June 1979, Series A No. 31; *Inze, supra* note (8); *Mazurek v. France*, App. No. 34406/97, ECHR 2000-II; *Hoffmann v. Germany*, App. No. 34045/96, 11 Oct. 2001; *Sahin v. Germany* [GC], App. No. 30943/96, ECHR 2003-VIII; *Merger and Cros v. France*, App. No. 68864/01, 22 Dec. 2004; *Pla and Puncernau v. Andorra*, 69498/01, ECHR 2004-VIII; *P.M. supra* note (14); *Brauer v. Germany*, App. No. 3545/04, 28 May 2009; *Zaunegger v. Germany*, App. No. 22028/04, 3 Dec. 2009; *Sporer v. Austria*, App. No. 35637/03, 3 Feb. 2011; *Negrepontis-Giannisis v. Greece*,

App. No. 56759/08, 3 May 2011; *Genovese v. Malta*, App. No. 53124/09, 11 Oct. 2011; *Fabris v. France*, App. No. 16574/08, ECHR 2013; *Topčić-Rosenberg v. Croatia*, App. No. 19391/11, 14 Nov. 2013.

27) See, e.g., *Glor v. Switzerland*, App. No. 13444/04, ECHR 2009; *G.N. and others v. Italy*, App. No. 43134/05, 1 Dec. 2009; *Kiyutin v. Russia*, App. No. 2700/10, ECHR 2011; *I.B. v. Greece*, App. No. 552/10, ECHR 2013; *Çam v. Turkey*, App. No. 51500/08, 23 Feb. 2016; *Novruk and others v. Russia*, App. No. 31039/11, 15 March 2016; *Guberina v. Croatia*, App. No. 23682/13, ECHR 2016.

28) See, e.g., *Clift, supra* note (20); *Laduna v. Slovakia*, App. No. 31827/02, ECHR 2011; *Gülay Cetin v. Turkey*, App. No. 44084/10, 5 March 2013; *Varnas v. Lithuania*, App. No. 42615/06, 9 July 2013; *Costel Gaciu v. Romania*, App. No. 39633/10, 23 June 2015; *Martzaklis v. Greece*, App. No. 20378/13, 9 July 2015.

29) *Chassagnou and others v. France*, App. No. 25088/94, ECHR 1999-III.

30) *Driha v. Romania*, App. No. 29556/02, 21 Feb. 2008.

31) *Altinay v. Turkey*, App. No. 37222/04, 9 July 2013.

32) Cases C-29/95, *Pastoors* [1997] ECR I-300, para. 16; C-411/98, *Ferlini* [2000] ECR I-8126, para. 57; C-224/00, *Commission v. Italy* [2002] ECR I-2981, para. 15; C-628/11, *International Jet Management GmbH*, EU: C: 2014: 171, para. 64.

33) *Pastoors, supra* note 32, at para. 17; C-209/03, *Bidar* [2005] ECR I-2151, para. 52-53; C-155/09, *Commission v. Greece* [2011] ECR I-65, para. 46; C-73/08, *Bressol* [2010] ECR I-2735, para. 42-46; C-382/08, *Neukirchinger* [2011] ECR I-139, para. 34.

34) Cases C-224/98, *D'Hoop* [2002] ECR I-6212, para. 31-34; C-65/03, *Commission v. Belgium* [2004] ECR I-6429, para. 29; C-147/03, *Commission v. Austria*, [2005] ECR I-5992.

35) *Ferlini, supra* note (32), at para. 58.

36) *Commission, supra* note (32), at para. 16.

37) Case C-75/11, *Commission v. Austria*, EU: C: 2012: 605, para. 50-51.

38) *International Jet Management GmbH, supra* note (32), at para. 65-67.

39) *Bressol, supra* note (33), para. 48.

40) On the union citizenship, see J. Shaw, "The interpretation of European Union citizenship", *MLR* 61 (1998), p. 293; K Hailbronner, "Union citizenship and access to social benefits", *CML Rev* 42 (2005), p. 1245; R. Bellamy, "Evaluating Union citizenship: belonging, rights and participation within the EU", *Citizenship Studies* 12 (2008), p. 597; E. Spaventa, "Seeing the Wood Despite the Trees? On the Scope of Union Citizenship and its Constitutional Effects", *CML Rev* 45 (2008), p. 13; S. Kadelbach, "Union citizenship", in Av Bogdandy, J. Bast (eds.), *Principles of European Constitutional Law*, 2 edn. Hart Publishing, Oxford, 2011.

F. Wollenschläger, "A New Fundamental Freedom beyond Market Integration: Union citizenship and its Dynamics for Shifting the Economic Paradigm of European Integration", *ELJ* 17 (2011), p. 1.

41) Case C-85/96, *Martínez Sala* [1998] ECR I-2708.

42) *Ibid.*, at para. 61.
43) Case C-184/99, *Grzelczyk* [2001] ECR I-6229.
44) *Ibid.*, at paras. 31-33.
45) Case C-274/96, *Bickel and Franz* [1998] ECR I-7650, para. 16.
46) See Cases C-138/02, *Collins* [2004] ECR I-2735, paras. 67-72; C-158/07, *Förster* [2008] ECR I-8507, paras. 45-58.
47) See Cases C-22/08 and C-23/08, *Vatsouras and Koupatantze* [2009] ECR I-4585; C-333/13, *Dano*, EU: C: 2014: 2358; C-67/14, *Alimanovic*, EU: C: 2015: 597.
48) See Cases 5/88, *Wachauf* [1989] ECR 2633; C-117/06, *Möllendorf* [2007] ECR I-8390, paras. 78-79; C-411/10 and C-493/10, *N.S.* [2011] ECR I-13905, paras. 60-68; C-617/10, *Åkerberg Fransson*, EU: C: 2013: 105.
49) See Cases C-260/89, *ERT* [1991] ECR I-2951; C-368/95, *Familiapress* [1997] ECR I-3709, paras. 24-25; C-60/00, *Carpenter* [2002] ECR I-6305.
50) Cases C-144/04, *Mangold* [2005] ECR I-10013; C-555/07, *Kücükdeveci* [2010] ECR I-365.
51) *Mangold, supra* note (50).
52) *Ibid.*, at paras. 58-65.
53) *Ibid.*, at para. 75.
54) *Ibid.*, at para. 77.
55) *Kücükdeveci, supra* note (50).
56) *Ibid.*, at para. 46.
57) On this issue see K. Lenaerts, "Die EU-Grundrechtecharta: Anwendbarkeit und Auslegung", *Europarecht* 47 (2012), p. 3; N. Matz-Lück, "Europäische Rechtsakte und nationaler Grundrechtsschutz", in N. Matz-Lück, M. Hong (eds.) *Grundrechte und Grundfreiheiten im Mehrebenensystem-Konkurrenzen und Interferenzen*, Springer, 2012; H.D. Jarass, "Die Bindung der Mitgliedstaaten an die EU-Grundrechte", *Neue Zeitschrift für Verwaltungsrecht* 31 (2012), p. 457; S. Kadelbach, "Die Bindung an die Grundrechte der Europäischen Union bei der Anwendung staatlichen Strafrechts: Anmerkungen zum Urteil des EuGH in der Rechtssache Akerberg Fransson", *Kritische Vierteljahresschrift für Gesetzgebung und Rechtswissenschaft* 96 (2013), p. 276 and A. Ward (2014), Article 51, in S. Peers, T. Hervey, J. Kenner, A. Ward (eds.), *The EU Charter of Fundamental Rights*, Hart Publishing, Oxford, 2014, para. 51.49. For a critique of this jurisprudence, see W. Cremer, "Der programmierte Verfassungskonflikt: Zur Bindung der Mitgliedstaaten an die Charta der Grundrechte der Europäischen Union nach dem Konventsentwurf für eine Europäische Verfassung", *Neue Zeitschrift für Verwaltungsrecht* 22 (2003), p. 1452 ; P.M. Huber, "Unitarisierung durch Gemeinschaftsgrundreche: Zur Überprüfungsbedürftigkeit der ERT-Rechtsprechun", *Europarecht* 43 (2008), p. 190; H. Sauer, "Grundrechtskollisionsrecht für das europäische Mehrebenensystem", in N. Matz-Lück, M. Hong (eds.) *Grundrechte und Grundfreiheiten im Mehrebenensystem-Konkurrenzen und Interferenzen*, Springer, Berlin, 2012, pp. 28-29.

第 2 部
アジアにおける人権

第5章

日本における基本権の保護と司法部門の役割

只野　雅人

■ 要約

　違憲審査をめぐっては憲法裁判所型（集中型）とアメリカ型（分散型）を区別できるが、日本の違憲審査制度は後者として運用されてきた。しかしモデルであるアメリカとは異なり、最高裁判所による違憲審査権の行使は極めて抑制的であり、司法消極主義と評されてきた。その背景として以下では、最高裁判所の過剰負担、職業裁判官制度と違憲審査との整合性、政治的均衡の欠如を取り上げる。近時、差別や投票価値の不均衡などをめぐり、最高裁判所の審査は活性化しているといわれるが、変化の射程はなお定まっていない。近時の判決は、基本権の保護をめぐる「小さな司法」の可能性と限界を示している。

I　はじめに

　今日、違憲審査制は「リベラル・デモクラシーの本質的な、あるいは望ましい特徴[1]」であるとされる。違憲審査制をめぐっては伝統的に、具体的な争訟において通常裁判所が司法審査を行う、分散型ともいうべきアメリカ型と、特別に設けられた憲法裁判所に違憲審査の権限が集中するヨーロッパ型が区別されてきた[2]。これら2つのモデルは、継受された各国においてそれぞれ独自の発展を遂げている。

　今日では、憲法秩序の基本的要素とみなされる基本権保護が特に注目されるようになっているが、元来違憲審査制は、必ずしも基本権の保護のために構想されたものではなかった。ヨーロッパ型の父ともいえるハンス・ケルゼン

(Hans Kelsen)は、違憲審査機能を、「国家機能の適正な行使を保障することを目的とした技術的手段の体系の中の一要素」と定義している。

　1946年、日本では現行憲法とともに違憲審査の仕組みが導入された。憲法81条は、「最高裁判所は、一切の法律、命令、規則又は処分が憲法に適合するかしないかを決定する権限を有する終審裁判所である。」と規定する。この規定は最高裁判所に対して、個々の具体的な法律上の争訟の裁定についての「終審裁判所」としての権限と、法令や国家行為が「憲法に適合するかしないかを決定する権限」とを付与している。同条はアメリカ型の違憲審査を採用したものとされたことから、法令・国家行為の憲法適合性を決定する権限は、もっぱら個人の権利・利益に関する具体的な争訟の中で行使され、個人の権利の保護という側面が重視されてきた。

　しかしながら最高裁判所は、違憲審査権の行使について、モデルであるアメリカの連邦最高裁判所と比して、極めて謙抑的な態度をとり続けてきた。憲法適合性の判断権を有する裁判所であることよりも、民事あるいは刑事事件における「終審裁判所」であることが強く意識されてきたように思われる。こうした態度は、「司法消極主義」と形容されてきた。比較憲法的にみれば、違憲審査機関はしばしば、民主政への体制移行を支援する役割を演じているが、戦後の日本はこの点で「最も重要な例外」をなしているとも評される。

　民主的正統性を欠いた司法部門による違憲審査権の行使には、慎重かつ繊細な配慮も必要であろう。しかし、違憲判断をめぐる最高裁判所の消極性は際立っている。憲法が施行された1947年から今日に至るまで、法律の規定が違憲と判断されたのはわずか10件にすぎず、法令の適用や公的機関の行為が違憲と判断された事案も10件ほどにとどまる。アメリカ型が採用されたとはいっても、十分に根付いたのはその構想のみであったとさえいえよう。

　最高裁判所は、「およそ国民の基本的権利を侵害する国権行為に対しては、できるだけその是正、救済の途が開かれるべきである」ということが憲法上の要請であると指摘している。だが、本来期待される役割が十分に果たされているとはいえず、政治部門に対する抑制的な態度がなお維持され続けている。今世紀初頭以来、婚外子差別や投票価値の不均衡をめぐり、最高裁判所は従来よりも積極的な役割を演じ始めているといわれる。しかし、いくつかの注目すべ

き判決はあるものの、変化の射程はなお定まっていない。違憲審査の本格的な活性化のためには制度改正が不可欠であるとの指摘も、かねてよりなされてきた。

以下では、日本における違憲審査制度の特徴を踏まえ、ヨーロッパ型と対比することで、最高裁判所の司法消極主義の背景について考察する。さらに近時の判決の検討を通じ、日本の司法部門が基本権保護に果たしうる役割について考えてみたい。

II 日本の違憲審査制度

1 アメリカ型と憲法裁判所型

まずは、現行憲法下での違憲審査制度の確立の経緯について、簡単に確認しておきたい。

戦前の大日本帝国憲法は、違憲審査に関する規定をもたなかった。法律の形式的審査の可能性は学説により認められていたものの、法律の実質的な違憲審査については、一部を除けば、学説は否定的であった[6]。違憲審査をめぐる議論は、十分に深化しなかった。そのゆえもあって、あらたに違憲審査制について定めた憲法81条の解釈をめぐり、草案の段階から複数の理解が対立した。

例えば帝国議会貴族院での審議において、佐々木惣一は、大陸型の憲法裁判にも言及しつつ、この規定のもとでも、具体的係争事件の有無を離れて、法令等が「憲法に適合するかしないかを決定する権限」を最高裁判所が抽象的に行使することは可能ではないかと論じている[7]。政府部内における81条の検討に際しても、アメリカ型とオーストリアの憲法裁判所型が検討されている。後者は斥けられたものの、下級裁判所が違憲審査権を行使しうるのかという問題は決着しなかった。裁判所法案の検討に際しては、事件争訟性の枠内で、下級裁判所が憲法上の争点を最高裁判所に移送するという集中審理型の違憲審査制も論じられている。結局、GHQの意向を踏まえ、具体的争訟を前提とした、アメリカ・モデルの分散型司法審査が採られることになった[8]。

周知のように、最高裁判所も同様の理解を示した。1952年の警察予備隊違憲訴訟をめぐる大法廷判決は、「司法権が発動するためには具体的な争訟事件が

提起されること」が必要であるとする。そのうえで、「最高裁判所は法律命令等に関し違憲審査権を有するが、この権限は司法権の範囲内において行使されるものであり、この点においては最高裁判所と下級裁判所との間に異るところはない」と判示している。

2 日本型の基盤

　戦前、ドイツ公法の影響が強かった憲法学説にとって、日本国憲法による違憲審査制の採用は、実に大きな変化であった。そうした中にあって、英米法研究者として戦前よりアメリカの司法審査制に関する先駆的研究を公刊していたのが高柳賢三である。高柳は、1948年の著書の序で、「司法優位」に根ざしたこの仕組みの導入は単なる「技術的変革」ではなく、「その国政と国法全般に及ぼすべき影響は深くかつ大であることを銘記せねばならない」と述べている。

　その十年後、同じ論集の増補版の序文では、高柳は、日本における違憲審査制の将来について懐疑的になっているように感じられる。高柳はそこで、大陸型と英米型の司法制度とを対比し、日本の違憲審査のあり方を論じている。高柳によれば、大陸型の司法裁判所は、「民事刑事の裁判に熟達する法律技師からなる司法官僚たる性格」をもつ。そうした熟達した「法律技師」が、「裁判所によって強制される法」であると同時に「政治的法」でもある憲法の解釈を担うことは難しい。それゆえ大陸諸国では、公権力の行使とかかわる行政事件を所管する裁判所、さらには憲法問題を扱う機関が、通常の司法裁判所とは別個に設けられた。対照的に英米型の司法制度では、法曹一元の伝統などから、「弁護士と裁判官が一体として行政府に対立し」、「法を守る裁判所の政治力が甚大」であったと、高柳は述べる。アメリカではかかる伝統のもと、司法裁判所による違憲審査が可能になった。こうしてみると、大陸型とアメリカ型の違憲審査制には、それぞれ一貫性がある。高柳は、法曹一元のような伝統をもたない日本では、アメリカ型の違憲審査権が最高裁を頂点とする司法裁判所に付与されたにもかかわらず、大陸型と同様に、「行政事件とか憲法事件などの処理をまかせえないような司法官僚的な最高裁判所となる危険」が十分にあると指摘している。高柳は、アメリカ型の司法審査制が根付くためには、長い目でみて法曹一元が重要であり、さらに司法優位の精神が国民に広く根付くことも

必要であるとしている[15]。

　職業裁判官制度が根付いた日本において、「法を守る裁判所の政治力」の重要な基盤である法曹一元を根付かせることは容易ではない。もっとも日本の最高裁判所にも、「政治的法」を扱うための基盤は皆無ではない。少なくとも制度の次元では、内閣による任命、国民審査などを通じ、最高裁の判事には一定の民主的基盤が備わっているとみることも不可能ではない。また、最高裁の判事は職業裁判官のみから構成されるわけではない。特に15名中5名以内については、「識見の高い、法律の素養のある年齢四十年以上の者」であれば、法曹や法律学者以外から任用することも可能である（裁41条）。最高裁判所事務総局による裁判所法の逐条解説書はその趣旨につき、最高裁が「国の基本法たる憲法の解釈を最終的に決定する国家機関」であることから、「単なる法律家的見地にとらわれず、広く高い見地からする判断を取り入れる道をひらくことにより、その判断が健全な社会的政治的感覚を失わないことを期したものである」[16]と指摘する。しかし実際の運用で、そうした趣旨が十分に活かされているわけではない。近年の最高裁の構成は概ね、裁判官出身6名、検察官出身2名、弁護士出身4名、行政官出身2名（1名は外交官）、学者出身1名で固定化されてきた[17]。

　最高裁による違憲判断の極端な少なさが何より示すように、これらの制度は「政治的法」を扱う裁判官にとっての十分な基盤とはなりえなかった。モデルであるアメリカとの大きな相違を生み出した要因は様々に指摘されてきたが、ここではそれらのうち、行論とかかわる3つを取り上げる。

Ⅲ　消極性の背景

1　最高裁判所への過重[18]

　最初に取り上げるのは、司法裁判所中の「終審裁判所」としての最高裁判所の過剰な負担である。民事事件・刑事事件における上告理由に制限があるものの、最高裁判所には近年、新受の訴訟事件だけでも、民事・行政事件5000～6000件、刑事事件2000件程度が毎年係属している[19]。各小法廷と裁判官の負担は相当なものである。伊藤正己元判事が回想録の中で指摘したように、こうした

夥しい民事・刑事事件の処理に追われる中で、「通常裁判所の最終審」という意識が強まり、本来期待されていたはずの「憲法の裁判所」という感覚が鈍磨することは避けがたい[20]。

アメリカの連邦最高裁判所は、サーシオレイライを通じ、上告事件の選別を行っている。マウロ・カペレッティ（Mauro Cappelletti）は、ヨーロッパ大陸諸国で集中型の憲法裁判所制度が普及したのは、司法制度がアメリカに特徴的な「コンパクトで動きのとりやすい構造」(the compact manageable structure)を欠いていたからだと指摘する[21]。とはいえ、サーシオレイライのような仕組みを日本にそのまま導入することは難しい。連邦制を採り各州に最高裁判所があるアメリカとは異なり、日本では最高裁判所があらゆる訴訟事件の唯一の「終審裁判所」である[22]。確かに上告事件のほとんどは理由が不十分であるとして却下される[23]。しかし、その際の審査をめぐっては慎重な検討を要する場合が少ないとの指摘もある[24]。

いずれにせよ、負担軽減のための方策の検討は欠かせない。これまでも、「ワン・ベンチ」としての最高裁に違憲審査や判例変更などを主として担わせ、別に上告事件を担う特別高裁を設けるといった機構改革や[25]、憲法問題をめぐる専門補佐スタッフの強化など[26]、様々な処方箋が提示されている。

2 職業裁判官と違憲審査

次に、職業裁判官中心の裁判所がどこまで憲法裁判を担いうるのかという問題に目を向けてみたい。カペレッティは、「憲法解釈の仕事は単に通常の法律を解釈する場合よりも高度の裁量的判断力をしばしば要求する」と述べ、性質上専門技術的で公正さを求められる職業裁判官の職務と、不可避的に「価値判断的、準政治的」な憲法裁判官の職務との両立が容易ではないことを指摘する[27]。それゆえ、職業裁判官制度をとってきたヨーロッパ大陸諸国に憲法裁判所型が拡がったというのである。アメリカ連邦最高裁の判事はヨーロッパ的な意味での職業裁判官ではなく、任命手続や法曹一元の伝統を通じ、「価値判断的、準政治的」な職務を担いうる十分な権威を備えている。高柳が同様の指摘を行っていることは、すでにみたとおりである。また、日本の最高裁をめぐっては、もっぱら民事刑事の専門家としての修練を積んだ裁判官の目には、憲法

は「裁判官によって適用される法的準則というよりも政治原理と映っている[28]」のではないか、との指摘もある。

　日本の職業裁判官が、ヨーロッパの職業裁判官と同様に「大陸モデルの弱さと臆病さ[29]」を有しているとするなら、そうした裁判官出身の判事が主導する司法裁判所には多くを期待できず、ヨーロッパ型の憲法裁判所を導入すべきであるということになるであろうか。そうした提案を行ったのが、伊藤正己元最高裁判事であった。伊藤は、大陸型の没個性的な「顔のない裁判官」が理想とされる日本では、個性的な判断が強く求められる違憲審査の活性化は期待しにくいとし、憲法裁判所の導入を提言した[30]。

　とはいえ、この種の制度改革には憲法改正が必要となる。その実現がどこまで見通せるのかという点はひとまず措くとしても、改革の帰趨は不透明である。憲法裁判所の導入は、必然的に、憲法訴訟がもつ「価値判断的、準政治的」な側面を際立たせることとなり、「司法の政治化と政治の司法化[31]」という周知の問題を生じる懸念もある。最高裁判所が「価値判断的、準政治的」な役割を担いうる基盤について、慎重な考慮が必要であろう。

　大陸諸国では、政治任用、すなわち「政治機関による非職業裁判官の任命[32]」が、そうした役割を支える基盤の1つになっているともいわれる。とはいえ、そうした政治任用が機能するためには、次に検討するように、政治的均衡が存在することが欠かせない。

3　政治的均衡の欠如と「顔のない裁判官」

　裁判官の任命に政治機関が関与する仕組みのもとでは、裁判所の構成に多様性を生み出し、さらには政権と向き合う裁判所の負担を軽減するためにも、政権交代のメカニズムが機能することが、重要な意味をもつ。いわゆる55年体制のもとで長きにわたりそうしたメカニズムが機能せず、政治的均衡が働かなかったことが、日本における司法消極主義の一要因であったことは否定し難いと思われる。同じ政治的多数派と向き合い続けながら、民主的正統性をもたない司法部門が違憲審査権の行使を通じ積極的な役割を演じることは容易ではない[33]。極端な消極主義は、「長きにわたり現在も続く保守的政治環境に浸かってきたことの不可避的帰結[34]」であるともいえよう。政治的均衡の欠落は、裁判官

の「弱さと臆病さ」を際立たせる。

 とはいえ、政治的均衡の欠如という与件のもとでも、「顔のない裁判官」という評価を過度に一般化すべきではないであろう。特に1950年代、1970年代、法律の合憲判断という点では、最高裁は必ずしも消極主義的ではなかった。「顔のない裁判官」はしばしば、政治的表情をも覗かせてきた。加えて、個別意見を通じ、職業裁判官出身者を含む最高裁判事が、しばしば個性を表明し、相互の対立を垣間見せてきたことも、付言しておく必要があろう。

 1990年代以降、55年体制の崩壊と連立政権の常態化、さらには2009年の政権交代など、「保守的政治環境」にも大きな変化が生じてきた。こうした変化の中で、最高裁判所は、控えめながら従来よりも積極的な役割を演じ始めているようにもみえる。次にそうした変化の射程について、近時の判決を手がかりに考えてみたい。

Ⅳ　曖昧な変化

1　変化の兆候

 最高裁判所をめぐっては、政治性の強い争点を含まない私法領域で「実質的な司法の創造性」[36]が発揮されてきたとの指摘がつとになされてきた。さらに近時、最高裁は、民事だけでなく刑事あるいは行政事件でも、通常事件の「終審裁判所」として、従来よりも踏み込んだ判断を示すようになっている。[37]

 違憲審査をめぐっては、2000年以降5件の法令違憲の判断が示されている。それ以前の半世紀の間の法令違憲判決が5件であったことと対比すれば、変化が兆しているとみることも十分に可能である。数だけでなく、2000年以降の5件の法令違憲の判断が、選挙権や婚外子差別など、積極的な違憲判断が期待される領域にかかわっていることも無視しえない。民主主義の政治過程の維持とかかわる投票価値の平等をめぐっても、2009年以降5件の「違憲状態」判決が下されている。とはいえ、精神的自由の領域での憲法判断をめぐってはなお慎重な姿勢が維持されている。投票価値の不均衡をめぐる一連の判決も、「違憲状態」を指摘するにとどまっており、依然、政治部門に対する配慮がうかがわれる。

こうした最高裁の姿勢は、「小さな司法」とも評される。最高裁は、「憲法政治全体の健全化を志向するマクロの正義」からは一線を画する一方、具体的な法律上の争訟の裁定の枠内での「ミクロの正義」の実現に注力しているというのである。「小さな司法」を通じ、憲法裁判機能を犠牲に、通常裁判所としての機能が際立つ結果ともなっている。次にみるように、そうした姿勢は、個人の救済に資する面があるが、他方では、基本権の保護という最も重要な役割を限界づける効果をも有している。

2　救済のための技巧

　婚外子差別に関する最高裁の判決は、救済のための「合理的解釈」という点で注目に値する。最高裁は、2008年、国籍法旧3条1項について違憲判断を行った。届出による国籍取得を定める同項全体を違憲無効としてしまうと原告の求める国籍の請求も不可能となってしまうことから、大法廷は「合理的解釈」をほどこし、同項に含まれる準正要件のみを無効とする手法を採ることで、原告の救済を図った。また、嫡出でない子の法定相続分を嫡出子の2分の1とする民法900条4号但し書きの規定を違憲とした2013年の大法廷決定は、判決の遡及効をめぐり合理的解釈を施している。同決定は、法的安定性に配慮し、規定の合憲性を前提としてすでに確定的なものとなった法律関係には違憲判断の効力は及ばないとした。

　違憲判決ではないが、国家公務員の政治的行為の禁止についても、政治的に大きな影響を及ぼしうる違憲判断を回避しつつ救済を図るべく、技巧が凝らされている。人事院規則が広範に定める国家公務員の政治的行為に罰則を科する国家公務員法の規定について、最高裁は合憲判断を前提に、処罰対象を「公務員の職務の遂行の政治的中立性を損なうおそれが実質的に認められるもの」に限るという解釈を採っている。憲法適合的に刑罰法規を解釈したともいいうる手法である。しかし、明確な人権論を隠したこのような判断手法は、「小さな司法」の可能性と同時に限界をも示している。技巧的な救済は、基本権の保護に資する面もあるものの、そうした保護への配慮が「背景的事実としてのみ働く」という点で、無視できない問題をも併せもっている。

　現状では、最高裁判所の消極的姿勢がはっきり変わったと断言することは難

しい。精神的自由をめぐる、特に政治性を帯びた事案では最高裁の姿勢は依然として慎重である。そうした姿勢は、日の丸・君が代をめぐる一連の判決に顕著である[46]。最高裁は、国歌の起立斉唱が「思想及び良心の自由についての間接的な制約となる面があることは否定し難い」ことを認め、また教員に対する処分に一定の歯止めをかけているものの、踏み込んだ憲法判断を行っていない[47]。

3　民主政の基盤と最高裁

　最高裁は、選挙権や投票価値の平等をめぐっては、かなり踏み込んだ審査を行っている。こうした領域での変化は、明らかであるようにみえる。

　2005年の在外邦人選挙権訴訟[48]では、「自ら選挙の公正を害する行為をした者等の選挙権についての一定の制限をすることは別として、国民の選挙権又はその行使を制限することは原則として許され」ないとし、制約が正当化されるためには、「そのような制限をすることがやむを得ないと認められる事由がなければなら」ず、そうした制限なしには「選挙の公正を確保しつつ選挙権の行使を認めることが事実上不能ないし著しく困難」と認められる必要があるという、他の領域ではみられない厳格な判断基準を提示し、違憲判断に踏み込んだ。同様の基準は、成年被後見人の選挙権を一律に制限する措置を違憲とした、2014年の東京地裁判決でも用いられている[49]。

　衆議院議員選挙における投票価値の不均衡をめぐっては、すでに中選挙区のもとでの不均衡について、1976年、1985年の2度にわたり違憲判決を下しているほか[50]、1983年と1993年にも、不均衡について「違憲状態」との判断を行っている[51]。1993年に導入された衆議院小選挙区選挙をめぐる投票価値の不均衡問題をめぐっては、最高裁は、2011年の大法廷判決を皮切りに、2013年、2015年と3度続けて、違憲状態という判断を示している[52]。従来5倍を超える較差が合憲とされてきた参議院選挙区選挙における投票価値の不均衡をめぐっても、2012年と2014年、続けて違憲状態の判断を行った[53]。この2つの判決は、国会に対し都道府県を選挙区とする仕組み自体の見直しをも要求している。違憲判断は避けているものの、政治部門への配慮を特徴としてきた最高裁としては異例ともいえる踏み込んだ説示である。

4　対話の成否

このように一連の投票価値の不均衡をめぐる判決を通じ、最高裁は立法府に対し民主政の基盤をめぐるルールの是正を促してきた。とはいえ、政治部門に対する配慮もまた、色濃くうかがわれる。最高裁は、衆議院の選挙制度が中選挙区制だった時代から、不均衡が「違憲状態」であるという警告をたびたび発し、さらに2010年代になると、衆参を通算して5度にわたり、連続でそうした警告を行ってきた。しかし、憲法違反の判断に踏み込んだのは依然として2件のみである。2013年11月20日の大法廷判決は、①不均衡をめぐり、定数配分規定・区割り規定が憲法違反の状態に達しているか、②是正のための合理的期間を徒過し憲法違反に至っているか、③さらに選挙を無効とせず選挙の違法の宣言にとどめるか、という3段階の審査手法について、「憲法の予定している司法権と立法権との関係に由来するもの」であるとした。裁判所は、投票価値の平等の観点から憲法上問題があると判断した選挙制度について「自らこれに代わる具体的な制度を定め得るものではなく、その是正は国会の立法によって行われることになる」というのである。

こうした控えめなアプローチは、衆議院小選挙区選挙をめぐっては一人別枠方式の解消と最大較差を2倍未満に抑える仕組みの導入、参議院選挙区選挙をめぐっては最大較差を3倍程度にまで引き下げる合区など、確かに無視できない成果をおさめている。とはいえ、明確な憲法判断の基準を提示することなく、立法府に努力を促し、またそうした努力を評価するこうした司法判断の手法をめぐっては、つとに「違憲の主観化」[54]という問題が指摘されてきたところでもある。[55]

「憲法の予定している司法権と立法権との関係」という表現は、改めて検討を要する。控えめな司法判断の手法は、裁判所の各段階での判断を踏まえて、国会が所要の適切な是正措置を講じるという「憲法秩序」観を前提としている（2013年大法廷判決）。最高裁はそうした手法こそ「憲法の趣旨に沿う」とするが、それはまた、具体的な法律上の争訟の枠内で行われる違憲審査の限界を示すものでもある。確かに、是正措置が結局のところ国会の立法に依存することからすると、そうした手法にはやむをえないところもある。しかし、選挙権や投票価値の平等以外の、基本権の保護をめぐる事案での上述のような判断手法

は、必ずしも「憲法の趣旨に沿う」とはいい難い。

　以上のような司法権と立法権との関係を、「対話」として捉えることも可能である[56]。2013年大法廷判決の説示は、「対話」という形容と整合する。国会が、投票価値の平等の実現という点で従来なかったような踏み込んだ措置を衆参両院の選挙制度をめぐり採択したことは、確かに対話の成功と評することができよう。しかしながら、立法府による応答が常に最小限度にとどまってきたこともまた、事実である[57]。

　2015年12月16日の2つの大法廷判決は、「ミクロの正義」の追求が個別事案の救済にとどまらない制度改革をもたらしうることを示すと同時に、政治的論争を惹起する主題をめぐる「小さな司法」の限界をも例証している。最高裁は、原告による国家賠償の請求を棄却しながら、100日を超えて女性の再婚を制限する民法規定について違憲と判断し、事件の解決に必要な限度にとどまらない憲法判断を行っている[58]。その一方で、同日の大法廷判決の多数意見は、夫婦同氏の原則が憲法に違反していないとした[59]。多数意見は、「この種の制度の在り方は、国会で論ぜられ、判断されるべき事柄にほかならない」と判示している。寺田長官による補足意見は、別姓の選択を認めるような制度の導入の可否は裁判では決し難く、「これを国民的議論、すなわち民主主義的なプロセスに委ねることによって合理的な仕組みの在り方を幅広く検討して決めるようにすることこそ、事の性格にふさわしい解決である」と述べる。同補足意見は、この事案では、「特定の少数者の習俗に係るというような、民主主義的プロセスによる公正な検討への期待を妨げるというべき事情」も見出されないと指摘している。しかしながら、保守が多数を占める国会が、最高裁による対話の提案を受け入れることは、当面見通し難いであろう。

V　む　す　び

　近時の最高裁は従来よりも積極的な役割を引き受け始めているものの、政治に対する控えめな態度を保ち続けている。伊藤元判事が説いたように、日本における基本権の実効的な保障の実現のためには、憲法改正を含んだ制度自体の見直しが必要だとの主張にも相応の根拠がある。ただしそうした制度が好まし

い機能を発揮するためには、適切な基盤を整えることが欠かせない。制度的基盤については先に簡単にではあるが論じているので、小考をむすぶにあたり、ここででは非制度的な側面についても目を向けてみたい[61]。

「司法の政治化」は、「政治的法」を扱う違憲審査——とりわけ憲法問題を特化して取り扱う憲法裁判所——が不可避的に随伴する問題である。樋口陽一は、「アングロサクソン社会に伝統的な法律家の権威」と対比しつつ、「ローマ法以来の法律家の権威」と「法学教授の占める地位」といった要素が重要な基盤となり、憲法裁判の正統性の淵源となっていることを指摘している[62]。独立した地位を保障された法学教授のプレゼンスは、大陸型の憲法裁判所に共通した重要な特徴の1つである[63]。こうした正統性の淵源を欠き、また政治的均衡が不十分な日本に大陸型を導入しても、十分な成果は期待できないであろう。

では、アメリカ型についてはどうみるべきか。この点で本質をついていると思われるのが、アレクシ・ド・トクヴィル（Alexis de Tocqueville）による19世紀前半のアメリカの司法審査についての観察である。「アメリカ人は裁判所に大いなる政治権力を委託している」が、「司法的手段によってのみ法律を攻撃するよう裁判所を義務づけているので、この権力の危険性を著しく減じている。」[64]トクヴィルはこう述べ、裁判所の「大いなる政治的権力」が具体的事件の範囲内でのみ行使されることの重要性を強調している。具体的な事件の解決という制度上の枠組は、日本の最高裁にみられるように違憲審査を限界づける効果を及ぼす一方で、政治部門と向き合い政治的法を扱う裁判所の「盾」としても機能しうる。トクヴィルの指摘は、「大きな正義」の実現を回避して具体的事件の解決に注力する日本の「小さな司法」にも、限界はあるものの、なお発展の可能性が潜在していることを示唆しているように思われる。近時の最高裁には変化の兆しもみられるものの[65]、変化の芽はなお脆弱である。変化を確実なものとするためには、政治的条件を含む適切な土壌が欠かせない。

〔付記〕　本章は、"The Role of the Judicial Branch in the Protection of Fundamental Rights in Japan", Y. Nakanishi (ed.), *Contemporary Issues in Human Rights Law*, Springer, 2017, pp.73-89を日本語論文としてリライトしたものである。シンポジウムの記録としての性格を考慮して、英語論文の執筆に際し参照した日本人研究者による英語論文を参考文献として残し、日本語文献の追記は最小限度にとどめた。

【注】

1) A. H. Y. Chen and M. P. Maduro, "The Judiciary and constitutional review", in M. Tushnet, T. Fleiner and C. Saunders (ed.), *Routledge Handbook of Constitutional Law*, Routledge, 2015, p.101.
2) マウロ・カペレッティ（谷口安平・佐藤幸治訳）『現代憲法裁判論』（有斐閣、1971年）71頁以下。
3) H. Kelsen, "La garantie juridictionnelle de la constitution (La justice constitutionnel)", *Revue du droit public et de la science politique*, 1928, p.198.
4) A. S. Sweet, "Constitutional courts", M. Rosenfeld and A. Sajó (ed.), in *The Oxford Handbook of Comparative Constitutional Law*, Oxford University Press, 2012, p.826.
5) 最大判昭和51・4・14民集30巻3号223頁。
6) 宍戸常寿『憲法裁判の動態』（弘文堂、2005年）332-340頁。
7) 第90回帝国議会貴族院議事速記録26号305頁（貴族院本会議、1946年8月29日）、第90回帝国議会貴族院帝国憲法改正案特別委員会速記録第20号20頁（貴族院帝国憲法改正案特別委員会、1946年9月23日）。
8) 宍戸・前掲注6）、356-369頁を参照。
9) 最大判昭和27・10・8民集6巻783頁。
10) H .Tomatsu, "Judicial Review in Japan: An overview of efforts to introduce U.S. theories", in Y. Higuchi (ed.), *Five Decades of Constitutionalism in Japanese Society*, University of Tokyo Press, 2001, pp.256-257.
11) 高柳賢三『司法権の優位』（有斐閣、1948年）2-3頁。
12) 高柳賢三『司法権の優位〔増訂版〕』（有斐閣、1958年）2頁。
13) 同書62-63頁。
14) 同書2-3頁。
15) 同書6-9頁（引用箇所は9頁）。
16) 最高裁判所事務総局総務局『裁判所法逐条解説・中巻』（法曹会、1969年）55頁。
17) D. S. Law, "The anatomy of a conservative court: Judicial review in Japan", *Texas Law Review*, vol.87, 2009, pp.1568-1569. 市川正人・大久保史郎・斉藤浩・渡辺千原編『日本の最高裁判所』（日本評論社、2015年）10-12頁。2018年3月、弁護士出身の判事の後任として、学者出身の判事が任命された。
18) Law, *Ibid*, pp.1577-1579. S. Matsui, "Why is the Japanese Supreme Court so conservative?", *Washington University Law Review*, Vol.88, 2011b, pp.1409-1411.
19) 最高裁判所の司法統計による（http://www.courts.go.jp/app/sihotokei_jp/search, 最終閲覧2018年11月3日）。
20) 伊藤正己『裁判官と学者の間』（有斐閣、1993年）123頁。
21) カペレッティ・前掲注2）、82頁。
22) 泉徳治『私の最高裁判所論』（日本評論社、2013年）121頁。
23) 藤田宙靖『最高裁回想録』（有斐閣、2012年）62-63頁。
24) 滝井繁『最高裁判所は変わったか』（岩波書店、2009年）47頁。
25) 笹田栄司『司法の変容と憲法』（有斐閣、2008年）16-18頁。

26) 泉・前掲注22)、136-138頁、見平典『違憲審査制をめぐるポリティクス』(成文堂、2012年) 195-200頁など。
27) カペレッティ・前掲注2)、83-84頁。
28) S. Matsui, *The Constitution of Japan*, Hart Publishing, 2011a, p.148.
29) L・ファヴォルー (山元一訳)『憲法裁判所』(敬文堂, 1999年) 10頁。
30) 伊藤・前掲注20)、132頁。
31) 芦部信喜『宗教・人権・憲法学』(有斐閣、1999年) 289頁。
32) ファヴォルー・前掲注29)、20頁。
33) Matsui, *supra* note (28), p.1405, S. Sakaguchi, "Major constitutional developments in Japan in the first decade of the twenty-first century", in A. H. Y. Chen (ed.), *Constitutionalism in Asia in the Early Twenty-first Century*, Cambridge University Press, 2013, p.73.
34) Law, *supra* note (17), p.1587.
35) 樋口陽一『比較のなかの日本国憲法』(岩波書店、1979年) 183頁。
36) T. Ginsburg and T. Matsudaira, "The Judicialization of Japanese politics?", in B. Dressel (ed.), *The Judicialization of Politics in Asia*, Routledge, 2012, p.23.
37) 滝井・前掲注24)、83頁以下。
38) 棟居快行『憲法学の可能性』(信山社, 2012年) 172-173頁。
39) 宍戸常寿「日本型違憲審査の現在」全国憲法研究会編『日本国憲法の発展と継承』(三省堂、2015年) 264-265頁。
40) 最大判平成20・6・4民集62巻6号1367頁。
41) 最大決平成25・9・4民集67巻6号1320頁。
42) 最二小判平成24・12・7刑集66巻12号1337頁。
43) 宍戸常寿「合憲・違憲の裁判の方法」戸松秀典・野坂泰司編『憲法訴訟の現状分析』(有斐閣、2012年) 68-71頁。
44) 宍戸常寿「裁量論と人権論」公法研究71号 (2009年) 100頁。
45) Sakaguchi, *supra* note (33), p.70.
46) 一連の訴訟につき、渡辺康行「『日の丸・君が代』訴訟を振り返る」長谷部恭男編『論究憲法』(有斐閣、2017年) 279頁などを参照。
47) 最二小判23・5・30民集65巻4号1780頁。
48) 最大判平成17・9・14民集59巻7号2087頁。
49) 東京地判平成25・3・14判時2178号3頁。
50) 最大判昭和51・4・14民集30巻3号223頁、最大判昭和60・7・17民集39巻5号1100頁。
51) 最大判昭和58・11・7民集37巻9号1243頁、最大判平成5・2・16民集47巻1号67頁。
52) 最大判平成23・3・23民集65巻2号755頁、最大判平成25・11・20民集67巻8号1503頁、最大判平成27・11・25民集69巻7号2035頁。
53) 最大判平成24・10・17民集66巻10号3357頁、最大判平成26・11・26民集68巻9号13頁。
54) 藤井樹「立法者の努力を評価する司法判断」戸松秀典・野坂泰司編『憲法訴訟の現状分析』(有斐閣、2012年) 406頁。
55) 安念潤司「いわゆる定数訴訟について・3」成蹊法学26号 (1988年) 58頁。
56) 佐々木雅寿『対話としての違憲審査』(三省堂、2013年) 79頁以下。

57) 同書・98頁。
58) 棟居・前掲注38)、174頁。
59) 最大判平成27・12・16民集69巻8号2568頁。
60) 最大判平成27・12・16民集69巻8号2427頁。
61) 違憲審査をめぐる政治的リソースという問題につき、見平・前掲注26)、189頁。
62) 樋口陽一『憲法〔第3版〕』(創文社、2007) 463-464頁。
63) ファヴォルー・前掲注29)、22頁。
64) A・トクヴィル(井伊玄太郎訳)『アメリカの民主政治　上』(講談社、1987) 203頁。
65) 大林啓吾「憲法訴訟の転機と司法積極主義の兆し」法律時報88巻7号(2016年) 66頁。

参考文献

芦部信喜 (1999)『宗教・人権・憲法学』(有斐閣)
安念潤司 (1988)「いわゆる定数訴訟について　3」成蹊法学26号
カペレッティ, マウロ (谷口安平・佐藤幸治訳)(1974)『現代憲法裁判論』(有斐閣)
Chen, A. H. Y. and Maduro, M. P. (2015) "The Judiciary and constitutional review", in Tushnet, M., Fleiner, T. and Saunders, C. (ed.), *Routledge Handbook of Constitutional Law*, Routledge, pp.97-109
ファヴォルー, L. (山元一訳)(1999)『憲法裁判所』(敬文堂)
藤井樹「立法者の努力を評価する司法判断」戸松秀典・野坂泰司編 (2012)『憲法訴訟の現状分析』(有斐閣)
藤田宙靖 (2012)『最高裁回想録』(有斐閣)
Ginsburg, T. and Matsudaira, T. (2012) "The Judicialization of Japanese politics ?", in Dressel, B. (ed.), *The Judicialization of Politics in Asia*, Routledge, pp.17-36
樋口陽一 (1979)『比較のため日本国憲法』(岩波書店)
樋口陽一 (2007)『憲法〔第3版〕』(創文社)
市川正人・大久保史郎・斉藤浩・渡辺千原編 (2016)『日本の最高裁判所』(日本評論社)
伊藤正己 (1993)『裁判官と学者の間』(有斐閣)
泉徳治 (2013)『私の最高裁判所論』(日本評論社)
Kawagishi, N. (2007) "The birth of judicial review in Japan", *International Journal of Constitutional Law*, vol.5, pp.308-331
Kelsen, H. (1928) "La garantie juridictionnelle de la constitution (La justice constitutionnel)", *Revue du droit public et de la science politique*, pp.197-257
Law, D. S. (2009) "The anatomy of a conservative court: Judicial review in Japan", *Texas Law Review*, vol.87, pp.1545-1593
Matsui, S. (2011a) *The Constitution of Japan*, Hart Publishing
Matsui, S. (2011b) "Why is the Japanese Supreme Court so conservative?", *Washington University Law Review*, vol.88, pp.1375-1423
見平典 (2012)『違憲審査制をめぐるポリティクス』(成文堂)
棟居快行 (2012)『憲法学の可能性』(信山社)

大林啓吾（2016）「憲法訴訟の転機と司法積極主義の兆し」法律時報88巻7号、66-71頁
最高裁判所事務総局総務局（1969）『裁判所法逐条解説・中巻』（法曹会）
Sakaguchi, S. (2013) "Major constitutional developments in Japan in the first decade of the twenty-first century", in Chen, A. H. Y. (ed.), *Constitutionalism in Asia in the Early Twenty-first Century*, Cambridge University Press, pp.52-75
阪口正二郎（2016）「違憲審査の現在と行方」憲法問題27号、76-87頁
笹田栄司（2008）『司法の変容と憲法』（有斐閣）
佐々木雅寿（2013）『対話としての違憲審査』（三省堂）
宍戸常寿（2005）『憲法裁判の動態』（弘文堂）
宍戸常寿（2009）「裁量論と人権論」公法研究71号、100-111頁
宍戸常寿（2012）「合憲・違憲の裁判の方法」戸松秀典＝野坂泰司編『憲法訴訟の現状分析』（有斐閣）
宍戸常寿（2015）「日本型違憲審査の現在」全国憲法研究会編『日本国憲法の発展と継承』三省堂、255-268頁
Sweet, A. S. (2012) "Constitutional courts", in Rosenfeld, M. and Sajó, A. (ed.), *The Oxford Handbook of Comparative Constitutional Law*, Oxford University Press, pp.816-830
高柳賢三（1948）『司法権の優位』（有斐閣）
高柳賢三（1958）『司法権の優位〔増訂版〕』（有斐閣）
滝井繁（2009）『最高裁判所は変わったか』（岩波書店）
トクヴィル，A.（井伊玄太郎訳）(1987)『アメリカの民主政治　上』（講談社）
Tomatsu, H. (2001) "Judicial Review in Japan: An overview of efforts to introduce U.S. theories", in Higuchi, Y (ed.), *Five Decades of Constitutionalism in Japanese Society*, University of Tokyo Press, pp.251-278
渡辺康行（2017）「『日の丸・君が代』訴訟を振り返る」長谷部恭男編『論究憲法』（有斐閣）

第6章
国際人権法の形式的地位は重要であるか？
―― 国際人権法の拘束力に関する枠組志向の観点から

黄舒芃（Shu-Perng Hwang）
（翻訳：渡辺　豊）

■ 要約

　国内法秩序における国際人権法の地位は、国によって異なる。国際人権法が法律と同等であると定めている国では、国際人権法の形式的地位が国際人権法の憲法に対する拘束力を否定する論拠となっている。本章ではドイツと台湾の比較を通じて、両国では国際人権法の国内法上の地位が同様であるにもかかわらず憲法秩序における国際人権法の規範的重要性についての見解が異なることを明らかにする。両国の相違は、台湾の特殊な国際的地位によるものだけではなく、国際人権法の国内法上の地位に関する議論が、国際人権法の国内法秩序における拘束力に関する議論とは関係がないことを示すものである。国際人権法が憲法に対して拘束力を有することを否定する論拠として国内法上の地位が用いられる場合、その主張は国際法と国内法が明確に異なるという二分論を前提とし、国際人権法と国内人権法が潜在的には両立しうる可能性を等閑視している。人権の観点からは、国際人権法は「外部」法とみなされるべきではなく、むしろ枠組秩序として国内におけるニーズや利益に基づいて国際人権規範を具現化し、国内レベルにおいて人権保障の任務を達成するための規範として認識されるべきである。このようにみると、国内法秩序において国際人権法の形式的地位が重要になるのは、憲法秩序が国際人権法を具現化する方式に関して、国内憲法秩序の性質決定に関連するためである。

I　はじめに

周知のとおり、国内法秩序における国際人権法の地位[1]は、国によって異な

る。国際人権法が憲法よりも優位にあることが認められている国がある一方で、ほとんどではないにせよ多くの国では国際人権法の位置づけは憲法と法律の間であるか、単純に法律と同等であると定める国もある。国際人権法が法律と同等であると定める国では、国際人権法の形式的地位が、国際人権法の憲法に対する拘束力を否定する論拠となっている。例えばドイツ憲法秩序の文脈では、国際法は法律と同等の地位である。従って多数説によればドイツ基本法は国際人権法に拘束されない。しかし他方で、台湾の場合は事情が異なる。台湾憲法裁判所は、条約は法律と同様の地位を有すると判示したが、そのような国際法の地位にもかかわらず憲法裁判所は憲法の解釈の観点から国際人権法に言及している。さらに、台湾憲法裁判所が国際人権法の拘束力を認めた事例すらみられる。ドイツと台湾のこのような対照的な点に鑑み、以下では国際人権法と憲法の関係を明らかにしようとする。その際に、国際人権法が憲法に対して有する拘束力や国際人権法の実際上の影響力の有無について、国内法における国際法の形式的地位によっては完全に決定することはできないのはなぜであり、いかなる意味においてそうであるかを検討する。ここでは枠組指向の観点から、国際人権法の国内法秩序における地位は、国内法秩序において国際人権法を具現化する過程で特定の憲法秩序との関連においてのみ重要であるとの主張を展開する。

II　国内法における国際（人権）法の地位と規範的役割
——ドイツと台湾の比較

1　ドイツの観点——解釈ツールとしての国際人権法

Ⅰでも述べたように、ドイツ憲法の通説によれば条約はドイツの憲法秩序において法律と同等の地位を有する。ドイツ基本法59条2項は「連邦の政治的関係を規律し、又は、連邦の立法の対象に関わる条約は、それぞれ連邦の立法について権限を有する機関の、連邦法律の形式による同意又は協力を必要とする。（後略）」と定める。この規定を根拠として、ドイツ憲法裁判所は判例において条約は「ドイツ連邦共和国に対して効力を有する限りにいて、連邦の法律としての地位を有する。」と一貫して判断してきた。従って国際人権法であってもドイツ基本法及び憲法上の権利に優越することはないと受け止められてい

る。従って、欧州人権条約は法律と同等の地位を有するにすぎず[6]、それによりドイツ基本法に対する拘束力を有さない。例えば有名な*Görgülü*事件でドイツ憲法裁判所は、ドイツ政府は国際協定に拘束される一方で「ドイツ基本法は国際法との関係を直接に結ぶ方向に踏み出していない。」と判断した。むしろ、以下のとおり判断している。

> 「基本法は、国際法と国内法は２つの異なる領域であり、両者の関係の性質は国内法の観点から国内法によってのみ決定されるという古典的な考えに基づいている。このことは基本法25条及び59条２項の規定によって示される。国際法上の約束は基本法の民主的及び立憲的システムの枠内においてのみ効果を生ずる[7]。」

基本法の優越を前提として、憲法裁判所は以下のとおり判断している。

> 「欧州人権条約の条文と判例は、基本法レベルにおいて基本権及び基本法における原則の内容・射程を決定するに際しての解釈指針として機能するが、それは基本法に定める個人の基本権の保護の内容を制約したり減じたりすることにはならないことを条件とする。また欧州人権条約もそのような結果を望んではいない[8]。」

2011年の*Sicherungsverwahrung*事件において、憲法裁判所はドイツ基本法の欧州人権条約に対する優越性を再確認した。裁判所は以下のとおり述べた。

> 「基本法上の規定の解釈の手助けとして欧州人権条約を援用することは、欧州人権条約の国内における執行と同様に結果の先取りである。欧州人権条約の援用は、個別の基本法上の概念の図式的な移し替えを目的とはしていないが、国際法違反を避けることには資する。このような背景において、国際法により許容されている基本法上の概念の解釈について、諸外国の憲法の比較に基づく解釈についても同様のことがあてはまる。規範の文言上の類似点は、法制度の文脈から生ずる相違点を覆い隠すことを許容しないかもしれない。本件で検討の対象となっている国際法上の人権の内容は、立憲システムを受容するという（受容の）積極的なプロセスにおいて『再認識』されなければならない。
>
> 　国際法により許容されている解釈の制限は、基本法から生ずる。そのような解釈は基本法に基づく基本権の保護を制約するような結果となってはならない。このことはヨーロッパ人権条約によっても排除される。法の受容におけるこのような制限は、ある基本権主体の自由の増加が同時に他者の自由の減少となる多極的な人権関係におい

ては、とりわけ重要なものである。条約により許容されている方法による解釈の可能性は、法律及び憲法の解釈において認められる方法によっても正当化できない状況がその限界となる。さらに、欧州人権裁判所の判例が通常の法のレベルで考慮される場合のように、基本法が条約により許容された方法で解釈されるとしても、理論的に異なる既存の国内法システムにできるかぎり慎重に取り入れなければならず、ゆえに国際法上の概念を熟慮することなく基本法上の解釈に取り入れることは、排除されなければならない。」[9]

憲法裁判所の主張に従い、多くのドイツ憲法学者は国際人権法の憲法上の重要性は認めつつも、それがドイツ基本法に対する「切り札」とはならないと主張している。この点は、公務員の争議権に関する最近の論争においても明確に示されている。*Demir and Baykara v. Turkey*事件及び*Enerji Yapi-Yol Sen v. Turkey*事件において明らかなとおり[10]、欧州人権裁判所は条約11条が団体交渉権を認めており、公務員に対する争議権の全面的な禁止は許容されないと判示した。欧州人権裁判所の解釈はドイツ基本法の憲法秩序と抵触する。というのも、ドイツの主要な学説に拠ればドイツ基本法は公務員の争議権を明確に禁止しているからである[11]。にもかかわらず、欧州人権条約とドイツ基本法との間の不一致について学説の多数は、公務員に対する争議権の全面的禁止は憲法上明確なものであり、国際法の遵守という基本法上の原則からしても裁判所による憲法解釈によっても禁止を解除してはならないと主張している[12]。この例に示されるように、欧州人権条約はドイツ基本法において保障される憲法上の権利の内容と射程を決定する際の重要な解釈上のツールであるものの、法的拘束力を有さないため憲法解釈についての実践上の影響は限られている。

2　台湾の観点──国際化の象徴としての国際人権法

国際人権法は形式的には台湾の法秩序においても（ドイツと）同様の地位を占めている。国際法あるいは国際条約の国内法における地位について憲法上の規定は明文上ないが、台湾の憲法裁判所（司法院）は、国際条約が「法律と同等の地位を有する」と明確に述べている[13]。興味深いことであるが、それでも、台湾憲法裁判所が憲法解釈に際して国際人権法の規範的役割に関してドイツと同様の立場を取ったということにはならない。むしろ、台湾憲法裁判所及び憲法学

者の多くは、国際人権法の国際的性質を根拠に、国際人権法の特別な重要性を認める傾向にある。周知のとおり、台湾は過去数十年にわたり国際法の世界から隔絶されていたが、国際社会との交流は実際には続いていた。この背景に基づき、国際人権条約を含む国際的活動に台湾は熱心に参加しており、そのため憲法解釈において国際人権法を参照することが、台湾憲法秩序の「国際化」の象徴であるとみなす傾向にある。従って、台湾の憲法学者の多くにとって、国際人権法は実定法の上位にある原則と分類され、まさしくその意味において国内法に対する拘束力があると考えるのは驚くべきことではない。

　学術的な議論との対比において、台湾憲法裁判所は憲法訴訟において国際人権法に言及することは稀であった。しかし、国際人権条約に言及した12の事件をみると、国際人権法は実際には台湾憲法及び憲法上の権利の内容について決定するに際して重要な役割を果たしていると思われる。例えば大法官解釈第587号において、憲法裁判所は「子の血縁関係を明らかにする権利は、台湾に対して1990年9月2日に効力を生じた児童の権利条約7条1項に規定されている。親子関係を確立する権利は、子の人格に対する権利と関連するものであり、憲法22条により保護されなければならない」と判示した[14]。さらに、大法官解釈第710号はさらに一歩踏み込み、中国国民との繊細な関係に関する憲法上の特則であっても、対応する国際人権条約に合致しなければならないと判断した。裁判所は以下のとおり述べた。

「憲法改正条文の序文で『統一前の国民の資格要件を満たすため、憲法27条1項(3)及び174条1項に従い、以下の条文を追加ないし改正する。』と述べている。憲法改正条文11条は『中国本土地区と自由地区の人々の間の権利及び義務並びに他の関連行為に関する規定は、法により定められる。』と規定する。台湾海峡の両岸は異なる政治的実体により現在は統治されているので、本土地区から台湾地区に入る人々の自由には制限が課される（大法官解釈第497号及び第588号）。しかし権限ある当局からの許可により台湾地区に合法的に入った後には、本土地区出身者の移動の自由は原則として憲法により保障されなければならない（市民的及び政治的権利に関する国際規約12条及び規約人権委員会・一般的意見15パラグラフ6）。国家の安全や社会秩序に対する脅威に対応して迅速な行動が必要な場合を除き、合法的に入った本土地区出身者の強制退去は、適正手続の要件を満たさなければならない（市民的及び政治的権利に関する国際規約13条、ヨーロッパ人権条約第7議定書1条）。とりわけ、台湾地区に合法的に入

国を許可されている本土地区出身者の配偶者の強制退去については、結婚及び家族関係に重大な影響を与えることから、特別な考慮が求められる。」[15]

　これらの例が示すとおり、国際人権法は台湾の国内法秩序においては法律と同等の地位を有するものの、台湾憲法裁判所は国際人権法が一般的に原則指向・価値指向的であり憲法秩序を拘束すると考えられる限りにおいて、国際人権法の国内憲法秩序に対する拘束力を認める傾向にある。[16]

Ⅲ　国内憲法秩序における国際人権法の重要性に関する人権の観点

1　「外部法」としての国際人権法？

　前述の議論が示すとおり、ドイツ及び台湾の双方において国際人権法は法律と同等の地位にあるが、国際人権条約と憲法上の権利の関係について両国の憲法裁判所及び憲法学者の理解は大きく異なっている。ドイツでは上述のとおり、国際人権法が法律と同等の地位にあることは一般的に認められているが、国際人権法が国内の憲法秩序や憲法上の規範に対して有する規範としての重要性は限定されている。他方台湾では、国際人権法は法律と同等の地位にあるが、それにより「法の一部」であると認識されている。つまり、国内法秩序において国際人権法は有力な拘束力ある規範として機能している。さらには、そのような国際人権法の地位が認められることの帰結として台湾が国際社会の一員であることを主張するのが重要であることから、国際人権法が憲法との関係においてすら拘束力を有するとの主張が一般的にみられる。国際人権法の憲法に対する拘束力について、ドイツと台湾では異なる態度がみられるが、これは両国の国際的地位の違いを反映している。ドイツの憲法学者の多くは、とりわけドイツ憲法裁判所を通じたドイツの人権保障水準は国際的にも高いと信じている。[17] ヨーロッパ化・国際化によりドイツの憲法秩序における高い人権保障水準が損なわれることを危惧しているため、憲法に対する国際人権法の過度な影響に対して抵抗している。[18] 対照的に台湾では、台湾が国際社会から長きにわたり孤立していたことや、台湾における人権保障の水準が国際的水準よりも低いことを多くの台湾人は認識する傾向にある。よって、国際人権法や条約に頻繁

に言及することは国際関係及び人権保障の観点から必要なことであると考えられている[19]。ドイツと台湾の間には顕著な違いがありつつも、両国における多数説では国際人権法を「外部法」[20]としてみなすという意味で共通している。この前提で詳細に述べるならば、国際人権法は、国際条約による（国内法への）侵害という恐怖への対応として「解釈ツール」としてその意味が限定されているか、あるいは何かしら上位にある先進的なものと分類され、その点において安易に憲法に代わりうるものと理解されている。

　上述のことから、一般的な印象とは異なり国内法秩序における国際法の地位は、憲法に対する国際人権法の拘束力とは何の関係もないことが明らかになる。また、国際人権法と憲法の相互作用は国内法秩序における国際法の地位によっても明らかにならない。このことにより、ドイツの憲法裁判所及び憲法学者が、国際人権法は法律と同等であると主張するにもかかわらず欧州人権条約がドイツ基本法に対して有する特別な重要性をなぜ認めざるをえないのかが説明できる[21]。国際人権法が憲法に対して拘束力を有するかどうか、そしていかなる意味において拘束力を有するのかを決定するに際しての決定的な要素は、国内法秩序における国際法の地位ではなく、むしろ国際人権法と国内憲法上の権利との関係の理論的前提である。上述の通りドイツ及び台湾は、人権の実現という目標において、国際人権法の役割と機能について異なる立場を取っている。にもかかわらず、子細に検討すると両国の議論では国際人権法を当初から外部法として扱い、そのような考えを基礎として、国際人権法と憲法の抵触の場合には国際人権法の準憲法的ないし超憲法的意味を完全に無視するか、あるいは逆に国内の人権法を単純に国際的人権基準に置き換えるかによって抵触を回避してしまっている。しかしそのようにすると、人権問題は不可避的に（特に国際裁判所と国内裁判所の間の）権限関係の問題となってしまい、人権保障が中心的な役割を果たさなくなる。

2　枠組秩序としての国際人権法

　国内法秩序の観点から国際人権法を外部法と分類することは、国際法と国内法が異なる性質であるという二元論と通底する。しかし、国際法と国内法という観点が説得的であるかという問題を措くとしても、国際人権法が「外部法」

であるという前提は人権の観点から懸念を生じさせる。第1に、国際法と国内法が性質を異にする規範であるとの主張は、国際人権法と国内人権法が潜在的には両立しうる可能性を等閑視してしまう。換言すれば、国際人権法と憲法上の権利が事前に定まっており、外部から影響を受けることがないとの前提がその主張にはある。しかしそのような考えに立つと、国内法レベルにおいて国際人権法との抵触があったとしても、憲法解釈において国際人権法や国際人権条約を考慮に入れることで、そのような抵触を回避できることを見逃してしまう[22]。このような前提では、「外部法」という前提は、人権の発展という動的な側面を認識できないため、不可避的に人権保障に反してしまう。第2に、より根本的なことであるが、「外部法」という前提は、国際人権法による国内憲法秩序へのいかなる介入も、国の(法的)秩序という自決権に対する脅威であるとする、主権に関する古典的概念に基づいているように思われる[23]。結果として、ドイツのような(通常の)国では、憲法上の権利が国際人権法と合致しない場合には主権を強調することになってしまう。他方で、実際に台湾は国連を1971年に脱退して以降国際人権条約の加入・批准が認められなかったものの、台湾の主要な学説においては台湾の特殊な国際的状況を完全に認識しており、そのため主権を理由として国際人権法の拘束力に異を唱える議論はみられない。ドイツと台湾における議論から明らかになるのは、国家主権と人権の抵触は、前者を無視するか後者を犠牲にするかによってのみ回避するしかないということである。そのような見方は、人権保障の国際化・グローバル化の時代における国家主権と人権の関係を明らかに誤解している[24]。

　これらの分析が示すのは、「外部法」という前提では国際人権法の枠組としての性質を認識できないということである。すなわち、国際人権法規範は憲法上の人権規範と同様に事前に定まったものではなく、国際人権法の究極の目的を達成するために各国の憲法秩序が具現化することを許容されあるいは義務づけられる権限の委任を含んだものであるという点を見逃してしまう[25]。従って枠組指向的な観点では、国際人権規範も国内人権規範も文脈が固定的なものとして解釈されるべきではない。むしろ、多くの人権保障メカニズムが国家により具現化及び実施される人権の多元的システムに照らして、国内・国際レベルにおける人権規範は相互に対話し、影響を及ぼし合い、またダイナミックに発展

していく。このようにみると、国際人権法は国内の憲法秩序を脅かしあるいは取って代わる外部法として機能しているのではなく、むしろ憲法を通じて具現化される委任規範として機能しており、この意味においてまさに国内法との協調が求められる。さらに、国際人権法が人権保護の枠組秩序である限りにおいて、国際人権法と国内人権法の関係に関する一元論的観点によっても必ずしも国家主権を脅かすものとはならない。反対に、枠組指向の観点から、国際人権法の優越性によっても、人権保護の国内メカニズムのすべてが事前に定まることにはならず、国際人権規範によって完全に支配されなければならないということにもならないという意味において、国際人権法の優位性を認める一元論的観点であっても、国家の自己決定のための十分な余地を前提として認めている。上述のとおり、国際人権法の枠組みとしての性質により含意されるのは、人権保障の実現のため国内当局に委任された権限である。よって、国内の憲法秩序が国際人権法に拘束されるのは、国際人権法という枠組秩序により設定された目的の実現に貢献することが義務づけられているという意味においてのみである。

IV 結 論——枠組指向の観点からの国際人権法の地位の問題

　上の分析により示されるのは、国内法秩序における国際法の地位は、国際人権法の憲法に対する拘束力とは関係がないということである。また、国際人権規範と国内人権規範の関係に関する主要な学説は、国際人権規範の拘束力を専ら内容を基礎として事前に定まっていると誤解している。なぜならば、学説は人権規範を過度に実質的に解釈し、それにより国際人権法と国内人権法の相互関係という協調の側面を見落としているからである。上で論じたとおり、枠組指向的観点では、国際人権法の憲法に対する拘束力を認めることは、必ずしも国内人権法の内容が国際人権法により定められまた支配されなければならないということにはならない。むしろ、国際人権法が拘束力を有するのは、枠組秩序として、国際人権規範を具現化し、またそのようにして人権保障の任務を達成することを、国際人権法は憲法に委任し、かつ同時に義務づけているという意味においてのみである。

上述の議論によっても、国際人権法の国内法上の地位が全く重要ではないということにはならない。むしろ、枠組指向的観点では、国際人権法の国内法上の地位が国により異なることは以下のような点を反映している。すなわち、国際法の委任枠組に基づき、国内の利益やニーズに対して最適な方法で人権を保障するために、(国内法上)最も適切な国際人権法の地位の決定は国内法秩序に委任されている[29]。それでも上述のとおり、国内法上の地位によって国際人権法の憲法に対する拘束力は影響を受けることはなく、受けるべきでもない。とりわけ人権の多元的システムに照らして、人権の実現に最大限寄与できるのは、国際人権規範と国内人権規範の協調による相互作用である。このようにみると、国際人権法の枠組秩序は、一方で国際法と国内法の関係について一元的な理解を提示し、また他方で人権の実現の追求における憲法の建設的な役割を強調する。従って、国内憲法秩序にとって、国際人権法は外部法でも異質な法でもなく、とりわけ憲法秩序により達成される人権実現の目標を設定しているのである。

【注】

1) 本章の文脈において、国際人権法は主として人権に関する国際条約ないし協定を指す。かかる限定は、国際条約と慣習国際法の間の絶対的な区別について議論するということを含意しない。むしろ、国際条約と慣習国際法は国内法秩序上の地位で異なる取扱いをされることがあるという事実の結果である。例えば、ドイツ基本法によれば、(jus cogensとみなされる規範を含む)慣習国際法は、ドイツの法規範の階層構造では、国際条約と比較して上位の地位にある。この点については、例えば以下の文献を参照のこと。S. Talmon, „Die Grenzen der Anwendung des Völkerrechts im deutschen Recht," *JZ*, Vol. 68 (2013), pp. 12-16; M. Herdegen, *Völkerrecht*, 14th edn., C.H. Beck, München, 2015, pp. 176-180; C. Tomuschat, „Staatliche Entscheidung für die internationale Offenheit," in J. Isensee, P. Kirchhof, (eds.), *Handbuch des Staatsrechts der Bundesrepublik Deutschland*, Band XI: Internationale Bezüge, 3rd edn., C.F. Müller, Heidelberg, 2013, § 226, Rn. 26-27; S. Vöneky, „Verfassungsrecht und völkerrechtliche Verträge," in J. Isensee, P. Kirchhof, (eds.), *Handbuch des Staatsrechts der Bundesrepublik Deutschland*, Band XI: Internationale Bezüge, 3rd edn., C.F. Müller, Heidelberg, 2013, § 236, Rn. 26; R. Geiger, *Grundgesetz und Völkerrecht: mit Europarecht, in Die Bezüge des Staatsrechts zum Völkerrecht und Europarecht*, 4th edn., C.H. Beck, München, 2009, pp. 152-153, 160-161; F. Czerner, „Das völkerrechtliche Anschlusssystem der Art. 59 II 1, 25 und 24 I GG und deren Inkorporierungsfunktion zugunsten der innerstaatlichen EMRK-Geltung," *EuR*, Vol. 42 (2007), pp. 548-549;

Rojahn O, „Art. 25," in von I. Münch, P. Kunig, (eds.), *Grundgesetz-Kommentar*, Band 2: Art. 20-69, 5th edn., C.H. Beck, München, 2001, Rn. 37-40; O. Rojahn, „Art. 59" in von I. Münch, P. Kunig, (eds.), *Grundgesetz-Kommentar*, Band 2: Art. 20-69, 5th edn., C.H. Beck, München, 2001, Rn. 37; M. Krumm, „Legislativer Völkervertragsbruch im demokratischen Rechtsstaat," *AöR*, Vol. 138 (2013), pp. 366-367; M. Lehner, „Treaty Override im Anwendungsbereich des § 50d EStG," *iStR*, Vol. 21 (2012), p. 400; M. Payandeh, „Völkerrechtsfreundlichkeit als Verfassungsprinzip. Ein Beitrag des Grundgesetzes zur Einheit von Völkerrecht und nationalem Recht," in P. Häberle, (ed.), *Jahrbuch des öffentlichen Rechts der Gegenwart*. Neue Folge. Band 57. Mohr Siebeck, Tübingen, 2009, pp. 471-475, p. 486.

2) See E. Denza, "The relationship between international and national law," in M.D. Evans (ed.), *International law*, 4th edn. Oxford University Press, New York, 2014, pp. 418-425; Herdegen, *supra* note (1), pp. 172-173.

3) 詳細な議論については、後述II-1を参照のこと。

4) 大法官解釈第329号。英訳については以下を参照のこと。Judicial Yuan Interpretation No. 329, 24 December 1993, at http://www.judicial.gov.tw/constitutionalcourt/EN/p03_01.asp?expno=329 (Accessed 20 November 2016). 詳細な議論については、後述II-2を参照のこと。

5) BVerfGE 111, 307 (317). 英訳については以下を参照のこと。Order of the Second Senate of 14 October 2004—2 BvR 1481/04—, at http://www.bundesverfassungsgericht.de/SharedDocs/Entscheidungen/EN/2004/10/rs20041014_2bvr148104en.html (Accessed 20 November 2016). 以下の文献も参照のこと。Herdegen, *supra* note (1), pp. 172-173; Schweitzer M, *Staatsrecht III. Staatsrecht, Völkerrecht, Europarecht*, 10th edn., C.F. Müller, Heidelberg, 2010, pp. 179-181.

6) 差しあたり以下の文献を参照のこと。M. Herdegen, *Europarecht*, 13th edn., C.H. Beck, München, 2011, pp. 36-37; D. Richter, „Völkerrechtsfreundlichkeit in der Rechtsprechung des Bundesverfassungsgerichts-Die unfreundliche Erlaubnis zum Bruch völkerrechtlicher Verträge-," in T. Giegerich (ed.), *Der „offene Verfassungsstaat" des Grundgesetzes nach 60 Jahren. Anspruch und Wirklichkeit einer großen Errungenschaft*, Duncker & Humblot, BerlinRichter, 2010, p. 95.

7) BVerfGE 111, 307 (318).

8) BVerfGE 111, 307 (317).

9) BVerfGE 128, 326 (369-371). 英訳については以下を参照のこと。Judgement of the Second Senate of 4 May 2011—2 BvR 2365/09—, at http://www.bundesverfassungsgericht.de/SharedDocs/Entscheidungen/EN/2011/05/rs20110504_2bvr236509en.html (Accessed 20 November 2016).

10) EGMR, Urteil vom 12.11.2008, NZA 2010, 1425; EGMR, Urteil vom 21.4.2009, NZA 2010, 1423.

11) 差しあたり、以下の文献を参照のこと。U. Battis, „Art. 33," in M. Sachs (ed.), *Grundgesetz: Kommentar*, 6th edn. C.H. Beck, München, 2011, Rdnr. 71, 73.

12) *Ibid*., Rdnr. 65, 67. 以下の文献も参照のこと。U. Widmaier, S. Alber, „Menschenrecht

auf Streik auch für deutsche Beamte?" *ZeuS*, Vol. 15 (2012), pp. 401-402; J.F. Lindner, „Dürfen Beamte doch streiken?" *DÖV*, Vol. 64 (2011), p. 306; R. Scholz, „Öffentlicher Dienst und Daseinsvorsorge: Verfassungsimmanente Schranken des Arbeitskampfes," in P.F. Bultmann, K.J. Grigoleit, C. Gusy, J. Kersten, C.W. Otto, C. Preschel (eds.), *Allgemeines Verwaltungsrecht: Institute, Kontexte, System: Festschrift für Ulrich Battis zum 70*, Geburtstag. C.H. Beck, München, 2014, pp. 582-583; A. Kees, „Bricht Völkerrecht Landesrecht?" *Der Staat*, Vol. 54 (2015), pp. 73-77.

　これらの見解は、ドイツ連邦行政裁判所の最近の決定を含む一連の行政裁判所の決定によって支持されている。差しあたり以下の事例も参照のこと。OVG Münster, Beschluss vom 23.4.2012, NVwZ 2012, 890 (892, 898); VG Osnabrück, Urteil vom 19.8.2011, NVwZ-RR 2012, 323 (325); BVerwG, Urteil vom 27.2.2014, NVwZ 2014, 736 (738-742).

　ドイツにおける公務員の争議権に関する議論の概観については、以下の文献を参照のこと。A. Seifert, „Recht auf Kollektivverhandlungen und Streikrecht für Beamte—Anmerkungen zur neuen Rechtsprechung des EGMR zur Vereinigungsfreiheit—," *KritV*, Vol. 92 (2009), pp. 357-377; C. Schubert, „Das Streikverbot für Beamte und das Streikrecht aus Art. 11 EMRK im Konflikt," *AöR*, Vol. 137 (2012), pp. 92-117; C. Traulsen, „Das Beamtenstreikverbot zwischen Menschenrechtskonvention und Grundgesetz," *JZ*, Vol. 68 (2013), pp. 65-72.

13)　大法官解釈第329号。
14)　大法官解釈第587号。英訳については、Judicial Yuan Interpretation No. 587, 30 December 2004, at http://www.judicial.gov.tw/constitutionalcourt/EN/p03_01.asp?expno=587 (Accessed 20 November 2016).

　台湾憲法裁判所における、憲法解釈に際しての国際人権法の規範的重要性に関する同様の議論については、大法官解釈372号、392号、582号を参照のこと。

15)　大法官解釈第710号。英訳については、Judicial Yuan Interpretation No. 710, 5 July 2013, at http://www.judicial.gov.tw/constitutionalcourt/EN/p03_01.asp?expno=710 (Accessed 20 November 2016).

　本件の評釈については、以下を参照のこと。S.P. Hwang, The role of international/regional human rights treaties in constitutional interpretation. *Taiwan Democracy Quarterly*, Vol. 13 (2016), pp. 109-111, 117-118［黃舒芃（2016）、國際及區域人權公約在憲法解釋中扮演的角色、臺灣民主季刊、第13卷第1期、頁85-129］

16)　Hwang, *supra* note (15), pp. 111-113; W.-C. Chang (2012) An examination on the implementation of the two covenants after two years: with a focus on judicial practice. Thought and Words: *Journal of the Humanities and Social Sciences*, Vol. 50 (2012) p. 22［張文貞（2012）、兩公約實施兩週年的檢討：以司法實踐為核心、思與言：人文與社會科學雜誌、第50卷第4期、頁7-43］

17)　欧州人権条約のような国際人権法とは対照的に、EU法（特に第1次法）についてドイツの学説ではEU（欧州連合）の高度に統合的な性質から「超国家的法」であると考えられ、EUの人権規範とりわけ欧州連合基本権憲章は国内法に対して優越的な地位にある。しかしながら、そのような優越性（いわゆる「適用における優越Anwendungsvorrang」）はド

イツの学説及びドイツ憲法裁判所においても絶対的なものとは考えられていない。

　差しあたり、以下の文献のこと。A. Voßkuhle, „Der europäische Verfassungsgerichtsverbund," *NVwZ*, Vol. 29 (2010), pp. 3-4; Masing J, „Einheit und Vielfalt des Europäischen Grundrechtsschutzes," *JZ*, Vol. 70 (2015), pp. 477-78; N. Peterson, "Determining the domestic effect of international law through the prism of legitimacy," *ZaöRV*, Vol. 72 (2012), pp. 248-55.

18）　例えば、以下の文献を参照のこと。Bäcker M, „Das Grundgesetz als Implementationsgarant der Unionsgrundrechte," *EuR*, Vol. 50 (2015), pp. 395, 397-400; G. Lübbe-Wolff, „Der Grundrechtsschutz nach der Europäischen Menschenrechtskonvention bei konfligierenden Individualrechten-Plädoyer für eine Korridor-Lösung," in M. Hochhuth (ed.), *Nachdenken über Staat und Recht: Kolloquium zum 60. Geburtstag von Dietrich Murswiek*, Duncker & Humblot, Berlin, 2010, pp. 198-199; P.M. Huber, „Unitarisierung durch Gemeinschaftsgrundrechte—Zur Überprüfungsbedürftigkeit der ERT-Rechtsprechung," *EuR*, Vol. 43 (2008), pp. 194-195; D. Thym, „Europäischer Grundrechtsschutz und Familienzusammenführung," *NJW*, Vol. 59 (2006), p. 3250; Grimm D, „Der Datenschutz vor einer Neuorientierung," *JZ*, Vol. 68 (2013), pp. 591-92.

19）　例えば、以下の文献を参照のこと。Y. Kure, "The impact of the convention on the rights of the child made to Taiwan's family law-to review the rights thereof with the Constitutional Interpretation No. 587," *Taiwan International Law Quarterly* 8 (2011), p.153［吳煜宗（2011）、《兒童權利公約》與台灣親子法——再訪子女知其出自的權利與釋字第587號解釋、台灣國際法季刊、第8卷第2期、頁151-188］; W.-C. Chang, "The convergence of constitutions and international human rights law: on the practice of Taiwan's constitutional interpretations," in F.F.-T. Liao (ed.), *Constitutional interpretation: theory and practice*, Vol. 6 Part 1, Institutum Iurisprudentiae (Preparatory Office), Academia Sinica, Taipei, 2009, p. 260［張文貞（2009）、憲法與國際人權法的匯流——兼論我國大法官解釋之實踐、收於：廖福特主編、「憲法解釋之理論與實務」第六輯（上冊）、中央研究院法律學研究所籌備處：臺北市、頁223-272］; C.F. Lin, "The role of the two international covenants in supplementing constitutional protection of human rights-a framework," *Taiwan Bar Journal* 14 (2010), p. 38［林佳範（2010）、論兩公約對憲法人權保障的補充——一個初步架構的探討、全國律師、第14卷第3期、頁23-41］.

20）　詳細な分析については、Hwang, *supra* note 15, pp. 93-98.

21）　BVerfGE 111, 307 (317-318); BVerfGE 128, 326 (368).

　以下の文献も参照のこと。Papier H-J, „Umsetzung und Wirkung der Entscheidungen des Europäischen Gerichtshofes für Menschenrechte aus der Perspektive der nationalen deutschen Gerichte," *EuGRZ*, Vol. 33 (2006), pp. 2-3; Schaffarzik B, „Europäische Menschenrechte unter der Ägide des Bundesverfassungsgerichts," *DÖV*, Vol. 58 (2005), p. 867; H. Schröder, „Ist ein funktional differenziertes Streikrecht für Beamte iSv. Art. 11 EMRK mit dem Grundgesetz vereinbar?" *AuR*, Vol. 61 (2013), p. 284; J. Polakiewicz, A. Kessler, „Das Streikverbot für deutsche BeamtInnen. Die

Bedeutung der Rechtsprechung des EGMR für deutsche Gerichte," *NVwZ*, Vol. 31 (2012), p. 843; J. Bergmann, „Diener dreier Herren?—Der Instanzrichter zwischen BVerfG, EuGH und EGMR," *EuR*, Vol. 41 (2006) pp. 110-114.

22) 例えば公務員の争議権に関するドイツの議論を考慮すると、ドイツ基本法第33条5項の柔軟な解釈によりドイツ基本法と欧州人権条約の間の抵触を回避することができる。同項に規定する「職業官吏制度の伝統的諸原則」という文言には明らかに解釈の余地があるためである。この問題についての詳細な分析については、以下の文献を参照のこと。S.P. Hwang, „,Auslegungshilfe' ernst genommen: Zum Spannungsverhältnis zwischen der EMRK und dem GG am Beispiel des beamtenrechtlichen Streikverbots," *VerwArch*, Vol. 108 (forthcoming).

23) 差しあたり、以下の文献を参照のこと。Grimm, *supra* note (18), pp. 591-592; Di Fabio U, *Die Kultur der Freiheit*, C.H. Beck, München, 2005, pp. 242-243, 250, 256; U. Di Fabio, „Erosion des Staates," in W. Hogrebe (ed.), *Transzendenzen des Realen*, V&R unipress, Bonn University Press, Göttingen, 2013, p. 183.

24) 差しあたり、以下の文献を参照のこと。H. Kelsen, *Reine Rechtslehre. Mit einem Anhang: Das Problem der Gerechtigkeit*, 2. Aufl. (1960), Nachdruck 2000. Verlag Österreich, Wien, 2000, pp. 333-336, 339-343; H. Kelsen, *Principles of international law*, 2nd edn, R.W. Tucker (ed.). Holt, Rinehart and Winston, New York, 1966, pp. 573-588.

25) 国際人権法の枠組的特徴については、以下を参照のこと。Hwang, *supra* note (15), pp. 93-105.

その他に以下の文献も参照のこと。S.-P. Hwang, „Zur Aktualität des entmaterialisierten Monismus bei Hans Kelsen: Dargestellt am Beispiel der Entwicklung des Europäischen Verwaltungsverbundes," *AöR*, Vol. 139 (2014), pp. 575-586; Hwang S-P, „Grundrechtsschutz unter der Voraussetzung des europäischen Grundkonsenses? Kritische Bemerkungen zur „margin of appreciation"-Doktrin am Beispiel des Inzest-Urteils des EGMR vom 12.4.2012," *EuR*, Vol. 48 (2013), pp. 307-322; Hwang S-P, „Grundrechte unter Integrationsvorbehalt?-Eine rahmenorientierte Überlegung zur Debatte um die Bindung der Mitgliedstaaten an die Unionsgrundrechte," *EuR*, Vol. 49 (2014), pp. 410-418; Hwang S-P, „Grundrechtsoptimierung unter dem Vorbehalt des unionsrechtlichen Vorrangs?-Zur Auslegung des Art. 53 GRCh im Lichte des Vorrangs des Unionsrechts," *ZeuS*, Vol. 19 (2016), pp. 380-386.

26) 例えば以下の文献を参照のこと。Hwang, *supra* note (25), *EuR*, 2014, pp. 416-418; Hwang, *supra* note (25), 2016, pp. 384-386.

27) 国際法理論における一元論と二元論の対比については、さしあたり以下の文献を参照のこと。H. Kelsen, *Das Problem der Souveränität und die Theorie des Völkerrechts. Beitrag zu einer Reinen Rechtslehre*, 2. Neudruck der 2. Aufl. 1928. Scientia Verlag, Aalen, 1981, pp. 120-241; Herdegen, *supra* note (1), pp. 168-171; F. Schorkopf, *Grundgesetz und Überstaatlichkeit. Konflikt und Harmonie in den auswärtigen Beziehungen Deutschlands*, Mohr Siebeck, Tübingen, 2007, pp. 237-240.

28) （国際法優位の）一元論の観点は、ハンス・ケルゼン（Hans Kelsen）の国際法理論に明確に現れている。差しあたり、以下の文献を参照のこと。Hwang, *supra* note (25),

AöR, 2014, pp. 577-586.
29)　以下の文献も参照のこと。A. Bleckmann, „Der Grundsatz der Völkerrechtsfreundlichkeit der deutschen Rechtsordnung," *DÖV*, Vol. 49 (1996), p. 140; M. Nettesheim, „GG Art. 59," in T. Maunz, G. Dürig (Begr.), *Grundgesetz-Kommentar*, 78. Ergänzungslieferung-Stand: 09/2016. C.H. Beck, München, 2016, Rn. 173; M. Ruffert, „Die Europäische Menschenrechtskonvention und innerstaatliches Recht," *EuGRZ*, Vol. 34 (2007), pp. 246, 249; T. Stein, „Völkerrecht und nationales Steuerrecht im Widerstreit?" *iStR*, Vol. 15 (2006), p. 506; G. Buchholtz, *Streiken im europäischen Grundrechtsgefüge. Zum Harmonisierungspotenzial des Art. 6 Nr. 4 ESC in der Anwendung des EGMR und des EuGH*, Mohr Siebeck, Tübingen, 2014, p. 199.

第7章

アジア地域と国際刑事裁判所

竹村　仁美

■ 要約

　国際刑事裁判所（ICC：the International Criminal Court）は、多数国間条約（いわゆるICC規程、ローマ規程）により設置された常設の国際刑事裁判所である。2018年2月現在、123カ国の締約国中、アジア・太平洋地域の締約国は19カ国にとどまっており、同地域の世界人口に占める割合に鑑みると、同地域のICCへの参加国数が非常に少ないことがICCの普遍性に大きな影を落としている。このような事情を背景に、本章は、まず、アジア地域のICCへの消極姿勢の理由を詳述し、さらに、アジア地域とICCの関わりの現状と未来について考察していく。

I　はじめに

　1998年に採択された多数国間条約によって設立されたICCには、2018年2月現在、123カ国の締約国が存在する。締約国数を地域別にみると、33カ国がアフリカ地域、19カ国がアジア・太平洋地域、18カ国が東欧、28カ国がラテンアメリカ・カリブ海地域、25カ国が西欧その他という内訳になっている。アジア・太平洋地域の人口が世界人口の過半数を占めていることからしても、アジア・太平洋地域の参加率の低さがICCの普遍性に影響を与えかねない[1]。東南アジア諸国連合（ASEAN）の加盟国についていえば、カンボジアとフィリピンのわずか2カ国しかICCに参加していない。2018年3月17日、フィリピンは正式にICCからの脱退を国際連合事務総長へ通告したため、1年後の2019年3月17日にはフィリピンがICCから脱退する見通しとなった[2]。アラブ諸国もアジア地域と同様にICCへの参加率が低い。

以上のような現状を踏まえ、本章では、アジア地域とICCの関係性について、アジア地域のICCに対する非積極姿勢の背景、アジア地域とICCの現在、そして将来について検討したい。

Ⅱ　国際刑事裁判所に対するアジア地域の非積極姿勢の背景

　果たしてアジア地域諸国のICCに対する消極姿勢の理由は、何であろうか。この点、ICC不参加に対して中華人民共和国（中国）政府の挙げている5つの理由は法的な性質のものとなっている。第1に、ICCの管轄権が厳密な同意原則に基づくものとなっていないことが挙げられる[3]。確かに、国際刑事裁判所規程（ICC規程、ローマ規程）12条2項(a)は、締約国、ICCの管轄権を受諾した国の領域、登録船舶、航空機内において、問題となる行為が発生した場合で、ICC規程17条に規定される事件の受理許容性（すなわち、管轄権を有する国による捜査・訴追の意思・能力の欠如の要件）を満たした場合に、非締約国国民に対してもICCの管轄権の行使される可能性を規定する。また、ICC規程17条1項上、受理許容性が満たされているかどうかの判断をICCが行うことになっていることも国家主権侵害の懸念材料として挙げられる[4]。第2に、ICC規程上の戦争犯罪の定義が慣習国際法及びジュネーブ条約第2追加議定書で認められた犯罪の定義を超えるものとなっている点が挙げられる[5]。第3に、中国政府の理解では、人道に対する犯罪について、慣習国際法上要請される「戦争中に行われた」という要件がICC規程の人道に対する犯罪の定義中にみられず、多くの行為が人権法に関連する行為であって、国際刑事法及びICCの目的からは逸脱している[6]。第4に、ICCの管轄犯罪に侵略犯罪を含めたことで、国際連合安全保障理事会（国連安保理）の権限を弱めてしまう[7]。第5に、ICC規程15条のもとでの検察官の職権捜査の権限は、ICCが最も重大な犯罪に集中することを困難にし、ICCを政治的影響下に置く可能性があり、独立して公正な方法でICCが機能することを不可能にすると指摘される[8]。

　上記の法的理由の他に、現在ICC被害者信託基金理事長を務める野口元郎検事が、アジア地域のICCに対する消極的姿勢の理由として、アジア地域共通の社会・文化的背景を4点ほど紹介している。第1に、伝統的に、アジア地域社会

において法が基本理念として存在していなかったこと、そして、現代においてもアジアの多くの地域においてはそのような存在になっていない点が挙げられる。アジア地域においては、法律以外に倫理、宗教、地域社会又は組織の内部規範が行動原理として機能しているという。第2に、日本の刑事司法制度を主たる例外として、多くのアジア地域の国家において、刑事司法制度が独立性、適正手続の保障などの点で問題を抱えており、市民によって支持されていないという点が挙げられる。第3に、上述の中国政府の見解とも関連して、多くのアジアの国家が、刑事司法は主権に関する国内管轄事項と捉えており、植民地支配から辛くも独立した経験からも、外部干渉に対して市民が快く思わないという点が挙げられる。ただし、この懸念は、「ICCの管轄権行使は国内刑事管轄権を補完するものでなくてはならない」というICCの補完性原則が十分に理解されれば、克服できる可能性もある。第4に、地域の多様性の結果、アジア地域の人々は刑事司法を国際的または地域的な土壌で考える問題と捉えてこなかった。以上のような社会・文化的特性に加えて、欧州、アフリカ地域であれば、冷戦後に旧ユーゴ国際刑事法廷（ICTY：the International Criminal Tribunal for the Former Yugoslavia）、ルワンダ国際刑事法廷（ICTR：the International Criminal Tribunal for Rwanda）といった国際刑事法廷が大規模人権侵害を裁くために国際社会の名のもとに設置され、刑事司法分野への国際社会の介入に親しむ機会があったけれども、アジア地域には同様の臨時国際刑事法廷の設置がみられず、国際刑事司法機関に馴染みがなかったという事実もある。

Ⅲ　アジア地域と国際刑事裁判所の現状

1　予備調査

現在、ICCの検察官が捜査開始を規程上許可され捜査中の事態は、コンゴ民主共和国、ウガンダ共和国、スーダン共和国・ダルフール地域、2002年から2003年の中央アフリカ共和国の事態、ケニア共和国、リビア、コートジボワール共和国、マリ共和国、2012年に始まった中央アフリカ共和国の事態、ジョージア、ブルンジ共和国の11の事態であり、ジョージアを除き、アフリカ諸国に捜査が集中している。

捜査開始決定の前に行う予備調査 (preliminary examination) について見てみると、アジア・太平洋地域については、大韓民国、ウクライナ、アフガニスタン・イスラム共和国 (アフガニスタン)、コモロ連合、ギリシャ共和国 (ギリシャ)、カンボジア王国 (カンボジア) に登録された船舶に関する事態の4つの事態に関して予備調査が行われてきた。

　ICCの事態は、規程13条(a)及び(b)のもと、規程5条の掲げるICCの管轄にある犯罪 (集団殺害犯罪、人道に対する犯罪、戦争犯罪、一定の条件のもとで侵略犯罪) の行われたと考えられる事態を締約国、国連安保理が検察官に付託し、検察官が捜査開始を決定することでICCの管轄権行使が可能となる。締約国または安保理の付託がない場合において、規程13条(c)及び15条3項に基づき、検察官が職権で独自に捜査開始決定をしようとする場合には、ICCの検察官はICCの予審裁判部に対して捜査にかかる許可を請求しなくてはならない。

　ICC検察局は、規程解釈上、ICCへの事態付託形式に関係なく、規程13条に関するすべての事態付託及び職権捜査の場合に同じ方法で、事態の捜査開始に関する予備調査を行うことにしている[14]。検察局は、特定の事態の捜査開始の決定に当たって、次の4段階の手順を想定する[15]。第1に、ICC規程15条に合致するかどうか、規程上の要請である管轄権や犯罪の重大性を精査する。第2段階は、予備調査の正式な開始となり、ICC規程12条の下で、検察局はICCの管轄権の下にある犯罪が行われているかどうか事実的及び法的評価を行う。また、国内の関連の訴訟手続の情報の収集に努める。第3段階では、事態から生ずる可能性のある事件について、受理許容性に焦点を当てて、補完性と重大性の審査を行う。第4段階では、規程53条1項(c)の要請でもあるように、当該情報について、捜査が裁判の利益に資するものでないかどうかの評価を行う。

　以上の段階のうち、大韓民国の事態は、第1段階において規程上の条件を満たさないと判断されている[16]。ウクライナの事態は第2段階にある。アフガニスタンの事態については、2017年11月20日に検察官が捜査開始の許可を予審裁判部に要請しており[17]、コモロ連合、ギリシャ、カンボジアに登録された船舶の事態については捜査を開始しない旨の決定がなされている。以下、予備調査にかかっている事態の内容及び進捗状況を事態別にみていく。

2　大韓民国

　2010年12月6日、ICC検察局は、2010年3月26日に大韓民国海軍哨戒艦「天安」号が黄海で沈没し、46名の死者・行方不明者を出した問題及び同年11月23日に韓国の延坪島に向けた砲撃の結果として潜水艦の沈没と民間人の殺害のみられた問題の2つの出来事（incidents）についてICCの管轄内にある戦争犯罪に該当するかどうかの予備調査を開始すると発表した[18]。大韓民国は、2002年11月13日にICC規程の締約国となり、2003年2月1日以降、ICC規程は同国において発効している[19]。他方で、事件への関与の疑われる朝鮮人民共和国は、ICC規程の非締約国である。ICC検察局の情報提供要請に対し、大韓民国は協力したものの、朝鮮民主主義人民共和国は、2012年4月25日にICC検察局の発した情報提供依頼に対して反応を示さず[20]、ICCに対して協力を行わなかった。

　本件においては、犯罪発生地国がICC締約国の大韓民国であり、ICC規程12条2項(a)に基づき、両出来事ともに問題なく管轄権を行使できる出来事と考えられるし、時間的管轄権も大韓民国においてICC規程効力発生後の出来事となっているため問題ない[21]。管轄権の該当性について、まず管轄犯罪との関連では、予備調査を行なった時点で、侵略犯罪が管轄犯罪の対象とされていなかったので、ICC検察局は戦争犯罪に絞って検討を行う[22]。2010年3月26日の朝鮮民主主義人民共和国による潜水艦の攻撃の容疑が、1953年の同国と大韓民国との間の休戦協定の違反になる恐れがあるが、ICC検察局によれば、現在のところ、休戦協定違反による攻撃が戦争犯罪になるという解釈をとることは困難であり、「天安」号に対する攻撃が規程8条2項の背信行為に該当するという合理的基礎が存在するとはいえない[23]。2010年11月の延坪島に向けた砲撃の結果、文民が亡くなった出来事については、文民、民用物を意図的に狙ったとの合理的基礎が存在しないと結論する[24]。従って、検察局は、いずれの出来事も管轄犯罪と捉えることが難しく、捜査開始のための合理的基礎がないと結論した[25]。

3　ウクライナ

　ウクライナの事態は2014年4月25日からICC検察局の予備調査の対象となってきた[26]。ウクライナは、ICC規程非締約国であるけれども、2014年4月17日に、規程12条3項に基づくICCの管轄権受諾の宣言を行った[27]。ウクライナは

2013年11月21日から2014年4月22日までの同国内での犯罪容疑について、ICCの管轄権を認めたのである。検察局は、いわゆるマイダン革命と呼ばれる出来事について予備調査を行ってきた[28]。ICCによる予備調査の範囲に、新たにウクライナ東部のクリミア半島で生じた犯罪の容疑を含める目的で、2015年9月8日、ウクライナは、再び規程12条3項に基づく管轄権受諾の宣言を行い[29]、2014年2月20日以降、期限を定めずに、ウクライナの領域内で起こった犯罪についてICCの管轄権を認める宣言を行った[30]。2度目の管轄権受諾宣言の結果、ICCは2013年11月21日以降にウクライナ領域内で行われた犯罪に対して管轄権を行使することができる。東部ウクライナの事態に関しては、2014年7月17日のマレーシア航空機MH17便の墜落事故に関する民間人の殺人の調査も含まれている[31]。2017年12月に出されたICC検察局による予備調査の報告書において、ウクライナの事態は依然として容疑にかかる犯罪行為の管轄権該当性の審査の段階、第2段階に位置付けられており、検察局は引続きウクライナ当局や市民社会と協力しながら予備調査を続けていくと結論するにとどまる[32]。

4 アフガニスタン

アフガニスタンの事態は、ICC検察局による予備調査の公表から予審裁判部への捜査開始の申請まで実に10年掛かっており、正義の遅延の心配される事態の1つとなっている。アフガニスタンは、2003年2月10日にICCへ批准書を寄託し、締約国となっており、ICC規程が同国内で効力を発生した2003年5月1日以降の犯罪についてICCは管轄権を行使することができる[33]。本事態について、ICC検察局が予備調査を開始すると公表したのは2007年とされている[34]。2017年11月20日、検察局は、ICC規程15条3項に基づき、予審裁判部に対して、アフガニスタンの事態について2002年7月1日以降に行われたICC規程の管轄犯罪に対する捜査開始の許可を申請した[35]。従って、アフガニスタンの事態は、ICC規程15条3項の定めるICC検察官の自己の発意に基づく捜査の請求に当たる。これまで検察官の自己の発意に基づく捜査の対象地域とされてきた地域は、アフリカ諸国と東欧のジョージアに限られていたので、今回初めて正式にアジア地域の国に対してICC検察官の自己の発意に基づく捜査開始許可申請がなされたことになる。さらに、締約国による事態の付託及び国連安保理によ

る事態の付託の対象となった地域をみても、アフリカ諸国ばかりであるため、今回、予審裁判部がアフガニスタンの事態の捜査開始を許可すれば、アジア地域の事態についてICCが取り上げるのは初めてとなる。

　時間的管轄権につき、検察局は、厳密には、アフガニスタンの事態に関し、2003年5月1日以降アフガニスタン領域内で行われた行為と、2002年7月1日以降にアフガニスタン以外の締約国の領域内で行われた犯罪でアフガニスタンの事態に十分関連する犯罪行為に対して捜査開始を請求した。[36]

　ICC検察局の捜査開始許可申請によると、タリバンその他の武装集団が人道に対する犯罪及び戦争犯罪を構成する犯罪容疑に対して責任を負うと信ずるに足る合理的理由が存在するとし、さらに、アフガニスタン治安部隊（ANSF：the Afghanistan National Security Forces）、国家保安局（NDS：the National Directorate of Security）、アフガニスタン国家警察（ANP：the Afghanistan National Police）についても、紛争関連で身柄を拘束している者に対する性的暴行を含む拷問や虐待があったとする。[37] 最後に、米軍及び中央情報局（CIA：the Central Intelligence Agency）がアフガニスタンその他の場所で身柄を拘束されている人に対し、2003年から2004年に掛けて拷問、虐待、個人の尊厳を侵害すること、強姦、性的暴力を行ったと信ずるに足りる合理的な基礎を示す情報があるとする。[38] これら行為の重大性と、最も重大な犯罪に対する最も重大な責任を有する者に対する関係国内手続が存在しないことから、この事態から生じうる事件は受理可能であるとし、犯罪の重大性と被害者の利益を考慮して、捜査が裁判の利益に資するものでないと信ずるに足りる実質的な理由がないと判断している。[39] 武力紛争の性質に関し、検察局は、アフガニスタンの事態の暴力における武力紛争の烈度、紛争当事者の組織性の程度から、非国際的武力紛争の性質を有するとした。[40]

　2018年2月現在、アフガニスタンの事態に関する捜査開始の許可が出されていないけれども、本件では、アフガニスタンにおける反政府勢力、政府当局に加え、ICC規程非締約国である米国の人員が捜査・訴追対象となる可能性が示唆されている。従って、捜査開始が許可されても、アフガニスタン政府当局からの情報提供が課題になることが予想されるし、さらに困難な問題として、米国の刑事司法協力を得ることが難しいことが予想される。

5　コモロ連合、ギリシャ、カンボジアに登録された船舶

　2013年5月14日、コモロ連合の代理人であるトルコの法律事務所から、2010年5月31日のイスラエル国（イスラエル）によるガザにおける人道援助の船団に対する遮断の事態の付託の手紙を受理した[41]。同日、ICCの検察官は、この出来事に関して、予備調査を始めることを公表した[42]。コモロ連合は、アフリカ地域に属し、ギリシャは欧州地域に属し、カンボジアのみアジア地域の国家である。そして、コモロ連合は便宜置籍国として知られている[43]。コモロ連合は、2006年8月18日にICC規程の締約国となった[44]。カンボジアは2002年4月11日、ギリシャは2002年5月15日に締約国となっている[45]。

　この出来事は、2009年1月3日、イスラエルが、ガザ地区の沿岸から20海里までの範囲について海上封鎖を行ったことに始まる[46]。海上封鎖に抵抗すべく、「フリー・ガザ・ムーブメント（Free Gaza Movement）」が組織され、約40カ国から約700名の乗員を乗せた8隻からなる船団、「ガザ自由船団（Gaza Freedom Flotilla）」が結成された[47]。2010年5月31日、イスラエル国防軍がガザ自由船団を公海上で妨害したが、その時点で、1隻は技術的理由で、もう1隻のレイチェル・コリー（Rachel Corrie）号は出発が遅れていた。従って、公海上で妨害され、イスラエル国防軍に乗っ取られたのは6隻で、イスラエル国防軍による妨害の結果、当該6隻のうちの1隻であるマヴィ・マルマラ（Mavi Marmara）号の10名の乗員が死亡するに至った[48]。10名のうち、9名がトルコ国籍で、1名はトルコと米国の二重国籍である[49]。イスラエルはICC規程締約国ではないものの、ICCは、規程12条2項(a)に基づき、締約国を旗国とする船舶内で行われた管轄犯罪に対して管轄権を行使しうる[50]。2010年5月の事件当時、マヴィ・マルマラ号はコモロ連合を旗国としており、前述のとおり、コモロ諸島はICC規程締約国であるため、ICCはマヴィ・マルマラ号の船上の事件について属地的管轄権を有するといえる[51]。乗っ取られた6隻の残りの5隻の旗国は、ギリシャ、トルコ共和国、キリバス共和国、カンボジア、米国である[52]。このうち、ICC規程の締約国であるコモロ連合、ギリシャ、カンボジアは、いずれもこの船団襲撃以前に規程締約国となっていることからこの出来事に関する時間的管轄権の要件は満たされている[53]。中でも、出発が遅れ、船団から外れていたレイチェル・コリー号がカンボジアを旗国としていた[54]。

戦争犯罪容疑について、ICC検察局は、2010年5月31日に国際的武力紛争の文脈においてマヴィ・マルマラ号での船団妨害行為の最中に規程8条2項(a)(i)の殺人、同項(a)(iii)の身体または健康に対して重大な侵害を加えること、同項(b)(xxi)の個人の尊厳を侵害することが行われたと信ずるに足りる合理的な基礎が存在することを示す情報があると明らかにした[55]。さらに、本予備調査において、ICC検察局は、イスラエルの海上封鎖自体の国際法上の合法性について立場を明示しないものの、イスラエルの海上封鎖が国際法上、違法であると仮定すれば、イスラエル防衛軍によって規程8条2項(b)(ii)の2つの民用物への故意の攻撃が行われたと信ずるに足りる合理的理由が存在すると述べる[56]。他方で、人道に対する犯罪についてはイスラエル防衛軍の行為が広範または組織的であったことを示す情報が存在しないとした[57]。

　また、カンボジアを旗国とするレイチェル・コリー号は、出発の遅延により、ガザ地区の沿岸到達が船団より数日遅れて2010年6月5日にガザの沿岸近くに着き、イスラエル防衛軍に航路の変更を再三求められ、それを無視した[58]。その後、イスラエル防衛軍がスピード・ボートからレイチェル・コリー号へ乗船したが、ICC検察局はその際に乗客からの抵抗はなく、暴力行為もなかったと判断し、利用可能な情報によれば、8条2項(a)(iii)の戦争犯罪行為が行われたと信ずるに足りる合理的な基礎はないと述べた[59]。そして、ICC検察局の見解では、レイチェル・コリー号へのイスラエル防衛軍の兵士の乗船は平和的なものであって、8条2項(b)(ii)の民用物への故意の攻撃に該当しないと判断された[60]。

　次に、ICC検察局は、この出来事について犯罪の受理許容性の質的・量的評価を行い、ICC規程17条1項(d)、8条1項の基準に照らして、この出来事から生じうる事件はICCによる今後の行動（捜査・訴追）を正当化するような十分な重大性がないと述べた[61]。ICC検察局によれば、この事件は、2010年5月31日の出来事に限られており、ICCの管轄犯罪に関する被害者数も限定的なものとなっていて、それを相殺するような質的検討事項も限られているとした[62]。従って、ICC検察局は、重大性の要件が満たされないので、補完性の問題の検討をしなかった[63]。以上のとおり、ICC検察局は、利用可能な情報に基づき、捜査を開始する合理的な基礎が存在しないと結論した[64]。

　この捜査不開始決定に対して、2015年1月29日にコモロ連合が司法審査を求

第7章　アジア地域と国際刑事裁判所　137

めた。ICCの第1予審裁判部は、重大性の要件に関して、ICC検察局が捜査不開始の決定に際し、この出来事にイスラエル防衛軍の上官やイスラエル政府の要人が関与しているという合理的基礎がないと判断したことについて、犯罪に対して最も重大な責任を有する者の理解につき、階級を用いて判断したことが誤りであったと決定した。さらに、予審裁判部は、被害者の数について、10名の殺人と50～55名の負傷者、数100名の個人の尊厳を侵害する行為、拷問行為、残虐な取扱いの容疑が、十分に重大性を示していると判断して、ICC検察官による重大性要件の評価の誤りを認めた。また、予審裁判部は犯罪の重大性について、現段階で利用可能な情報から、拷問や残虐な取扱いに関する戦争犯罪が行われたと信ずるに足りる合理的な理由が存在するとし、これらの犯罪に伴う苦痛を重大性の評価として考慮すべきであったとして、こうした結論に達しなかった検察官に誤りがあったとした。その他、検察官による犯罪に関する事実の評価に誤りがあったとも判断された。従って、第1予審裁判部は、検察局に対して捜査不開始の決定を見直すよう要請した。

これに対して、ICC検察局が2015年7月16日に上訴を行ったものの、2015年11月6日、上訴裁判部は規程82条1項(a)の上訴理由に該当しないとして、上訴を受理不能と判断し棄却した。しかし、2017年11月29日、検察官は、自身が予審裁判部の捜査開始の見直し要請に拘束されないと表明したうえで、手続証拠規則108に従って、予審裁判部による検察官に対する予備調査の見直しの要請に対する最終判断を示し、再度、予備調査の結果、捜査を開始する合理的な基礎が存在しない旨を予審裁判部及び関係者に書面で通知した。

結局のところ、本事件に関しては、カンボジアを旗国とするレイチェル・コリー号が関係することから、アジア地域の事態の1つに数えられるものの、特にレイチェル・コリー号に対するイスラエル防衛軍兵士の進路妨害、乗船行為は事件性があるとは検察局によって判断されておらず、ICC検察局によって今後この事態が正式な捜査対象とされる見込みも現時点では低い。

Ⅳ　アジア地域と国際刑事裁判所の未来

アジア地域とICCの今後についてうらなうと、今後、アフガニスタンの事態

についてICC検察官の自己の発意に基づく捜査開始許可申請が許可され、同事態の捜査が開始されることとなれば、ICCとアジア地域の関連が強まることになる。他方で、アジア地域のICCへの新規加盟の見通しは明るくない。上述のとおり、2018年3月17日、フィリピンは正式にICCからの脱退手続を踏み、脱退通告から1年後には非締約国となる見通しである。

　2018年2月8日、ICCの検察官は、遅くとも2016年7月1日からフィリピン政府により行われている「麻薬に対する戦争」キャンペーンの文脈で行われている犯罪について、フィリピンの事態を予備調査するとの声明を発した[73]。この予備調査の決定が脱退の引き金となったことは想像に難くない。そして、フィリピンのICCからの脱退後すぐに、フィリピンとICCの縁が切れるかというと、そう簡単にはいかないかもしれない。2017年10月、ICCの第3予審裁判部は、ICCから脱退したブルンジの事態について、脱退の日までにブルンジで行われたまたはブルンジ国民により行われたICCの管轄犯罪に対するICCの管轄権を肯定し、ICCの検察官の自己の発意に基づく捜査開始を許可する決定を行っている[74]。こうした先例に照らすと、たとえ脱退後であっても、脱退前のICCの締約国であった期間中のICCの管轄犯罪行為について、ICCから責任を追及される可能性があるといえる[75]。

　フィリピンの他にも、ICCにアジア地域の人権侵害の調査開始を要請する声は高まっている。2014年10月7日、カンボジアの住民を代表する弁護士が、カンボジアの政治的エリートによる土地の没収、収奪を組織的なものであって、人道に対する犯罪に当たるとして、ICCへ予備調査開始のための資料を提出し、捜査を要請している[76]。

　最近では、2018年1月24日、日本人がICC検察局に対して、朝鮮民主主義人民共和国による日本人の拉致容疑に関して予備調査の資料を手渡すなどして、ICCに対して管轄犯罪である人道に対する犯罪の強制失踪の容疑について捜査開始を求めている[77]。

　こうして従来、アジア地域とICCとの関係性は、一部の協力的な国々を除き無関心の状態に近く、単に冷え込んだ関係であるのに対して、アフリカ地域とICCの関係性は、一部の協力的な国々を除き、敵対的であるという見方ができた。すなわち、比較してみると、アジア地域とICCとの関係性のほうが、アフ

第7章　アジア地域と国際刑事裁判所　139

リカ地域とICCの関係性よりも、状況は比較的落ち着いているように思えた。地域別にみたときに、最も多くのICC規程締約国数を誇るアフリカであるが、ICC検察局の初期の捜査・訴追の実行がアフリカの事態に集中したことから、現在ではアフリカ諸国はICCに強く反発するに至っている[78]。先述のとおり、アフリカ地域の反発の結果、2017年10月27日、ブルンジがICCから正式に脱退した[79]。ブルンジは、2016年10月28日付けで書面によるICC脱退の通告を国連事務総長に行っており、そこで脱退が2017年10月26日をもって効力を発することを明記したのである[80]。

しかしながら、ICCの捜査の矛先がアジア地域へ向かいそうになった途端、今度はアジア地域の数少ない締約国であるフィリピンまでICCに敵対的態度をとるようになってしまった。この結果、ICCが、その予備調査、捜査、訴追の矛先に国家機関を含むと、国家の協力を得られないばかりか時にICC規程からの脱退に至るような敵対的態度に発展することもあり、国家管轄権の補完性原則の機能不全状態を招く可能性を改めて示唆した。ICC規程を脱退した非締約国からICCが捜査・訴追協力を得ることの困難性は想像に難くない。ここに、多数国間条約で設立された国際刑事司法機関としてのICCの限界がみえる。

アジア地域のICC締約国は、今や増えるどころか減少してしまう恐れに直面している。締約国であれ、非締約国であれ、国家がICCの補完性を正しく理解し、重大人権侵害や国際社会の共通利益を損なうような重大な行為について、積極的に自浄作用を発揮して捜査・訴追を行っていくことが期待される。

V　おわりに

現状、アジア地域の諸国のICCへの参加率の低さは、安保理の中露米のICCへの不参加の問題と並んで、法適用の平等すなわちICCの普遍性を脅かす問題となっている。このような現状に対して、日本ができることとしては、第1に、アジア地域への外交、学会、法曹、NGOのネットワークを通じた働きかけ、第2に、法整備支援を通じた貢献、第3に、ICCに対する人的貢献が挙げられる[81]。これに加えて、かねてより続けているICCに対する資金面での貢献も、戦争を放棄し、外交政策の1つとして国際社会の法の支配を打ち出す日本

にとって重要な意味を有する。[82] アジア地域において、日本が国際刑事司法分野で外交力を発揮することは、第二次世界大戦中の日本軍によるアジア地域での大量人権侵害の過去を踏まえると、一見困難かもしれない。しかしながら、日本のICCへの積極的参加と日本のアジア地域に対する国際刑事司法分野での牽引力の強化は、翻って、極東国際軍事裁判、いわゆる東京裁判を経験した日本の振る舞いとして当然の結果とも捉えうるし、同裁判の歴史的意義の増強にもつながるであろう。

こうした日本の国際刑事司法に対する貢献にかかわらず、アジア地域はICCの補完性原則を正しく理解し、自ら積極的にICCへ関わって参加することで、ICCに対する懐疑心を払拭させて、むしろアジア地域の人々の声をICCに届ける方途を探るべきではないか。

【注】

1) 国連人口基金『世界人口白書 2017』(国連人口基金東京事務所、2017年) 129頁。
2) C.N.138.2018.TREATIES-XVIII.10 (17 MARCH 2018).
3) Liu Jianping and Wang Zhixiang, "China's Attitude Towards the ICC", *Journal of International Criminal Justice*, Vol. 3 (2005), p. 611.
4) *Ibid*.
5) *Ibid*.
6) *Ibid*., pp. 611-612.
7) *Ibid*., p. 612.
8) *Ibid*.
9) Motoo Noguchi, "Criminal Justice in Asian and Japan and the International Criminal Court", *International Criminal Law Review*, Vol. 6 (2006), p. 587.
10) *Ibid*., p. 588.
11) *Ibid*., p. 589.
12) *Ibid*., p. 590.
13) *Ibid*., p. 591.
14) The Office of the Prosecutor, *Report on Preliminary Examination Activities 2017* (4 December 2017), p. 3, para. 10.
15) *Ibid*., para. 15, pp. 4-5.
16) The Office of the Prosecutor, *Situation in the Republic of Korea: Article 5 Report* (2014).
17) The Office of the Prosecutor, "Public Redacted Version of "Request for Authorisation of an Investigation pursuant to Article 15", Situation No. ICC-02/17 (20 November 2017).

18) Press Release, "ICC Prosecutor: Alleged War Crimes in the Territory of the Republic of Korea under Preliminary Examination", ICC-CPI-20101206-PR608 (6 December 2010).
19) *Ibid.*
20) *Supra* note (17), *Request*, p. 4, para. 5.
21) The Office of the Prosecutor, *Situation in the Republic of Korea: Article 5 Report* (2014) pp. 4-5, para. 8.
22) *Ibid.*, p. 5, para. 12.
23) *Ibid.*, p. 17, para. 56.
24) *Ibid.*, p. 21, para. 70.
25) *Ibid.*, p. 24, para. 82.
26) *Supra* note (14), *Report*, p. 19, para. 79.
27) *Ibid.*, p. 19, para. 80. Declaration by Ukraine lodged under Art 12 (3) of the Rome Statute (9 April 2014), available at < https://www.icc-cpi.int/itemsDocuments/997/declarationRecognitionJuristiction09-04-2014.pdf>.
28) *Ibid (Report)*, p. 19, para. 81.
29) Declaration of the Verkhovna Rada of Ukraine on the Recognition of the Jurisdiction of the International Criminal Court by Ukraine over Crimes against Humanity and War Crimes Committed by Senior Officials of the Russian Federation and Leaders of Terrorist Organizations 'DNR' and 'LNR', Which Led to Extremely Grave Consequences and Mass Murder of Ukraine Nationals (8 September 2015), available at < https://www.icc-cpi.int/iccdocs/other/Ukraine_Art_12-3_declaration_08092015.pdf> (accessed, 10 February 2018).
30) *Supra* note (14), *Report*, p. 19, para. 82.
31) *Ibid.*, pp. 23-24, para. 105.
32) *Ibid.*, p. 26, para. 119.
33) *Ibid.*, p. 51, para. 234.
34) *Ibid.*, p. 51, para. 230.
35) *Supra* note (17), *Request*.
36) *Ibid.*, p. 6, para. 1.
37) *Ibid.*, p. 7, para. 4.
38) *Ibid.*
39) *Ibid.*, pp. 8-9, para. 6.
40) *Ibid.*, p. 65, para. 128.
41) Elmadağ Law Firm, "Referral under Article 14 and 12(2)(a)of the Rome Statute Arising from the 31 May 2010, Gaza Freedom Flotilla Situation" (14 May 2013).
42) The Office of the Prosecutor, *Situation on Registered Vessels of Comoros, Greece and Cambodia: Article 53 (1) Report* (6 November 2014), p. 11, para. 6; The Office of the Prosecutor, "Statement: ICC Prosecutor receives referral by the authorities of the Union of the Comoros in relation to the events of May 2010 on the vessel 'MAVI MARMARA'," (14 May 2013).

43) Marco Cassagrande, *Seaports in International Law* (Springer, 2017) p. 74, fn. 2. 国際運輸労連 (ITF) のデータに基づく。
44) *Supra* note (42), *Article 53 (1) Report*, p. 13, para. 17.
45) *Ibid.*, p. 14, para. 18.
46) *Ibid.*, p. 11, para. 11.
47) *Ibid.*, p. 12, para. 12.
48) *Ibid.*, p. 12, para. 13.
49) *Ibid.*
50) *Ibid.*, p. 13, para. 16.
51) *Ibid.*, p. 13, para. 17.
52) *Ibid.*, p. 14, para. 18.
53) *Ibid.*, p. 5, para. 15.
54) *Ibid.*, p. 14, para. 18.
55) *Ibid.*, p. 6, para. 19.
56) *Ibid.*, pp. 6-7, para. 19.
57) *Ibid.*, p. 7, para. 21.
58) *Ibid.*, p. 38, para. 81.
59) *Ibid.*, paras. 81-82.
60) *Ibid.*, p. 42, para. 95.
61) *Ibid.*, p. 7, para. 24.
62) *Ibid.*, p. 8, para. 25.
63) *Ibid.*, p. 8, para. 27.
64) *Ibid.*, p. 8, p. 61, para. 27, paras. 151-152.
65) Situation on the Registered Vessels of the Union of the Comoros, the Hellenic Republic and the Kingdom of Cambodia, "Decision on the Request of the Union of the Comoros to Review the Prosecutor's Decision Not to Initiate an Investigation", the Pre-Trial Chamber I, Situation No. ICC-01/13, (16 July 2015), p. 4, para. 3.
66) *Ibid.*, p. 12, paras. 23-24.
67) *Ibid.*, p. 13, para. 26.
68) *Ibid.*, p. 15, para. 30.
69) *Ibid.*, p. 22, para. 44.
70) *Ibid.*, p. 25, para. 50.
71) Situation on the Registered Vessels of the Union of the Comoros, the Hellenic Republic and the Kingdom of Cambodia, "Decision on the Admissibility of the Prosecutor's Appeal against the 'Decision on the Request of the Union of the Comoros to Review the Prosecutor's Decision Not to Initiate an Investigation'," the Appeals Chamber, Situation No. ICC-01/13OA (6 November 2015).
72) Situation on the Registered Vessels of the Union of the Comoros, the Hellenic Republic and the Kingdom of Cambodia, "Notice of Prosecutor's Final Decision under Rule 108 (3) with Public Annexes 1, A-C, and E-G, and Confidential Annex D", Situation No. ICC-01/13 (29 November 2017).

73) 同時に、ヴェネズエラで2017年4月に行われたデモや政治的混乱の文脈における犯罪行為に対するヴェネズエラの事態の予備調査開始も公表した。The Office of the Prosecutor, 'Statement of the Prosecutor of the International Criminal Court, Mrs Fatou Bensouda, on Opening Preliminary Examinations into the Situations in the Philippines and in Venezuela' (8 February 2018), available at <https://www.icc-cpi.int/Pages/item.aspx?name=180208-otp-stat> (accessed, 10 February 2018).

74) "Decision Pursuant to Article 15 of the Rome Statute on the Authorization of an Investigation into the Situation in the Republic of Burundi", Pre-Trial Chamber III, Situation No. ICC-01/17-X (25 October 2017).

75) Press Release, "ICC Statement on The Philippines' Notice of Withdrawal: State Participation in Rome Statute System Essential to International Rule of Law", ICC-CPI-20180320-PR1371 (20 March 2018).

76) Chris Arsenault, "Cambodian Land Grabs are 'Crime Against Humanity', Lawyers Tell ICC", Reuters (8 October 2014), available at <https://www.reuters.com/article/us-foundation-cambodia-landgrabs/cambodian-land-grabs-are-crime-against-humanity-lawyers-tell-icc-idUSKCN0HW1R420141007> (accessed, 10 February 2018).

77) 「ICCに正恩氏捜査申し立て」朝日新聞朝刊 (2018年1月25日) 37頁。

78) 藤井広重「国連と国際的な刑事裁判所——アフリカ連合による関与の意義、課題及び展望」国連研究第17号 (2016年) 121-148頁。妻木伸之「『普遍的正義』か『地域的秩序』か？——『国際刑事裁判所 (ICC)』とアフリカ連合 (AU) の対立」北村泰三・西海真樹『文化多様性と国際法——人権と開発を視点として』(中央大学出版部、2017年) 275-300頁。

79) 2017年秋に生じた一部アフリカ諸国のICC脱退の動きについては、see Manisuli Ssenyonjo, "African States Failed Withdrawal from the Rome Statute of the International Criminal Court: From Withdrawal Notification to Constructive Engagement", *International Criminal Law Review*, Vol. 17, No. 5 (2017), pp. 749-802.

80) C.N.805.2016.TREATIES-XVIII.10 (28 October 2017).

81) 尾崎久仁子「国際刑事裁判所と国際社会における法の支配」国際問題666号 (2017年) 35-36頁。

82) 日本政府は、ICCに対する年間の拠出はもとより、ICCの被害者信託基金 (TFV) に対しても、2014年度以降累計約70万ユーロを拠出し、さらに、2017年12月の第16回ICC締約国会議では、追加的に、5万3000ユーロの拠出を表明している。年間予算については、日本政府は約16.48％の分担率で、2462万5563ユーロの貢献を行っている。Assembly of States Parties, *Report of the Committee on Budget and Finance on the Work of Its Twenty-Eighth Session*, ICC-ASP/16/5 (5 July 2017), p. 23.

第 3 部

ヨーロッパとアジアにおける個別の人権問題

第8章

外国人の人権保障における「普遍性」の諸局面
――国民国家型 vs. 相互承認型

大藤　紀子

■ 要約

　外国人の人権享有主体性に関し、憲法上の論点に関する通説は「性質説」である。最高裁はこの「性質説」を用い、外国人にも「権利の性質上適用可能な人権規定は、すべて及ぶ」ものと表現する（マクリーン事件）。それは、人権の普遍性の展開というより、国民国家の法体系の貫徹をより徹底する学説として機能するものである。

　他方、国籍法改正（1984年）及び最高裁による国籍法違憲判決（2015年）は、日本国籍を民主主義の構成員としての「資格」であるとともに、「基本的人権の保障、公的資格の付与、公的給付等を受ける上で意味を持つ重要な法的地位でもある」（最高裁）とし、平等原則を通して、その取得要件を緩和した。さらに当判決にあっては、その理由づけにおいて、外国法を参照するという、いわば外側の要因を用いた判断を下すに至った。

　この2つは、人権にとどまらず、主権、民主主義、国籍といった国民国家の憲法上の概念を、一国を前提に保障するか、あるいは諸国家をまたがる視点をもちつつ保障するか、という違いとして理解される。後者における人権は、他のどの国においても保障されるという相互互換性や代替可能性において、その「普遍性」が実現されると考えられる。

I　はじめに

　国民国家の憲法――国民に主権が存するとされている国家の憲法――に定められた基本的人権は、主権者国民、すなわち国籍や市民権を有する国民だけに保障される権利なのか、あるいは、国籍を問わず、遍くすべての人に保障され

る権利なのか、という問いは、憲法学上、「外国人の人権の享有主体性」をめぐる論点のなかで、しばしば発せられるものである。

　そもそも憲法とは、国家という統治団体を基礎づける法である。国家とは、「一定の限定された地域（領土）を基礎として、その地域に定住する人間が、強制力をもつ統治権のもとに法的に組織されるようになった社会」をいうのであって、それぞれの国家の憲法の効力は、その統治権が及ぶ範囲に限定される。従って、憲法上の人権も、基本的には国家の統治権の人的適用範囲である国民を対象としているといえる。

　他方で、20世紀半ば、とくに第二次世界大戦下において、国家の名のもとに、大勢の人の命や自由が剥奪され、権利が蹂躙される数多くの蛮行があったことを踏まえ、国際連合を中心とした国際機関を通じて、人権の普遍性が強調されるようになった。普遍的な人権の保障は、一国の問題にとどまらず、国際条約に規定されることで国際的に平準化され、国家をまたいで保障されるようになった。

　戦後間もなく制定された日本国憲法は、日本において初めて国民主権（民主主義）を基本原理として導入し、人権を「侵すことのできない永久の権利」として掲げた（11条、97条）。すなわち、「この憲法が日本国民に保障する基本的人権は、人類の多年にわたる自由獲得の努力の成果であつて、これらの権利は、過去幾多の試錬に堪へ、現在及び将来の国民に対し、侵すことのできない永久の権利として信託されたものである。」（97条）と定め、人権の普遍的性質を強調している。また「いづれの国家も、自国のことのみに専念して他国を無視してはならないのであつて」（前文３段）、「日本国が締結した条約及び確立された国際法規は、これを誠実に遵守することを必要とする。」（98条２項）

　憲法学の通説は、日本国憲法が定めている人権の観念について、「固有性」、「不可侵性」、「普遍性」という３つの特質をもったものと説明する。すなわち、人権とは、「憲法や天皇から恩恵として与えられたものではなく、人間であること」によって「当然に」、「天、造物主（神）、自然から信託ないし付与された……人間が生まれながらに有するとされる権利」をいうのであって（固有性）、「原則として、公権力によって侵されない」(不可侵性)。また、人権は、「人種、性、身分などの区別に関係なく、人間であることに基づいて当然に享

有できる権利」である（普遍性）。こうして、人権は、「前国家的・前憲法的な性格」を有するものと説明される。

　その通説によれば、基本的人権について定めている第３章の表題が「国民の権利及び義務」とされていることから、日本国憲法は、「文言上、人権の主体を一般国民に限定するかのような外観をとっている。」しかし、上述のような人権の観念や性格に鑑みて、さらには98条に由来する憲法の「国際主義の立場」かつ「人権の国際化の動向が顕著にみられるようになったことを考慮」して、「外国人にも、権利の性質上適用可能な人権規定は、すべて及ぶと考えるのが妥当である」という（性質説）。

　この性質説の理解において、人権の固有性、不可侵性、普遍性を強調し、その「前国家的・前憲法的」な性格を前面に押し出せば、憲法をも超越する保障が外国人に及ぶはずであるが、現実にはそのような状況には至っていない。人権の「前国家的・前憲法的な性格」とは裏腹に、国民国家における人権保障は、憲法の適用範囲が一国家の統治権の及ぶ範囲に限られていることを背景に、自国民、すなわち自国の国籍保持者の人権保障を展開することを基本とし、その類推ないしは延長として外国人の人権の問題を処理するものとみなされる傾向にある。この傾向を便宜的に、以下では、国民国家型の人権保障と呼ぶ。憲法上の手続に従って国家が締結し批准した、あるいは加入した人権条約を介した外国人の人権保障も、この国民国家モデルに基づいて考えられ、その流れで条約の国内法化が企図される。その際、国内法的効力をもった人権条約の実効性の確保は、それらを裁判で国内規範として適用する裁判所の判断に依存し、裁判所がその適用に消極的である場合、人権条約の射程は限られたものにとどまる。

　このような国民国家型の人権保障モデルに対し、従来の国際条約締結―批准―適用とは異なる方式で人権の確保を目指す、人権の「相互承認型」の保障モデルが考えられる。このモデルのもとでは、各国家がそれぞれ固有の憲法をもち、自国民の人権保障を展開する。さらに、自国と緩やかな、あるいは強固な関係にある他の諸国家との間で、相互承認を基礎に同等の人権保障を当該他の諸国家の国民にも展開するところに、その特徴がある。こうした人権保障モデルの先駆けとなっているのが、多元的統合を旨とし、国籍差別禁止原則を定

め、いわゆる相互承認原則を適用するEU（欧州連合）における人権保障である[7]。そのEUの方式を手掛かりに、日本における相互承認型の人権保障を考える、というのが本章の目的である。さらに、そのような自国と他国との相互的な理解において、条約の国内法化はいかに考えられるか、また一主権国家は、他の主権国家との関係において相対化され、そこに主権国家の憲法は埋没するのか否か、という点についても、簡単に言及を試みる。

　以下、日本の性質説の内実が、国民国家型の人権保障を前提にし、事実上外国人の人権を否定する機能を果たしていることについて(II)、また、国民であること、すなわち国籍を保持していることが、国家において人権が保障されるための資格であることに関連して、とくに国籍法違憲訴訟を題材に考察する(III)。そのうえで、相互承認型の人権保障の可能性を提示したい(IV)。

II　国民国家型の人権保障——性質説の内実

1　法務大臣の裁量に服する外国人の人権——マクリーン事件

　外国人の人権保障に関連して先に紹介した性質説は、最高裁でも、いわゆるマクリーン事件において用いられたと考えられている[8]。マクリーン事件とは、1969年、英語教師の在留資格で、在留期間を1年とする上陸を認められ、入国したアメリカ国籍の原告マクリーン氏が、法務大臣によって在留期間更新の不許可処分を受けたため、その取消しを求めて裁判所に提起した行政裁判である。在留期間の更新について、法令（現在の出入国管理及び難民認定法21条3項）は、法務大臣は「在留期間の更新を適当と認めるに足りる相当の理由があるときに限り」これを許可することができると定め、在留期間の更新の許否を法務大臣の裁量事項とする。本件において法務大臣が更新不許可とした主な理由は、原告が政治活動を行ったことであった[9]。

　第一審判決では、外国人にも政治活動の自由が保障されるという観点から、この法令上の法務大臣の裁量権は、「当然」に「一定の制限に服する」とされ、本件法務大臣の更新不許可処分は、裁量権を逸脱した違法な行為と結論づけられた[10]。これに対して控訴審判決は、「いったん適法に在留を許可された外国人」の活動は、「その在留期間内」は「退去強制事由に該当しない限り、……原

則として自由であり、人権、人種、信条、性別によつて差別されることはなく、思想、信教、表現の自由等基本的人権の享受においても、おおむね日本国民に準じて劣るところはない」としながらも、そうした人権は、外国人の「在留期間内に限つて活動を保障すれば足り」、在留期間更新の申請の許可については、「法務大臣の自由な裁量による判断に任されて」いるとした[11]。

　また、上告審である最高裁は、「憲法第3章の諸規定による基本的人権の保障は、……わが国に在留する外国人に対しても等しく及ぶものと解すべき」であり、「政治活動の自由についても……その保障が及ぶものと解するのが、相当」であるとしながらも、「権利の性質上日本国民のみをその対象としていると解されるもの」や「わが国の政治的意思決定又はその実施に影響を及ぼす等外国人の地位にかんがみこれを認めることが相当でないと解されるもの」が除かれるとする（傍点筆者）。

　この最高裁の判決は、性質説に立ちつつも、それに大きな例外を用意し、限定の条件を付帯させるものである。すなわち、通説がいうように、一見性質説を採用するかのような表現を用いつつ、上述の行為を保障される自由の対象から除外することによって、保障されない人権の間口を大きく広げているのが、当最高裁判決の特徴である。そして、「外国人に対する憲法の基本的人権の保障は、右のような外国人在留制度のわく内で与えられているにすぎないものと解するのが相当であつて、……在留期間中の憲法の基本的人権の保障を受ける行為を在留期間の更新の際に消極的な事情としてしんしやくされないことまでの保障が与えられているものと解することはできない」として、原判決とほぼ同様の論理に基づき、法務大臣の広範な自由裁量を容認している（傍点筆者）[12]。

　最高裁によれば、「在留中の外国人の行為が合憲合法な場合でも」、法務大臣は、「その行為を当不当の面から日本国にとつて好ましいものとはいえないと評価し、また、右行為から将来当該外国人が日本国の利益を害する行為を行うおそれがあるものであると推認すること」ができ、そのような評価や推認は、当該外国人の行為が「憲法の保障を受けるものであるからといつてなんら妨げられるものではない」という（傍点筆者）。要するに、外国人在留制度の枠なるものは、外国人の行為の自由が、法務大臣が認めた限りにおいて可能となる、条件つき合憲合法ないしは仮設上の合憲合法な領域であるにすぎない。何かし

第8章　外国人の人権保障における「普遍性」の諸局面　151

らの政治的表現活動を行った結果在留期間の更新を得られなくなるであろうことが予想されるなかで、更新を望む外国人は、在留中、極めて不安定な宙吊りの状態に置かれることになる。

2 適用不可能な権利の抽出とその範囲の拡大

　マクリーン事件における被告法務大臣は、政治活動の自由を否定する自らの裁量権の行使が違法ではないことの理由づけとして、第1に、「日本国憲法下においては、わが国の政治は日本国民の意思により決定されるべき」という民主主義の論理を引き合いに出している（傍点筆者）。国民が「わが国と身分上の永続的結合関係」を有するのに対して、外国人は「わが国と単に場所的結合関係にのみ」立っているため、「わが国の政治に直接参加する権制（参政権）を有しないばかりでなく、わが国の政治的意思形成に影響を与える政治活動を行なうことも、権利としては保障されていない」とする。第2に、「実質的にみても、このような政治活動を許容することは、外国人の無責任な政治活動による弊害をもたらす危険があり、また、外国人がわが国を政治活動の場として悪用する危険もないとはいえない」とする。ここで外国人の人権を保障の対象としない根拠としてあげられているのは、日本国の利益を害する漠然とした危険やおそれであり、そこでは、外国人はまずもって不信の対象であることが前提とされている。

　国籍をもたない外国人の人権は、法律という民主的な法行為の委任を受けた[13]法務大臣の裁量によって、このように厳しく制限され、最高裁の用いる性質説は、外国人を人権保障の対象から締め出す機能を有している。すなわち、日本における外国人の人権保障をめぐる最高裁のロジックは、人権の普遍性を根拠に「権利の性質上適用可能な人権規定は、すべて及ぶ」とすることをもって、その「すべて」に当たらない適用不可能な権利を抽出し、適用不可能な範囲を法務大臣の裁量において拡げられうるものとする構造を有するのである（傍点筆者）。それゆえマクリーン事件は、日本において外国人が権利を保障されることの困難を、あからさまに示すこととなった。なお、性質説それ自体も、一見人権の固有性・不可侵性・普遍性という諸価値に定位しているようで、実際には国民主権という民主主義の論理を用いて人権享有主体から外国人を放逐す

る契機を備えている学説であるといえよう。

このことから、日本における外国人が（日本人と同等の）人権保障を享受することが可能となるためには、日本人になること、すなわち日本国籍の取得に方向づけられることとなる。以下、その道筋に関連した2つの事例を挙げる。

Ⅲ　国　籍——人権が保障されるための資格

1　国籍の機能

国民国家の憲法下では、民主主義あるいは国民主権という基本原理に基づいて、直接的にせよ、間接的にせよ、国籍を保持する国民[14]が、政治的な最終意思決定を行うシステムが採用されてきた。

国籍とは、「特定の国家に所属することを表わす資格」[15]をいう。国際法上、国籍は、個人と特定の国民国家とを法的に結びつける絆（legal bond）[16]であるとされ、国籍の問題は、国家の専権事項に属し、「何人が自国民であるかを自国の法令に基づいて定めることは各国の権能に属する」[17]ものとされている。日本国憲法は、「日本国民たる要件は、法律でこれを定める。」(10条)としており、国籍の取得等について、具体的には国籍法が定めている。また、日本国憲法は、「居住・移転及び職業選択の自由」(22条1項)と並んで、「何人も、外国に移住し、又は国籍を離脱する自由」を定めている[18]。

このような国籍は、国民国家のもとで、どのような機能を有するのだろうか。第1に、上述の国民主権原理との関係で、主権者国民の地位を確定する機能を果たしている。民主主義ないし国民主権は、国籍を保持する主権者国民による自己統治の原理であり、国政についての最高決定権は国民に存するとされる。そうした主権者の一員となるためには国籍の保持が必要なのである。第2に、国籍は、国家による庇護を受ける資格を意味する。国民国家のもとでは、国家の第一義的な目的は国民の人権保障であり、国家は、国籍を保持する者を護らなければならない[19]。第3の機能として、（その国家のその国民としての）アイデンティティを具体化するツールとして働くことが挙げられる。国家は、国籍を有しない者を主権者の範囲から除外する機能（逆機能）を有する一方、逆に、そのようなものとして主権者のアイデンティティを措定し、それを維持する機

能(順機能)を有する。

　このように、国籍の機能をめぐる議論において国民主権と人権保障という2つの憲法上の要請が絡み合い、また国民の地位や人権を享受する資格を有するものの集合体が、アイデンティティを形成することが目論まれていることがわかる。前述したように国民国家において、憲法が定める人権の保障を享受することができるのは、第一義的には当該国家の国籍を保持する者であり、外国人は、国民主権の埒外にあり、その人権の保障は、あくまでも例外として位置づけられることになる。[20]

　では、外国人であるがゆえに保障されえない人権を、果たして国民国家の法の下で保障の対象とする術はあるのだろうか。まず考えられるのが、国民国家の射程のなかに、すなわち国民というカテゴリーに、外国人を収めるというやり方である。それは一般的には、外国人が帰化の手続を通じて日本国籍を取得することである。また条約という国家間の取り決めを通じて、留保つきではあるが、国籍の保持とは無関係に締約国家が権利の保障を義務づけられることによって、外国人の権利保障が可能となる。日本においては、法律上の日本国籍取得要件の変更を通じて、外国人の日本国籍取得可能性に一定の緩和を見た。

　まずその第1の例として、女性差別撤廃条約に日本が批准するに際して(1985年)、その前年(1984年)に国籍法が改正されたことによって行われた国籍取得要件の変更を、以下見ていく。

2　国籍取得要件の緩和(1)——父母両系血統主義の採用

　日本国憲法は、先に見たように、国民、すなわち日本国籍の保持者となるための要件を法律に委任しており、具体的には、1950年に公布・施行された国籍法がそれを定めている。現在、日本国籍の取得には、出生、届出、帰化の3つ[21]の場合があるが、そのうち、出生による国籍の取得に関して、国籍法は、原則としていわゆる血統主義を基調とし、子の「出生の時に父又は母が日本国民であるとき」に日本国籍を取得するという父母両系血統主義を採用している(2条1号)。[22]

　この規定は、女性差別撤廃条約の批准(1985年)に先立って、1984年の法律第45号(1985年施行)により設けられたものである。それまでは、出生時に「父が

日本国民であるとき」に限って日本国籍の取得が認められていた（母のみが日本国民であるときには認めない）。この父系優先血統主義の規定が、女性差別撤廃条約上、とくに「締約国は、子の国籍に関し、女子に対して男子と平等の権利を与える。」と定める同条約9条2項に違反するとみなされたのである。またこの規定は、戦後、駐留米軍の兵士と日本人女性との国際結婚の結果生まれた子どもが、出生地主義を採用するアメリカの国籍も日本の国籍も取得できず無国籍にならざるをえなかった状況に対応するという側面ももっていた。[23]

　当初の父系優先血統主義のもとでは、子が日本国籍を取得するには、国籍法2条1項により、出生以前に「父が日本国民である」ことが確認されなければならず、その父の嫡出子及びその父により胎児のうちに認知された非嫡出子（胎児認知子）が対象となっていた。1984年の改正によって、父が日本国民でなくても、「母が日本国民である場合」の嫡出子及び非嫡出子に（父の認知の有無に関わらず）、出生による日本国籍の付与が可能となったものである。

3　国籍取得要件の緩和(2)――準正要件の撤廃と国籍法違憲訴訟

　国籍取得要件の変更（取得の伸張）の第2の例は、いわゆる国籍法違憲訴訟によって行われた。

　父系優先血統主義に代え、父母両系血統主義を採用した上記1984年の国籍法改正の際に、一定要件を充足した後に届出によって国籍の取得を認める3条1項が新たに定められた。同項は、「父母の婚姻及びその認知により嫡出子たる身分を取得した子で二十歳未満のもの（日本国民であつた者を除く）は、認知をした父又は母が子の出生の時に日本国民であつた場合において、その父又は母が現に日本国民であるとき、又はその死亡の時に日本国民であつたときは、法務大臣に届け出ることによつて、日本の国籍を取得することができる。」と定め、日本国民の父親に出生後に認知された20歳未満の非嫡出子（生後認知子）が日本国籍を取得するためには、父母が婚姻関係を結ぶこと（準正）を要件としていた。

　3条1項は、「父又は母」が認知をした場合について規定しているが、「日本国民である母の非嫡出子は、出生により母との間に法律上の親子関係が生ずると解され、また、日本国民である父が胎児認知した子は、出生時に父との間に

法律上の親子関係が生ずることとなり」、それぞれ、上記国籍法2条1号によって生来的に日本国籍を取得するため、同項は、「婚姻関係にない日本国民である父と日本国民でない母との間に出生した子で、父から胎児認知を受けていないもの」に限って適用されることになる。

　この規定の合憲性が争われたいわゆる国籍法違憲訴訟は、日本国民の父とフィリピン国籍の母[24]との間に日本で生まれた男児[25]が、出生後、父から認知を受けたことを理由に法務大臣に国籍取得届を提出したところ、取得の条件を備えているものとは認められないとの通知を受けたことから、法務大臣に対して日本国籍を有することの確認を求めた事案である[26]。

　第一審から上告審まで争われた本件において、3つの裁判所が共通して認めたのは、3条1項の立法目的の合理性である。すなわち、「同法の基本的な原則である血統主義を基調としつつ、日本国民との法律上の親子関係の存在に加え我が国との結び付きの指標となる一定の要件を設けて、これらを満たす場合に限り出生後における日本国籍の取得を認めること」の合理性である（傍点筆者）。この「我が国との結び付きの指標」に関わる要件は、それが国民そのものの属性でもなく、また国家それ自体として具有する要素でもない。ここで問題とされているのは、両者が一体となって、ある統一態を表す、そうしたアイデンティティの具現化を示す指標であり、このアイデンティティは、先に国籍の第3の機能として、指摘しておいたものである。

　本件において、判断の主軸となったのは、国籍法3条1項の立法目的と、生後認知子の国籍取得に要求された準正の要件との合理的関連性の有無である。3つの裁判所は、合理的関連性の存在が、日本国憲法の定める14条1項の法の下の平等原則に合致するか否かの決め手となるとみなした。

　すなわち、第一審の東京地裁は、両親の間に「法律上の婚姻関係が成立していない場合には」生後認知子に国籍取得が認められないというのは、「我が国との結びつきに着眼するという国籍法3条1項本来の趣旨から逸脱し、また、それ自体としても合理的な区別の根拠とはなり得ない事情によって、国籍取得の有無についての区別を生じさせるもの」であり、憲法14条1項に違反するとした。そのうえで、第一審判決は、3条1項の「父母の婚姻」という文言に「合憲的解釈」を加え、「法律上の婚姻に限定されず、内縁関係も含む趣旨である

と解することは不可能ではない」とし、さらに「『嫡出子』という文言のうち、『嫡出』の部分は一部無効」となると判断したのである。これに対して、控訴審判決は、合憲的解釈の手法を用いることに反対する。国籍法は、「規定する内容の性質上、もともと、法律上の文言を厳格に解釈することが要請されるものであり、立法者の意思に反するような拡張ないし類推解釈は許され」ないというのがその理由である（傍点筆者）。すなわち、上記国籍の機能に鑑みて、裁判所による法文の解釈は厳格であるべきだということを意味すると解せられる。こうして、控訴審判決は、国籍法3条1項が憲法に違反して無効であるならば、それによって同項の「規定の効力が失われるだけであって」、「出生した後に父から認知を受けたが、父母が婚姻をしないため身分を取得しない子が日本の国籍を取得する制度が創設されるわけではない」として、原判決を取り消し、被控訴人（外国人）の請求を棄却した。

　最終的に、最高裁は、次の4つの理由を挙げて控訴審の判決を破棄する。すなわち、①「日本国籍は、我が国の構成員としての資格であるとともに、我が国において基本的人権の保障、公的資格の付与、公的給付等を受ける上で意味を持つ重要な法的地位でもある」こと、また、②「父母の婚姻により嫡出子たる身分を取得するか否かということは、子にとっては自らの意思や努力によっては変えることのできない父母の身分行為に係る事柄である」として、「このような事柄をもって日本国籍取得の要件に関して区別を生じさせることに合理的な理由があるか否かについては、慎重に検討することが必要である」こと、③「準正を日本国籍の要件としたこと」と立法目的との間の「合理的関連性」は、「我が国の内外における社会的環境の変化等によって」、「遅くとも上告人らが法務大臣あてに国籍取得届を提出した当時には、立法府に与えられた裁量権を考慮してもなお」失われており、「国籍法3条1項の規定は、日本国籍の取得につき合理性を欠いた過剰な要件を課す」もので、合理的理由のない差別」として「憲法14条1項に違反する」こと、④仮にも「本件区別による違憲の状態を解消するために同項の規定自体を全部無効として、準正のあった子……の届出による日本国籍の取得をも全て否定することは、血統主義を補完するために出生後の国籍取得の制度を設けた同法の趣旨を没却するものであり、立法者の合理的意思として想定し難い」ことである。

そして、「国籍法3条1項につき、同項を全体として無効とすることなく、過剰な要件を設けることによって本件区別を生じさせている部分のみを除いて合理的に解釈」することは、「日本国民との法律上の親子関係の存在という血統主義の要請を満たすとともに、父が現に日本国民であることなど我が国との密接な結び付きの指標となる一定の要件を満たす場合に出生後における日本国籍の取得を認めるものとして、同項の規定の趣旨及び目的に沿うものであり、この解釈をもって、裁判所が法律にない新たな国籍取得の要件を創設するものであって国会の本来的な機能である立法作用を行うものとして許されないと評価することは、……当を得ない」と判断した。そして最高裁は、原判決（控訴審判決）を破棄し、原告の国籍取得を認めたのである。[29]

　このように、本件は、直接的には、国籍の有無という区別ではなく、嫡出／非嫡出あるいは胎児認知子／生後認知子の区別に基づく差別的措置の合理性が問題となった事例である。その意味での平等原則の適用が、結果として、国籍取得要件の緩和に繋がったのである。

4　外国法の参照

　国籍法違憲訴訟において、最高裁判決は、国籍法3条1項と立法目的との合理的関連性の判断において、「我が国の内外における社会的環境の変化」(傍点筆者)を指針として挙げ、外国法を参照するといういわば外側の要因を用いた判断を行っている。

　すなわち第一審判決が、国籍法3条1項に関連して、憲法14条1項の定める平等原則違反の問題（立法目的と同項が定めていた準正要件という手段との合理的関連性の問題）を「合憲限定解釈」の手法を通して国内法の解釈の範囲内で解決したのに対して、最高裁は、結論は第一審と変わらないが、平等原則違反の評価において、「我が国の内外における社会的環境の変化」という、外部要因を入れたのである。ここで「社会的環境の変化」として具体的に言及されているのは、「夫婦共同生活の在り方を含む家族生活や親子関係に関する意識」、「家族生活や親子関係の実態」の変化・多様化のほか、「諸外国においては、非嫡出子に対する法的な差別的取扱いを解消する方向にあること」、「市民的及び政治的権利に関する国際規約及び児童の権利に関する条約にも、児童が出生によっ

ていかなる差別も受けないとする趣旨の規定が存する」こと、「準正を国籍取得の要件としていた多くの国において、今日までに、認知等により自国民との父子関係の成立が認められた場合にはそれだけで自国籍の取得を認める旨の法改正が行われている」ことなどである。こうした外国法の参照は、国籍法違憲訴訟以外にも、例えば2013年の非嫡出子法定相続分違憲決定[30]においても、最高裁によって行われている。

　このように、人権の保障という一国家の主権的行為が、その国家に属する国民のみに向けられているのかどうか、外国人にも人権が保障されるのかどうかという問いにおいて、一主権国家の法体系のもとにある裁判所が、判決を下すに当たって外国法を参照することは、国家主権の基盤そのものを揺るがす事態となるという判断もありえよう。しかし、そうした参照は、そのやり方に応じて、2つの異なる意味をもちうると考えられる。すなわち、1つは、裁判所をはじめとする国家の諸機関が外国の法が依拠する価値や基準に準じて判断するやり方であり、もう1つは、それとは逆に、そうした参照が主権国家の主権的判断として、自己の価値や基準の徹底として行われるやり方である。外国の憲法のもとで保障されている人権が高次に位置づけられたグローバルな法であるがゆえに、それが参照されるとするのが前者である。これに対して、後者は、参照した外国の法的判断を日本の裁判所が認めるということである。それは、すなわち日本の裁判所において行われる法的判断（主権的判断）のもとでそれを是と判断するということ、さらにいえば、外国で認められている法的価値を日本の法のなかで確認することに支えられている。

　国籍法違憲訴訟で日本の裁判所が参照しているのは、当該の問題（ここでは出生による差別の問題）に対して、並列するないしは類似する諸外国の法的環境の変化である。すなわち、同様の問題が生じたときに、どのような判断が外国で広く受け入れられているかが参照されているのである。これは、裁判所にとっての上位規範、あるいは裁判所の判断に優先する基準と解されるものではない。つまりこれは、位階的（ハイラーキカル）な位置関係にある規範の参照ではなく、並列的（ヘテラルヒカル）な位置関係のなかで行われる参照とみることができるのではないか。それは、裁判官同士の対話と表現されうる相互性のなかで行われる参照に相当しよう[31]。

Ⅳ　おわりに──トランスナショナルな時代における国民国家の普遍的人権

1　日本国民に対する普遍的な人権保障（国民国家型）──原則／例外─図式

　冒頭でみたように、人権の保障には二重性が生じている。すなわち、一国民国家において、国民には、まさに国民であることを理由に人権が遍く保障され、その延長で、外国人が人権の推定上の保障の対象となる。これは同時に、前述したマクリーン事件での最高裁判決でみられたように、外国人の入国管理や在留制度を通じて、国内の立法、行政、司法では、日本国や日本国民に敵対的な外国人が想定され、そうした外国人の排除を導く事態が可能となっている。ここに示されるのは、日本における人権の保障は、原則として日本人を対象にしたものであり、外国人は、その例外としてその保障に与るにすぎない、という構造である。

　この場合、外国人に対して、日本人と同様のあるいは日本人に準じる存在として同等の権利保障をすべきか否か、あるいはどこまで保障するかという、保障対象の範囲に関する議論は、上記性質説でその根本において想定されているような人権の普遍性に由来するものではない。そもそも普遍という概念には、本来的に範囲の限定はありえず、限定があれば、それは普遍とはいわないはずである。従って、冒頭に見たいわゆる性質説は、外国人に人権保障が及ぶ範囲の問題を人権の普遍性に関連づけている点で、あるいは限定の解除として普遍性を導こうとしている点で、そもそも矛盾を伴っている。

　むしろ、日本の法の脈絡、すなわち日本という一国民国家の法の内部において、外国人の人権の問題としてここで問われているのは、普遍性ではなく、特殊性（特有性）の問題、つまり誰が、どこまでが日本人かという、日本人の範囲とその画定の問題である。逆にいえば、日本人の範囲とその画定が、例外としての外国人の人権という問題を付随的に生じさせているにすぎない。普遍性は、そのものとしてどこにおいても議論されていない。

2　普遍的人権のトランスナショナルな保障（相互承認型）──相互互換性

　このように、日本人の特定とその例外として外国人の人権を捉えるのとは別

の保障の形態がありうるかどうかについて、先に見た国籍法違憲訴訟の最高裁判決が外国法を参照する点に、一定の示唆が与えられる。

　すなわち、こうした最高裁判決が行き着く人権保障の別のあり方は、外国人に対してであれ、国民に対してであれ、それが人権であることを理由に、当該国家で「遍く」保障されるという状況である。つまり、人権は、日本だけでなく、他の国でも等しく保障されているという点において「普遍的」なのである。どの国においても同等にその保障が行われていること、換言すれば、日本の法が諸外国の状況を参照し、そこでの判断と日本の判断との間に、大きな齟齬や矛盾がない状況を整えることが、その人権が普遍であることを（普遍を形式として）可能にする。

　それは、日本人であるかどうかを問い、あるいは「人権条約を国内法化」するという、いわば外から内に向かうベクトルで表わされうる国民国家型の保障ではない。日本国憲法下の人権が、まさに上述の意味でのその「人権の普遍性」を理由に、日本における外国人に対しても、そして他の国における日本人に対しても、同等に保障されることを意味する。日本国憲法における人権が普遍的なものであるならば、それは、外国における（日本人の、そして遍く人間の）人権も同じように普遍的であるはずである。つまり、日本法から見た日本国憲法の「人権の普遍性」は、条約などを通じた外からの規範や基準の押しつけなどではなく、また国民国家における国民への人権保障の枠を広げる形で実現するものでもない。主権国家の憲法としては、そのような保障はありえない。むしろ、各国民国家に遍在する、ないしは遍在化していく、いわば内から外に向かうベクトルをもつものといえる。

　このことを、諸国家を鳥瞰する位置から見るならば、そこには人権保障の互換性・代替可能性とも呼べるあり方が見えてくる。1つの国民国家の法、すなわち本章では日本の法において、外国法を参照するという選択がとられる場合、そのことは、日本の法も、外国において同様のコンテクストで参照されるであろうという可能性に導くことになる。

　そこでは、トランスナショナルな状況下で、日本人が日本国憲法とは別の、外国の憲法のテリトリーにありうるという前提のもとに、その日本国民の人権が、外国においても広く保障される必要性を惹起させる。その保障の可能性を

確保するためには、日本の法は、日本の法に基づく人権保障を、外国における人権の保障と整合性をもったかたちで用意しておく必要がある。それは、相互参照の文脈を通じて、日本における外国人の人権と、また逆に外国における日本人の人権の、同等の保護を可能にする。こうして、人権は、それぞれのフィールドで、相互互換的・代替可能なかたちで、その都度遍く作用するのである。

　現代のようなトランスナショナルなコンテクストにおいて、人権は、このように遍く俯瞰的に覆い被さることで保障されるのでなく、個々に遍在し、相互性が確保される限りで、文字通り普遍的に保障されることが可能となる。そうした自国と他国との相互性のもとで、日本の法に基づき人権を遍く保障すること、その意味での国家の主権的行為の徹底こそが、トランスナショナルな時代における国民国家の普遍的人権の議論ではなかろうか。

【注】

1）　芦部信喜『憲法〔第6版〕』（岩波書店、2015年）3頁。
2）　同81-82頁。
3）　同92頁。
4）　同87頁。
5）　同92頁。
6）　国内裁判所による適用のほか、条約上の国際機関（裁判所、委員会、パネルなど）による条約の遵守を促す締約国への何らかの働きかけ（手続）によっても、外国人の人権は保障されうる。例えば、人権条約上の政府報告制度、個人通報制度などである。このような手段を通じた人権保障も、国家法の法秩序の中に位置づけられるため、国民国家型の延長線とみなすことができよう。なお、フランスのオットー・プフェルスマン教授の学説を紹介しつつ国家法の法秩序を強調する文献として、石埼学「『人権』と法のヒエラルヒー」国際人権25号（2014年）25-29頁参照。
7）　これら諸原則の説明と人権保障との関係について、拙稿「EUにおける基本権の機能的な基礎づけについて」『EU法研究』2号（2016年）6-28頁参照。
8）　芦部・前掲注1、92頁。
9）　具体的には、原告が「外国人ベ平連」に所属し、その集会やデモに参加するなどの行為であった。ベ平連とは、「ベトナムに平和を！市民連合」の略称であり、ベトナム戦争に反対する日本の団体を指す。
10）　東京地判昭和48・3・27。
11）　東京高判昭和50・9・25。
12）　最大判昭和53・10・4民集32巻7号1223頁。

13) 先にあげた出入国管理及び難民認定法21条3項。
14) ここでは、「国民nation」と、そうした国民のうちの選挙権を保持する「人民peuple」とは区別せず、国籍を持たない外国人との関係でのみ「国民」について問題にする。
15) 芦部・前掲注1、232頁。
16) 1955年4月6日のノッテボーム事件（第2段階）国際司法裁判所判決によれば、「国家実行、仲裁裁判及び司法裁判の判決並びに学者の意見によれば、国籍とは、相互的な権利及び義務の存在と並んで、結合（attachment）という社会的事実、生存、利益、感情のうえでの真の関係（connection）をその基礎とする法的絆である。」(Nottebohm case (Second Phase), 6 April 1955, *ICJ Reports*, 1955, p. 23.)。
17) 1923年チュニス・モロッコ国籍法事件における常設国際司法裁判所勧告的意見 (Advisory Opinion of Permanent International Court of Justice, 7 February 1923, on Nationality Decrees Issued in Tunis and Morocco, Series B No. 4 (1923), §40.)。国籍法の抵触についてのある種の問題に関するハーグ条約（1930）(Convention on Certain Questions relating to the Conflict of Nationality Laws, 12 April 1930, 179 *L.N.T.S*, 80 (LoN-4137), entered into force on 1 July 1937.)。1930年の「国籍法の抵触についてのある種の問題に関する条約」1条は、「何人が自国民であるかを自国の法令に基づいて定めることは各国の権能に属する。」という定めを置いた。Convention on Certain Questions relating to the Conflict of Nationality Laws, 12 April 1930, 179 L.N.T.S. 89 (LoN-4137), entered into force on 1 July 1937. Council of Europe, European Convention on Nationality, No. 166, Strasbourg, 06/11/1997. 近年では、欧州評議会において1997年に採択され、2000年に発効した欧州国籍条約が、3条1項で、「何人が自国民であるかを自国の法令によって決定することは各国の権限に属する。」としている。奥田安弘・舘田晶子「1997年のヨーロッパ国籍条約」北大法学論集50巻5号（2000年）1213頁。同条約は、国籍とは、「人と国家との間の法的な絆を意味し、人の民族的な起源を示すものではない。」(2条a)と定義している。
18) 美濃部達吉『改訂憲法撮要〔復刻版〕』（有斐閣、1946年）によれば、明治憲法下においては、国籍の離脱は原則として認められなかった。出生地主義を採用する外国で生まれた日本人の子が当該外国に居住し重国籍者となった場合に（例えば、アメリカ在住の日本人二世）、1916（大正5）年の国籍法改正によって内務大臣の許可を得ることを要件に認められるようになり、さらに1924（大正13）年の再改正の折に、その一部については届出のみで離脱が可能となったという（136頁）。なお、国籍の剥奪は、明治憲法下においても認められていなかった。美濃部によれば、「臣民タル資格ヲ國籍ト謂フ」として、「國籍ハ唯人ノ身分資格ニ止マリ、其レ自身権利ニ非ズト雖モ、國籍ヲ保有スルコトハ國民ノ権利ニシテ、國家ハ國民ノ意思ニ反シテ一方的ニ之ヲ剥奪スルコトヲ得ズ」（130-131頁）とのことである。ただし一方で、帰化または婚姻などによって外国の国籍を取得した者は、当然に日本の国籍を失うこととされていた。また臣民の義務を全うするため、男子は、兵役義務がなくなるまでは、日本の国籍を失うことがなく、文官の官職にある者は、その官職を失った後でなければ日本の国籍を失わないとされていた。（宮澤俊義・芦部信喜『全訂 日本国憲法』（日本評論社、1978年）257頁。
19) 最高裁も、後にみる国籍法違憲訴訟において、「日本国籍は、我が国の構成員としての資格であるとともに、我が国において基本的人権の保障……を受ける上で意味を持つ

重要な法的地位でもある。」としている（最大判平成20・6・4民集62巻6号1367頁）。

20) ジョルジョ・アガンベン（Giorgio Agamben）の指摘によれば、語源的にも、「国民国家Stato-nazione」とは、「生まれnativita」ないし「誕生nascita」（「剥き出しの生」もしくは人間存在）をその主権の基礎とする国家を意味しているという。1789年のフランス人権宣言も、「生まれnatio」という要素をあらゆる政治的結合の中心に位置づけたからこそ（1条、2条）、この宣言は、主権の原理を「国民nazione」に強く結びつけることができた（3条）。つまり、民主主義国家は、「神的起源」を有していた国王の主権に代わって、そこに「生まれた」人びとこそが、主権の直接の保持者となる原理であるとされる。人びとは、「生まれ」において譲渡不能かつ神聖な自然権を保持し、同時にその「生まれ」が直ちに「国民」に結びつくというのである。ジョルジョ・アガンベン（高桑和巳訳）『人権の彼方に　政治哲学ノート』（以文社、2000年）28頁。国民国家が、亡命者／難民の阻害する構造を呈していると、アガンベンは次のようにも語っている。「国民国家という機構のもとでは、いわゆる神聖にして不可侵の人権なるものは、まさしくそれがもはや一国家の市民権とみなすことができなくなった途端、なんの後ろ盾ももたないことが露呈されるのである。……国民国家という政治的秩序のもとでは、純然たる人間それ自体というものには、いかなる自律的な空間も残されてはいない。」「ここに暗示されているのは、誕生／血統［nascita］が直ちに国民／民族につながるという虚構である。……諸権利が人間に記されるのは、人間が「市民」の前提となるかぎりにおいてであるが、その前提は直接には見ることはできない（それどころか、そういうものとして明るみに出てはならない）のである。もし亡命者／難民が国民国家体制のなかでそのような不安定要素を体現しているとするならば、それはなによりもまず、彼らが人間と市民、出生［nativity］と国籍［nationality］とのあいだの同一性を打ち破ることによって、主権の根源的な虚構性を危機にさらすからである。」（同（岡田温司訳）「人権の彼岸」現代思想（特集　市民とは誰か）27巻5号（1999年）50-51頁）。憲法学の通説が、人権の固有性・不可侵性・普遍性を説き、主権者国民がそうした権利を「生まれながらに有する」ことを強調するのも、同様の国民国家ないしは「主権の根源的な虚構性」に連なる。

21) 帰化は法務大臣の許可によるが、国籍法5条に、次の要件が定められている。①引き続き5年以上日本に住所を有すること、②20歳以上で本国法によって行為能力を有すること、③素行が善良であること、④自己又は生計を一にする配偶者その他の親族の資産又は技能によって生計を営むことができること。⑤国籍を有せず、又は日本の国籍の取得によってその国籍を失うべきこと。⑥日本国憲法施行の日以後において、日本国憲法又はその下に成立した政府を暴力で破壊することを企て、若しくは主張し、又はこれを企て、若しくは主張する政党その他の団体を結成し、若しくはこれに加入したことがないこと、である。

22) 子の「父母がともに知れないとき、又は国籍を有しないとき」には、例外的に「日本で生まれた」ことに基づいて日本国籍の取得を認める出生地主義を採用している。

23) 丹野清人『国籍の境界を考える』（吉田書店、2013年）75頁、萩野芳夫『国籍・出入国と憲法——アメリカと日本の比較』（法律文化社、1980年）。

24) 原告の父親は、原告の母と出会う以前に日本国籍の女性と婚姻関係にあり、その妻との間に子が1人いた。

25) 原告の母親は、原告の出生当時、日本における在留資格を有していなかったことか

ら、原告及び原告の母親に対して退去強制手続が行われ、本件訴訟に併合して、出入国管理及び難民認定法49条1項に基づく両者の異議の申出は理由がない旨の法務大臣裁決及び東京入国管理局主任審査官の両者に対する退去強制令書発布処分の適法性が争われていたが、両者に1年間の在留資格が付与されたことから、両事件については、取り下げによって終了した。
26） なお、本件訴訟提起後に、原告の父親は、母親が懐胎した第二子を胎児認知している。
27） 東京地判平成17・4・13。
28） 東京高判平成18・2・28。
29） 最大判平成20・6・4民集62巻6号1367頁。
30） 最大判平成25・9・4民集67巻6号1320頁。
31） この方向でさらに議論を展開するものとして、Gunther Teubner, Verfassungsfragmente: Gesellschaftlicher Konstitutionalismus in der Globalisierung, Suhrkamp, Berlin, 2012, S. 239f.

第9章

ヨーロッパ及びアジアにおける女性の権利とジェンダー平等

サラ・デ・ヴィード（Sara De Vido）
（翻訳：渡辺　豊）

■ 要約

　本章の目的は、ヨーロッパ及びアジア（ASEAN及び日本）における女性の権利保障の進展について概観することである。ここでは女性に対する暴力及び女性の人身売買を取り上げ、それぞれ近年採択された欧州評議会の女性に対する暴力及び家庭内暴力の防止に関するイスタンブール条約と、人身取引とりわけ女性及び子どもの人身取引に関するASEAN人身取引条約について検討する。これらの議論により、特有の特徴を有する2つのシステムを単純に比較するのではなく、人権とりわけ女性の権利保障についての地域における経験についての対話から得られるものがあることを示すものである。それゆえに、女性の権利保障に関する「地域化」の傾向を支持し、同時にシステム間の対話を奨励する。

I　はじめに

　女性の権利は、世界中のフェミニストにとって創意に富む研究対象ではないが、国際法研究者にとっては法の男性中心的概念に挑戦する主要な領域としてあるべきである[1]。国際人権法は女性に対する保障を欠いているわけではない。20世紀から21世紀の初頭にかけて、国際条約が国際・地域両レベルにおいて採択され、ソフト・ローにおいても女性の権利の承認が進んでいる。性に基づく差別の禁止は大多数の国の憲法で規定されているが、東南アジア諸国連合（ASEAN）加盟国のいくつかの国の憲法ではそれがみられない[2]。雇用やその他分野において男女の平等を促進する法律が採択されている国もある。にもかか

わらず、国際的レベルで入手可能なデータによると、現在行われている法的ないし形式的な差別撤廃の動きにもかかわらず、事実上あるいは実質的な差別はいまだ深刻な問題である。

1　ジェンダー（不）平等に関するデータ

　世界銀行のデータによると、東アジア・太平洋地域における女性の有償労働への参加率は61％であり、男性は79％である[3]。ヨーロッパ及び中央アジアでは経済危機が続いているため労働参加率が低く、女性は51％、男性は67％である。アジア及びヨーロッパにそれぞれ属する日本とイタリアを見てみると、数値の違いにもかかわらず男女のギャップが同様にみられることが分かる。日本では、女性の労働参加率が49％で男性が70％に達している。イタリアでは、女性が40％で男性が60％である。男女の参加率の差は日本では21％であり、イタリアでは20％である。

　EUレベルにおいて入手可能な最新のデータでは、ジェンダーによる賃金ギャップは16％であるが、これは女性が男性よりも大学卒業者が多い、つまり一般的に女性は男性よりも教育を受けているにもかかわらず生じている[4]。OECD（経済協力開発機構）における最新の統計では、フルタイム労働者に関するジェンダーによる賃金ギャップは15.46％に達しており、ギャップが大きいのは韓国（36.60％）、エストニア（31.50％）、日本（26.59％）、イスラエル（21.83％）であった[5]。OECDの平均を上回る国には、オランダ（20.46％）を含むヨーロッパ諸国があり、またアメリカ（17.91％）もある。最もギャップが小さいのはニュージーランド（5.62％）であった。

　女性に対する暴力に関して、WHO（世界保健機関）により公表されている国際統計では、3人に1人の女性が親密なパートナーからの物理的あるいは性的暴力、またはパートナー以外からの性的暴力を受けており、そのほとんどは親密なパートナーからの暴力である[6]。世界の他の地域を見てみると、ヨーロッパでの割合（25.4％）と西太平洋地域での割合（24.6％）はあまり変わらないが、東南アジア地域では高い値がみられる（37.7％）。さらに、女性の暴力に対する認識が異なることや、虐待が行われた場合に当局へ通報するレベルについても異なることから、これらのデータは部分的にしか信頼できない。ASEAN加盟国

のうち4カ国では配偶者間のレイプが刑罰の対象となっておらず[7]、また日本ではレイプに対する立法が脆弱である[8]。

このような背景において、女性に対する暴力は存続しており、それはとりわけ経済セクターや女性に対する暴力などの形で世界中で見られる。さらに細かく検討すれば、健康分野も含めた多くのセクターにおける差別が存在していることは容易に理解できる。アジア（ASEAN諸国）とヨーロッパの間の2つの大きな相違は、以下のような点においてみられる。第1に、法律上の差別がブルネイやマレーシアといった国では存在していることに関連する。マレーシアでは、婚姻した女性は住む場所を選択することや国籍を子に継承させることができない[9]。第2に、政治参加に関する点である。ヨーロッパでは、女性の政治参加が改善している。例えばイタリアでは議会及び政府における女性の数が確実に増加しており、2015年には30〜50％になる[10]。視野を拡げれば、アメリカ及びカナダでは女性の政治参加率はいまだ低く10〜30％であり、日本やタイのなどのアジア諸国では10％以下である[11]。

2　分析の目的と対象の限定

本章の目的は、ヨーロッパ及びアジアにおける女性の権利保障の進展についての概観を示すことにある。本章では女性に対する暴力と女性の人身取引を取り上げるが、それぞれについてアジア及びヨーロッパのシステムにおいて近年条約が採択された。ここでは、2011年に採択され、2014年に発効した欧州評議会の女性に対する暴力及び家庭内暴力の防止に関するイスタンブール条約（以下、イスタンブール条約）[12]と、人身取引とりわけ女性及び子どもの人身取引に関するASEAN条約（以下、ASEAN人身取引条約）[13]である。ここで示そうとしていることは、ヨーロッパ及びアジアの双方において、女性の権利及びジェンダー平等の促進に向けての重要な改善がみられるものの、女性に対する差別禁止原則を承認すること以上の実質的な平等を保障するための措置は十分ではないこと、またそれらの措置によっても女性に対する暴力は撤廃されていないということである。本章の議論は、2つのシステムの特徴を比較することを目的としているのではない。むしろ、それぞれの地域における経験についての対話から、人権保障とりわけ女性の権利についての保障について得られるものがある

ことを示す。よって女性の権利保護の「地域化」に向けた流れを支持し、同時に地域システム間の対話を奨励するものである。社会や文化の違いにもかかわらず、女性に対する差別は共通の傾向を実際に示しており、その根絶のためには国家は防止、保護そして必要な場合には訴追のための特定の行動をとらなければならない。ここで提案するのは、イスタンブール条約がこの問題についての更なる地域条約のモデルとなることであり、女性に対する暴力に関する国連特別報告者のような国際的組織によって欧州評議会の非加盟国でも本条約を批准することが奨励されるべきである。[14] ASEANに関しては、ASEAN人身取引条約の採択によって重要な一歩が踏み出されたと評価することができる。にもかかわらず、その限界についても強調する必要がある。すなわち、ASEAN人身取引条約は国連国際組織犯罪条約（以下、パレルモ条約）を補完する2000年の人（特に女性及び子ども）の取引を防止し、抑圧し処罰するための議定書（以下、人身取引議定書）の条文をほぼ取り入れているが、[15] ASEANにおける人身取引の特性を考慮に入れていない。[16]

　本研究の限界については最初に明確にしなければならない。第1の点は地理的な点である。ここでは、欧州評議会及びEU（欧州連合）と、ASEAN諸国及び日本を取り上げる。すなわち南アジアを含む世界の他の地域は本章の分析対象からは除外される。第2の点は「ジェンダー化」の点である。ここでは女性の状況についてのみ検討するが、ジェンダーに基づく差別はLGBTQAI（Lesbian, Gay, Bisexual, Transgender, Queer, Asexual, Intersex：性的マイノリティ）にもかかわるものであるという事実を十分に認識している。

II　国際的レベルにおける女性の権利の進展

　本節では、地域的文書を検討する前に、国際的レベルにおける女性の権利保護のための現行の主要な法的文書を概観する。

　サラ・チャールズワース（Sara Charlesworth）が強調しているように「国際的な女性の権利保障の主要な焦点は、平等な取扱いと性に基づく差別の禁止であった」[17]。男女の平等は1945年の国連憲章に含まれていたが、[18]女性の地位に関する問題はすでに国際連盟において1935年には議題になっていた。周知のとお

り、世界人権宣言は同宣言に掲げる権利の享受に関して性に基づく差別を禁止している。[19] 性に基づく差別の禁止は2つの国際人権規約に含まれており、自由権規約2条1項及び3条、社会権規約2条2項及び3条にそれぞれ規定されている。国際人権規約は「差別」あるいは「平等」についての定義を含んでおらず、また平等を想起させる「享受」という用語があったため、「多くの締約国は自らの義務を、実質的平等よりはむしろ形式的平等を要求するものとして狭く解していた。[20]」

国際人権規約採択の13年後に、国連総会は女性に対するあらゆる形態の差別の撤廃に関する条約（女性差別撤廃条約）を採択したが、同条約は女性の権利保障のための最も重要な国際的文書であると考えられている。同条約は差別における女性の特性を指摘し、また「女性に対する差別」を定義し、[21] 実質的平等を促進している。[22] 同条約は189カ国が批准しており、そこには欧州評議会のすべての加盟国、ASEANのすべての加盟国、及び日本が含まれる。[23] 締約国は、国内法の修正を通じて条約上の規定を実施することを義務づけられ、また定期報告書を条約により設置された委員会（女性差別撤廃委員会）に提出することを義務づけられている。1999年に採択された選択議定書は、条約と同等の批准を得られていないが109カ国が批准している。議定書により、委員会は同議定書を批准した国家に対して、条約上の違反についての個人から提起された通報を受理する権限を与えられている。同議定書は多くのヨーロッパ諸国で批准され、ASEANではカンボジア、フィリピン、タイが批准しているものの日本は批准していない。[24]

女性差別撤廃条約の重要性は否定できないものの、国連レベルにおける女性の参加とりわけ国連人権条約機関の構成に関する不十分さは強調する必要がある。社会権規約委員会は2017年2月20日現在で18名の委員のうち女性は5名のみである。規約人権委員会では最近になって状況が改善し18名の委員のうち8名が女性である。容易に想像がつくように、女性差別撤廃委員会では多くの女性が委員となっている。クリスティーヌ・チンキン（Christine Chinkin）が明確に断じているように「国家の公的領域に女性の存在がみられないことは、国際機関における上級職員に女性の参加が低いことにより国際社会においても再現されている。[25]」

国際レベルから地域レベルに視線を転じてみると、女性の権利保障における「地域化」の傾向は、これらの権利が実施される社会の特性から生ずる挑戦に対応したものであり、この点は強調されるべきである。例えばイスタンブール条約はヨーロッパ社会における多文化主義現象の必要性を考慮しており、そのため名誉や文化、宗教などに基づく暴力の正当化を禁じ、また女性性器切除の完全禁止を含意している。[26] アフリカ人権条約において、2003年に採択された女性の権利に関するマープロ（Mapuro）議定書は、女性の権利の経済的、社会的、文化的及び第三世代の権利における重要性を強調しており、それらはヨーロッパの地域的文書では包含されていない。西側諸国で発達した多文化主義という概念は、日本の学者が提唱する「アイデンティティや属性についての重要な現代的な様式」としての「ジェンダー、人種、エスニシティあるいは文化における」多様性を表現する、多文化共生（conviviality）概念とは異なる。[27]

　地域化はまた、女性の権利に関して北半球の女性による南半球の女性に対する「帝国主義的」非難に対抗するための方法であると理解することもできる。[28]

　他の状況との比較において、性及びジェンダー並びに性的指向に基づく差別が国際レベルにおいて優先度が高くなったのは近年になってからである。[29] マーサ・ニュスバウム（Martha C. Nussbaum）が断言するように「人種に基づく野蛮で抑圧的な差別は国際社会においては受け入れられないものと考えられている。しかし性に基づく野蛮で抑圧的な差別は文化的差違の正当な表現であるとしばしば考えられている。[30]」さらに女性に関しては、女性の権利に関する侵害の多くは文化的に正当化されており、換言すれば文化的理由を援用して正当化されている。チャールズワースが指摘するように「『文化』が他の分野よりも女性の権利の文脈ではより頻繁に援用されているのは衝撃的」であり、このことは「支配的な文化が保守的であり女性の参加をほとんど奨励しようとしない」[31] 事実によっても引き起こされている。

　女性差別撤廃条約に立ち戻ると、同条約は国際レベルでの女性の権利の保護において主要な役割を果たしているものの、差別禁止原則という女性に関してはまだ偏見のある原則の理解が原因となって限界を生じさせている。ダイアン・オットー（Dianne Otto）は女性差別撤廃条約が男性との比較を続けており、それにより女性が脆弱なカテゴリーとして「特別な措置」を受ける権利がある

ものとされ、またジェンダーに基づく差別としての女性に対する暴力を含んでいないと論じている。[32]

III ヨーロッパ及びアジアにおける女性の権利の進展とジェンダー平等

1 欧州連合 (EU)

　同一賃金同一価値労働原則は、ローマ条約で初めて取り入れられた。EU運営条約（TFEU）157条（旧ECC条約119条１項、旧EC条約141条）は「各加盟国は、男子及び女子労働者の間の同一の労働又は同一の価値を有する労働に対する同一報酬の原則が適用されることを確保する。」と定める。同一賃金同一価値労働原則は、経済的及び社会的次元において欧州司法裁判所により拡張的に解釈され、「共同体の基礎の一部」であるとされている。[33] さらにTFEU153条（旧137条）はEUに「労働市場における機会及び労働待遇に関する男女の平等」の分野における加盟国の活動を「支援し補完する」権限を与えている。TFEU8条にはジェンダー主流化が表明されており、そこでは連合は「すべてのその活動において、男女の間の不平等の除去及び平等の促進を目指す。」と規定する。TFEU19条では、理事会は「特別立法手続に従いかつ欧州議会の同意を得た後に、全会一致により、性別、人種、若しくは種族的出身、宗教若しくは信条、障害、年齢、又は性的指向に基づく差別と闘うために、適切な行動をとることができる。」と規定する。人身取引特に女性及び子どもに関連する人身取引に対する闘いにおけるEU法の根拠規定については、TFEU79条及び83条に規定があり、後者では「国際的側面を有する特に重大な犯罪の分野における」刑事犯罪及び制裁の定義に関する最低限の定義規則の採択を目指している。

　リスボン条約は、男女の平等をEUの５つの基本的価値の１つに掲げている（EU条約［TEU］２条）。平等はまたEUの目的でもあり（TEU3条）、EUは平等に基づき「隣接国と特別な関係を発展させる」としている（TEU8条）。リスボン条約以降、欧州連合基本権憲章（EU基本権憲章）は条約と同様の法的価値を有し（TEU6条）、同憲章は平等に関する１つの章を設けている（第３章）。同憲章23条は「女性及び男性の間の平等は、雇用、労働、賃金を含むすべての分野で確保しなければならない。平等の原則は、十分に代表されていない性に有利となる

特定の便宜を図る措置を維持または採用することを妨げない」と規定する。

　ジェンダーに基づく暴力からの女性の保護について、EU条約あるいはEU基本権憲章には規定がない。しかし、EUが女性に対する暴力に関する犯罪を阻止するための行動をとることは妨げられていない。EUはジェンダー平等の達成のための活動を行っており、女性に対する暴力の根絶に関する取り組みも含まれている[34]。EU諸条約で女性に対する暴力に言及しているのは、2007年の最終文書の宣言19のみであり、そこではTFEU8条に言及しつつ、連合が「男女の不平等を撤廃する」ための努力の中で、様々な政策においてすべての種類の家庭内暴力に立ち向かうことを目指すと述べている[35]。

　EUの2次法では、雇用における平等に関する立法がなされている。その始まりとなったのは、男女の同一賃金同一価値労働原則の適用に関する加盟国の法律の接近に関する1975年10月の指令75/117/EECである[36]。女性に対する暴力に関してEUは人身取引とりわけ子ども及び女性そして犯罪被害者に関する人身取引に対処することを目的とした特定の措置をとってきた[37]。それには、行動制約措置の承認において中心的な役割を果たす、民事面における保護措置の相互承認に関するEU規則606/2013や、犯罪被害者の権利、支援及び保護に関する最低基準を定めるEU指令2012/29/EUがある[38]。EUは職場において行われる性的嫌がらせにもEU指令2000/78/ECで取り組んでおり、雇用及び職業における均等待遇のための一般的枠組をEU指令2002/73/EUで確立し、雇用及び職業の事項における男女の機会均等及び均等待遇の原則の実施に関するEU指令2006/54/ECでは性的嫌がらせを含むハラスメントについて取り上げている[39]。

　法的文書から政治的文書あるいは非拘束的文書に目を転じてみると、EUがジェンダー不平等の様々な側面に関して措置を採択してきていることは認識されるべきであろう。欧州議会は1979年に女性の権利に関するアド・ホックの委員会を設置して以来、女性に対する暴力及び家庭内暴力の問題に対して非常に積極的であった[40]。欧州議会の女性の権利及びジェンダー平等に関する委員会は、今日までその活動を継続して行い、女性に対する暴力の撤廃を含む様々な問題に取り組んでいる。さらに2006年にEUはEU規則1922/2006でジェンダー平等に関するヨーロッパ研究機関（EIGE：European Institute for Gender Equality）を設立し、同機関は2015年にジェンダー平等指標を策定した[41]。欧州委員会は、

第9章　ヨーロッパ及びアジアにおける女性の権利とジェンダー平等　173

EU諸国の意識啓発キャンペーンへの支援の他に、2010年に女性憲章を採択し[42]、2015年6月には「EUにおけるジェンダー平等の将来に関するフォーラム」[43]を開催した。特に、女性に対する暴力の一形態である女性性器切除に関してはすべてのEU機関がそのような慣行を禁ずる明確な姿勢を取っている[44]。2013年のEU一般理事会に提出された結論である「2015年以降の全般的な枠組み」では、EU理事会は女性及び少女に対するエンパワーメントや女性に対する暴力の防止が衡平で包摂的な持続可能な発展を達成するための「前提条件」であることを認識することで、平等原則の重要性を特に強調した[45]。

女性の権利の促進のためのEUによる措置は疑いなく進展しているが、(イギリスの離脱後の)27の加盟国において女性の事実上の平等に達するには十分ではない。EU指令は加盟国の国内レベルにおける実施が必要である。しかし、法的枠組はEUの一連の行為が一体性を欠いているために断片化している。女性に対する暴力の根絶に関する行動に関しては、イスタンブール条約の批准によりこの一体性は達成されている[46]。

2　欧州評議会

欧州評議会は、1980年代から法律上及び事実上のジェンダー平等を47の加盟国で促進してきた。女性の権利に関する分野では、4つの拘束力ある文書に言及する必要がある。第1に、欧州人権条約は女性の権利を保護するために適用可能で、実際に欧州人権裁判所の判決で適用されている多くの規定がある。条約14条は、「いかなる理由」に基づく差別の禁止を規定しているが、これには性に基づく差別も含まれる。女性の権利の保護は欧州人権条約の他の規定の適用によっても達成でき、それは生命に対する権利、私生活及び家族生活に対する権利、拷問の禁止、奴隷及び強制労働の禁止が挙げられる。また、欧州人権裁判所の判例は人身取引の禁止を欧州人権条約4条の射程に入れることについて根本的な役割を果たした[47]。

年代順では第2に、欧州社会憲章は雇用及び労働に関する事項における平等の重要性を強調している（1条）。

第3に、2005年に採択され、2008年に発効した、人身取引に対する行動に関する欧州評議会条約は、もう1つの根本的に重要な文書である。同条約は国連

国際組織犯罪防止条約（パレルモ条約）の議定書（人身取引議定書）[48]を基に作成されたが、欧州評議会条約は法執行に関する規定よりも被害者保護により焦点を当てており、人身取引を行った者に対する刑罰について高い基準を定めている[49]。ジェンダー指向的アプローチが条約の冒頭からみられる。1条によれば、条約の主たる目的は「ジェンダー平等を保障する一方で、人身取引を防止しこれに立ち向かう」ことである。条約は、人身取引が人権侵害であると認めた初めての条約である[50]。条約の実施は専門家で構成される人の取引に対する行動に関する専門家グループ（GRETA：Group of Experts on Action against Trafficking in Human Beings）と呼ばれるグループにより行われる。GRETAは、締約国による条約の実施のためにとられた措置について分析及び評価を定期的に報告として公表する。

　最後に、2011年に採択された女性に対する暴力及び家庭内暴力の防止と根絶に関するイスタンブール条約である。同条約については次項で扱う。

　その他に勧告、行動計画、基準などの非拘束的文書が、ジェンダー平等を促進するために採択されてきた[51]。欧州評議会は2013年11月にジェンダー平等戦略を承認したが、そこには5つの戦略目標が含まれている。ジェンダーに関するステレオタイプと性差別主義との闘い、女性に対する暴力との闘い、司法への女性の平等のアクセスの保障、政治及び公的な意思決定への男女の均衡の取れた参加の達成、そしてすべての政策及び措置におけるジェンダー主流化の達成である[52]。同戦略が重視する組織として、各加盟国からより指名されたメンバーにより構成されるジェンダー平等委員会、個々の加盟国における国内のフォーカル・ポイントのネットワーク、欧州評議会運営委員会及び他の国家間組織におけるジェンダー平等に関する報告者、そして事務局間でのジェンダー主流化チームである。留意すべきなのは、ジェンダー平等委員会は女性に対する暴力の問題を扱わず、女性に対する暴力についてはイスタンブール条約により設立される女性に対する暴力及び家庭内暴力に関する専門家グループ（GREVIO：Group of Experts on Action against Violence against Women and Domestic Violence）のマンデートであることである。

　イスタンブール条約は、地域的レベルでは女性に対する暴力及び家庭内暴力に立ち向かうための最も先進的な文書である。ここでの目的は条約を条文ごと[53]

に分析することではない。欧州評議会による説明文書は、条約の射程や主要な規定を理解するためには十分に明確である[54]。しかしながら幾つかの点について言及することは、欧州評議会システムに属していないアジア諸国にとっては、条約によって付加された潜在的価値を評価するためには必要である。イスタンブール条約は女性に対する暴力と、女性だけではなく子ども、男性、高齢者なども影響を受けることのある家庭内暴力を明確に区別している。女性に対する暴力は「人権侵害及び女性に対する差別の一形態」であり、そこには「公的生活あるいは私的生活において生ずるかにかかわらず、女性に対する物理的、性的、精神的あるいは経済的危害あるいは苦痛となるあるいはなると考えられる、ジェンダーに基づく暴力のすべての行為であり、そのような行為による脅迫、強制、あるいは恣意的な自由の剥奪」が含まれるものとして定義されている（3条a）。家庭内暴力の定義は女性に対して行われる行為のみならず、「家庭あるいは家族的結合において生じ、現在あるいは以前の配偶者もしくはパートナー間で行われ、行為者が現在被害者と住居を共にしているかあるいは以前共にしていたかを問わず」いかなる種類の物理的、性的、心理的あるいは経済的暴力と定めている（3条b）。条約に基づく締約国の義務に関して、条約は締約国に対して女性に対する暴力及び家庭内暴力に該当する形態について、それらが各国の刑事法に定められているかどうかにかかわらず刑罰化の対象とすることを求めている。それらの行為に含まれるのは、強制結婚、女性性器切除、強制堕胎、ストーカー行為、性的嫌がらせ、物理的及び精神的暴力並びに性的暴力が含まれる。条約はまた締約国に対して、条約の対象となる行為に関して刑事手続において「文化、慣習、宗教、伝統あるいはいわゆる『名誉』がそのような行為の正当化事由とみなされてはならない」ことを確保することを求めている（42条1項）[55]。条約は締約国に対して、条約により定められる犯罪行為が実効的でかつ均衡が取れて抑止効果のある制裁により処罰可能となるために、必要な立法上あるいはその他の措置をとることを義務づけ（45条）、また行為の重大性や子どものいる場面でそのような行為が行われた事実などの加重要素を考慮に入れることを義務づけている（46条）。防止及び保護措置に関しては、国家は「女性が下位にあるあるいは男女のステレオタイプ化した役割を基礎にした慣習、伝統及び他のすべての慣行を撤廃する目的で、男女の社会的及び文化的

行動パターンを変えること」を促進しなければならず(12条)[56]、法的及び心理的カウンセリング、資金支援、住居、教育、仕事を見つけるための職業訓練及び支援 (20条)、専門家による支援サービス (22条)、シェルター (23条)、電話による相談窓口 (24条) を含む、暴力の被害者に対する支援サービスを提供しなければならない。条約に定められた義務を履行するために、締約国は「適切な措置及び人的資源」を割り当てなければならず、よって財政支出の観点では詳細な法的義務を設けている。

人身取引に関する条約を含む欧州評議会の他の条約と同様に、条約は履行監視のためのシステムを設けている。イスタンブール条約においては、GREVIOと呼ばれる独立の専門家により構成された組織がそれであり、その任務は条約上の義務の締約国による履行を評価することである。

女性に対する暴力及び家庭内暴力の根絶に関する、国際的レベルでの最も先進的な現行の条約であるにもかかわらず、イスタンブール条約にも批判がないわけではない。起草過程において、ジェンダーの概念はロシアとバチカンの圧力により男性と女性という2つの性に限定された。また条約は売春を暴力の形態として取り上げていない。さらに、サイバー空間にて行われる暴力などの、新たな形態の暴力を考慮に入れていない。[57]

それでもイスタンブール条約には普遍的適用という大きな潜在的可能性がある。それには2つの方法がある。1つは国連が女性に対する暴力に関する国際条約を採択することによってである。2015年に公表された国連の女性に対する暴力に関する特別報告者の報告書での草案では、イスタンブール条約を参考にした部分が多くみられる。[58] もう1つは、イスタンブール条約をEU及び欧州評議会の非加盟国が批准することである。アジア諸国に関して、イスタンブール条約は新たな地域的条約の交渉の際のモデルとなりうるものであり、また履行監視メカニズムを含むヨーロッパの人権文書の発展からの教訓を考慮することができる。イスタンブール条約をASEAN諸国及び日本が批准することも考えられる。日本は欧州評議会のオブザーバーとしてすでに欧州評議会における複数の条約に批准している。[59]

3　ASEAN諸国

1993年のウィーン宣言及び行動計画を実施するため、ASEAN諸国はASEAN政府間人権委員会 (AICHR：ASEAN Intergovernmental Commission on Human Rights) を設立することを決定した。AICHRへの付託事項は2009年7月にASEAN外相会議により承認された。2012年にASEANは同地域における人権分野における重要かつ包括的な（拘束力のある）文書であるASEAN人権宣言を採択した。同宣言は「ジェンダー」に基づく差別禁止原則を明確に含んでいる[60]。ASEANの人権保障システムは最近のことであり、その実効性を評価するには時間を要する。

2015年時点で、ASEAN加盟国10カ国は「ASEAN経済共同体」と呼ばれる地域協力関係に入った。この主要な達成は、純粋な経済的統合から始まりその後多くの政治的問題を含み、人権保障のシステムを発展させた当時のEEC（欧州経済共同体）の歴史を想起させる。2015年以前においても、ASEANは自らの政策におけるジェンダー主流化について検討し、すべてのASEAN加盟国は女性差別撤廃条約への批准の結果として女性の権利を尊重することを約束した[61]。ASEAN事務総長のレ・ルオン・ミン (Le Luong Minh) は2013年にASEAN事務局により開催されたジェンダー主流化トレーニング・セッションの開会の式辞において、「ジェンダー平等を促進するという精神は、ASEAN共同体に向けての政策及びプログラムの一部に統合されなければならない。ジェンダー平等の目標は、ASEANの経済、政治・安全保障、社会経済の3本柱にとって中心的なものである。」と述べた[62]。ASEAN社会経済共同体担当の事務次長アリシア・バラ (Alicia R. Bala) は、「ASEANの3本柱に関連する政策及びプログラムにおいて、ジェンダー平等を標準的な実行とするに際してASEAN事務局の役割は非常に重要である。」と指摘している。同氏はさらに「ASEANにおいてジェンダー主流化戦略を効果的に奨励できるようになる前に、我々はジェンダー主流化の概念及び我々の作業においてそれがどのように取り入れられるかを理解する必要がある。」と述べている[63]。

女性の権利を促進するためのイニシアティブ及び採択された法的文書に関して、ASEANは2010年に女性及び子どもの権利の促進及び保護に関する委員会 (ACWC：ASEAN Commission on promotion and protection of women and children's rights）を設立した。ACWCは、ASEAN加盟各10カ国から２名ずつの代表により構成される政府間委員会である。ACWCへの付託事項によると、任務は「国際的文書、ASEAN文書並びに女性及び子どもの権利に関連した他の文書の実施」を促進することであり（para. 5.1）、「ASEAN共同体建設を補完するために、女性及び子どもの権利を促進及び保護するための政策、プログラム、革新的戦略を発展させること」である（para. 5.2）。女性及び子どもの権利を向上させるために協調的アプローチを取る重要性を認めつつも、ACWCへの付託事項では「個々の加盟国の国内において女性及び子どもの基本的自由及び権利を促進し保護する第一義的責任は国家にある」ことを認めている（para. 3.5）。この条文では、ブルネイのように宗教ないし文化を理由に女性に対する差別を許容する国家の立場に立っているように思われる。ACWCは、社会福祉及び開発に関するASEAN大臣会合に年報を提出する。ACWCは、女性差別撤廃条約及び子どもの権利条約の実効的な実施における共通の問題に関して中心的な役割を果たしてきたが、欠点も見受けられる。第１にACWCの構成である。個人資格の専門家であれば、活動に関して出身国政府から影響を受けることがないため、女性の権利をよりよく保障できるだろう。第２に、ASEAN加盟国に関する報告書の作成や、個人からの通報の分析が委員会の任務に含まれていない。国際的な条約の規定の実効的な実施には、それらの権利について違反を訴える個人が救済を受ける可能性があることが求められる。[64] その点についての国内システムが弱いかどうかにかかわりなく、地域的な独立のメカニズムが人権の促進を追求するうえでは手助けになる。

　ACWCは女性及び子どもに対する暴力の撤廃に関する宣言を起草し、同宣言は2013年10月９日のASEAN首脳会議で採択された。[65] 同宣言は、2004年に承認された女性に対する暴力の撤廃に関する宣言を発展させたものである。同宣言は明らかに拘束力を有さないが、ASEAN加盟国は、国内法の改正を含む様々な措置を通じて「地域において女性及び子どもに対する暴力を撤廃する明確な共通の決意を表明」している。宣言は、女性及び子どもの権利を促進するための「総体的」で多面的なアプローチに言及し、計画及びプログラムの発展並びに適切な資源及び予算の配分を強調している。ASEAN加盟国による誓約リストには、イスタンブール条約でも重要とされている防止、保護、訴追の３

本柱を確認できるが、ASEAN宣言ではかなり一般的な用語法にとどまる。被害者及び暴力の生存者を保護するための措置、実行者について捜査、訴追、処罰、治療を確実に行うための措置、「家族支援サービス、親に対する教育、暴力の防止と撤廃における大衆の積極的な参加を促すための女性及び子どもの権利及び暴力の性質と原因についての教育と意識啓蒙」(para. 3) の促進による防止のための措置など、かなり一般的な誓約を見出すことができる。興味深いことであるが、宣言では「ジェンダーに基づくステレオタイプを固定化させる有害な慣行」(para. 3) を非難している。しかしASEAN諸国に対して例えば女性に対する暴力に該当する文化に起因する行為の刑罰化など特定の誓約は盛り込まれていない[66]。同宣言におけるもう1つの興味深い点は、「女性差別撤廃条約の最終所見・勧告の実施、監督及び実施の報告」並びに関連する条約機関及び「国連人権理事会の普遍的定期審査 (UPR) のプロセスにおいて受諾した、女性及び子どもに対する暴力に関するすべての形態の撤廃に関連した勧告 (の実施、監督及び実施の報告)」について、ASEAN諸国が既存の国内メカニズムを強化することを奨励していることである。この文言は、人権保障に関する国際的システムを認めたものと考えられる。

　ASEAN宣言は、同宣言の内容からより先進的で、より詳細な文言で規定する2015年11月に採択された女性に対する暴力の撤廃に関するASEAN地域行動計画と併せて読む必要がある。行動計画では女性に対する暴力を撤廃するために、暴力の被害者及び生存者が情報及び救済へのアクセスの権限を有するように人権に基づくアプローチに訴えている。さらに、女性に対する暴力を防止し根絶するために相当の注意義務を定めている[67]。イスタンブール条約への言及はないものの、行動計画の構造はイスタンブール条約と非常に類似している。行動計画も防止、保護、訴追という3本柱を採用している。行動計画はまた、地域における女性に対する暴力の状況に関連して、期限を定めた目標に向けての進展を追跡することを目的とした「責任枠組」を盛り込んでいる。行動計画では、女性及び子どもに対する暴力に関連した、すべての国のイニシアティブ、ギャップ、挑戦が明示されている。

　行動計画の枠組みは極端にいえば期待できるものであるが、拘束力が無いこととその実施は政府間機関に委ねられていることに留意すべきであろう。

(1) ASEAN 人身取引条約

　アジア諸国において、人権とりわけ女性の権利の分野において拘束力のある重要な文書は、2015年に採択されたASEAN人身取引とりわけ女性及び子どもの人身取引に関する条約である。欧州評議会は10年以上前にこの分野における特別条約を採択していたが、現在数百名もの難民の女性が人身取引のリスクに直面している。東南アジアは人身取引ルートの常に中心である。タイは周辺地域における人身取引の目的地であり、かつ日本や西欧諸国へ売春目的で取引される女性の出発地でもある。[68] さらに、タイで取引される人物のほとんどはミャンマー、カンボジア、ラオス、中国・雲南省からの女性及び子どもである。「興行」活動の合法化プロセスにより、女性の人身取引を助長している国もある。フィリピンから日本や韓国への興行ビザを有する者の合法的な移動は、国家が関与した人身取引の一例である。[69]

　ブルネイを除くASEAN加盟国は、2000年に採択された国連国際組織犯罪防止条約の、人（特に女性及び子ども）の取引を防止し、抑止し及び処罰するための議定書（人身取引議定書）を批准している。同議定書は歴史上初めて人身取引の定義を規定した。犯罪行為としての人身取引は、3つの複合的な要素により構成される。それは第1に、人の獲得、輸送、引渡、蔵匿、収受を含む行動。第2に暴力その他の形態の強制力による脅迫もしくはその行使、誘拐、詐欺、欺罔、権力の濫用もしくは脆弱な立場に乗ずることまたは他の者を支配下に置く者の同意を得る目的で行われる金銭もしくは利益の授受を含む手段。第3に、最低限度でも他の者を売春させて搾取することその他の形態の性的搾取、強制的な労働もしくは役務の提供、奴隷化もしくはこれに類する行為、隷属又は臓器の摘出などの目的である。[70] 人身取引議定書は、国際的レベルにおいて人身取引に立ち向かうための画期的な文書であるが、被害者の保護に関しては「義務による手法がほとんどみられない」との指摘もある。[71]

　ASEAN人身取引条約は、国連国際組織犯罪条約（パレルモ条約）及び人身取引議定書から多くの点を参照している。ASEAN条約の前文では、欧州評議会の2005年条約から「人身取引が人権侵害を構成し、人間の尊厳に対する犯罪であることを認識し」との一節を引いている。ASEAN人身取引条約及び国連人身取引議定書は、女性及び子どもに特に注意を払いつつ人身取引を防止するこ

と、被害者を保護し支援すること、国家間の協力を促進し助長することという共通の目的を有している[72]。両条約とも人身取引の刑罰化を規定しているが、ASEAN条約では射程が広く、「組織化された犯罪集団により行われた犯罪を含む」越境的な性質を有する犯罪行為に言及している[73]。換言すれば、組織化された犯罪集団に属さない複数の個人により行われた犯罪行為は、ASEAN人身取引条約の射程に含まれると思われる。国連国際組織犯罪条約（パレルモ条約）及び人身取引議定書との比較において、ASEAN人身取引条約は防止、保護、法執行に関して同様の規定を有している。興味深い相違点は、人身取引議定書が国家に対して「被害者の身体的、心理的及び社会的回復のための措置を提供することを考慮する」ことを求めている（6条）のに対し、ASEAN人身取引条約は締約国に対して「被害者のケアと支援を提供すること」を義務づけている（14条10項）。越境犯罪に関するASEANハイレベル事務レベル協議が、条約の実施を監督する責任を有している。

　ASEAN人身取引条約は最近発効したが、地域における人身取引に対する法的枠組を向上させることについて大きく貢献している。しかしながら同条約は、人身取引議定書における一般的な規定を基にしており、女性が興行ビザによって合法的に越境するASEANに特有の状況を考慮に入れていない[74]。ASEAN条約はさらに、暴力による虐待行為が性的な隷属状態を目的とした人身取引行為に限定されないということを考慮に入れていない。「家庭における隷属状態を目的として取引された女性は、性的虐待を受ける可能性もあ」り、また「休憩時間を与えられず長時間労働を強いられることもあ」り、また「望まない相手との結婚のために取引されることもある」のである[75]。アン・ギャラガー（Anne Gallagher）は、国際法が国家に対して「人身取引の原因となるかあるいは寄与する作為・不作為について責任を追及する」と主張しているが、彼女は、人身取引議定書に関しては国家責任への言及がないことを強調している[76]。この議論を踏まえて、ASEAN人身取引条約についても同様のことが議論できる。さらにASEAN人身取引条約26条によれば、国家は他の国際的合意あるいはそれぞれの国内法の規定により、相互に支援を提供することに同意できると定める。この条文は、条約の実効性を損ねることになるかもしれない。監視メカニズム（ここでは欧州評議会におけるGRETAを念頭に置いている）も地域レ

ベルにおける他の現存メカニズムとは比較にならない。従って、人身取引に関する条約の実行を支援するために、人身取引とりわけ女性及び子どもの人身取引の被害者の特定、管理、処遇に関する法律、政策及び慣行についてACWCが2016年10月3日にASEAN域内における再検討を開始したことは重要なことである。このメカニズムは将来における可能性が非常に大きい。願わくは、アジア地域の他の国がASEAN人身取引条約を批准することが望まれるが、それには取引された人間の行き先であり、また米州諸国への経由地でもある日本が含まれる。

(2) 日　本

　第二次世界大戦後、日本の女性は憲法により男性と同等の権利を獲得した。よって女性は旧来の家父長的家制度への法的な服従から解放されたのである。日本は女性差別撤廃条約を1985年に批准しその結果として、1997年の男女雇用機会均等法の改正をはじめとして多くの変化が日本の法律において生じた。1999年の男女共同参画社会基本法には、政府の責務として「男女共同参画社会」を実現することが明確に含まれている[78]。しかし、辻村みよ子氏が強調しているとおり、社会及び法制度の両面において「女性の生活の現実と慣行は必ずしもこの点を反映したものではなかった[79]。」さらに労働における男女分業は、女性の選択を未だに狭めている[80]。女性差別撤廃条約に基づく法的義務を履行するに際して、日本は女性差別撤廃委員会に対して定期的に報告書を提出している。2016年3月に最新の最終所見が公表された[81]。

　日本に対する女性差別撤廃委員会の報告書について、本章の分析対象である女性に対する暴力及び女性の人身取引に関連した部分について検討してみよう[82]。女性に対する暴力は、日本では家庭内暴力は1990年に社会問題として認識された。2001年には配偶者からの暴力の防止及び被害者の保護等に関する法律が制定され、同法は2004年に改正された[83]。同法は配偶者からの暴力を対象としており、ボーイフレンドや短期の同棲者による暴力は対象となっていない。さらに、刑法の性犯罪に関する規定は100年以上改正されておらず「女性に対する暴力と性犯罪の関係についての検討がなされていないことを示している[84]。」レイプは刑法177条により刑罰化されている。同条は以下のとおり規定する。「暴行又は脅迫を用いて13歳以上の女子を姦淫した者は、強姦の罪とし、3年

第9章　ヨーロッパ及びアジアにおける女性の権利とジェンダー平等　183

以上の有期懲役に処する。13歳未満の女子を姦淫した者も、同様とする。」この条文は、性的虐待の被害者となりうる女性及び男性に対する明確な差別である。1953年に最高裁判所は当該規定が憲法上規定されている法の下の平等に反しないと判断した[85]。配偶者間のレイプに関する条文もなく、傷害を伴わないレイプは被害者の告発がなければ訴迫できない犯罪に含まれている。この点に関して女性差別撤廃委員会は、最終所見において法務省が刑法見直しのための委員会を設置したことに言及し、女性の権利の承認に向けた積極的な施策であると述べている。しかし、委員会は以下のことを求めている。刑法において女性に対する暴力及び近親相姦を犯罪類型として位置づけること。強姦の定義を拡大し、性犯罪を非親告罪とするよう、刑法を速やかに改正すること。緊急時の保護命令発令の司法手続を迅速化すること。あらゆる形態の暴力の被害者が被害を通報し、申告ができるよう奨励すること。女性に対する暴力に関する事案を扱うために職員が十分な訓練を受けることを確実にすること。配偶者からの暴力の防止及び被害者の保護等に関する法律があらゆる家族形態のすべての女性に対して適用できるよう確実にすること[86]。日本は欧州評議会のオブザーバー資格を有しているが、イスタンブール条約は欧州評議会非加盟国にも開放されており[87]、日本も批准することができる。条約は、日本の刑法改正において導入されるべきレイプを含む犯罪要素の特定に関する完全な法的枠組を提供している。日本は欧州評議会の他の条約を批准している。国家が遵守すべき詳細な義務と、社会に根付く女性に対する差別を撲滅するための予算措置及びその他の措置に鑑みるとイスタンブール条約の批准は大きな挑戦である。しかし同条約の批准により日本政府が2013年に採択した「女性が輝く社会」政策は実効的なものとなろう[88]。

＊（訳注）2017（平成29）年の刑法改正により、刑法177条の条文は以下のとおり改正されている。「13歳以上の者に対し、暴行又は脅迫を用いて性交、肛門性交又は口腔性交（以下「性交等」という。）をした者は、強制性交等の罪とし、5年以上の有期懲役に処する。13歳未満の者に対し、性交等をした者も、同様とする。」
＊＊（訳注）平成29年の刑法改正により、行為の客体の性別を問わなくなった。
＊＊＊（訳注）平成29年の刑法改正により、親告罪の規定が撤廃された。

人身取引とりわけ女性の人身取引の議論に移るとしよう。日本は女性の人身

取引について、最大の受入れ国の1つである。日本は最近になって国連組織犯罪防止条約（パレルモ条約）及び人身取引議定書に批准した[89]。国連の条約より生ずる法的義務を取り上げる前に、日本は2005年に刑法及び出入国管理及び難民認定法の改正を開始した[90]。刑法226条は、所在地国外に移送する目的で人を略取し又は誘拐する行為を禁止するために改正された。つまり、同条は被害者の国籍や所在地にかかわらず、人身取引のすべての被害者に適用可能である[91]。日本は2014年12月に人身取引対策行動計画を策定し、人身取引対策推進会議を設立した[92]。アジア地域において、日本とASEANは2003年に共通行動計画を採択した。そこでは明確な約束として「密入国や人身売買の根本原因に取り組むことにより焦点を当て、またより効果的な情報共有の取決めを発展させることにより、密入国及び人身売買を撲滅するための取り組みを強化する」ことや、「海賊行為に対処し、又は違法薬物の取引及び人身売買などの越境組織犯罪を防止し抑制するための訓練演習の実施を通じて、沿岸警備隊及び権限ある当局間の協力を促進する」ことが述べられている[93]。日本政府によって行われた取り組みにもかかわらず、女性差別撤廃委員会は「締約国が依然として労働及び性的搾取の目的で人身取引とりわけ女性及び少女の供給国、通過国及び受け入れ国」であり、とりわけ娯楽産業における性的搾取の目的となっていると述べている[94]。委員会は日本政府が捜査及び監視プログラムを強化し、「地域の他の国々との情報交換や人身取引業者を起訴するための法手続の調整を含め、二国間、地域内及び国際的な協力を目的とする努力を継続すること」を勧告した[95]。日本がASEAN人身取引条約を批准すれば大きな前進となり、それにより地域の諸国と人身取引を根絶するための密接な協力が可能となる。

IV　地域化と法システム間の対話——結論

女性差別撤廃条約において定義されている女性に対する差別すなわち同条約1条にいう「性に基づく区別、排除又は制限」であって、女性が人権を認識し、享有し又は行使することを害することは、世界中のあらゆる国において未だに根強く残っている。近年とりわけ、女性に対する差別の一形態としての女性に対する暴力への対処が国際的レベルにおいても優先度の高いものとなり、

すべての政治的問題にかかわるものとなっている。差別の性質は国によって異なる。上述のとおり、差別が法により行われている国もあれば、差別は公然と行われていないもののジェンダー平等は完全に達成されたことがない国もみられる。歴史的にみれば、フェミニストは当初選挙権を要求し法律上の平等を獲得しようとしてきた。そのことが、男女が平等の権利を享受するという認識の第一のレベルであったからである。[96]

　ヨーロッパ及びアジアの国の大多数では、法律上の平等は実現しているが、問題の核心は事実上の差別である。国連の社会権規約委員会が述べているとおり「男女の実質的平等は、外見上ジェンダー中立的な法律の制定や政策の策定のみでは達成されない。」なぜならば「それらは現に存在している経済的、社会的及び文化的不平等、とりわけ女性が経験している不平等を考慮に入れていないからである。」[97] 世界の国のほとんどは「構造的」差別に取り組むことができず、ジェンダーによる賃金格差や女性に対する暴力に関するデータにより、そのような傾向が示される。

　結果として、近年国際的及び地域的レベルの双方において採択された法文書は、法律上及び事実上の差別の双方に対応するための重要な一歩として検討されなければならない。上述の部分で、2つの点に焦点を当てて女性の権利を促進するための現行の地域的法文書について分析を行った。1つはイスタンブール条約であり、もう1つはASEAN人身取引条約である。上で概略したとおり、双方の条約とも欠点がありつつも歓迎されなければならない。双方の条約とも、女性であることを理由として行われる犯罪行為に対処することによってジェンダー平等を追求しようとするからである。

　ジェンダー不平等及び女性に対する差別は世界中で頻発するパターンであることから、女性の権利保障の地域化は肯定的な対応である。というのは、所与の社会における主要な挑戦を反映するためである。例を挙げると、女性の性器切除の禁止は少女がそのような慣行を強いられる社会において意味があり、他の社会では意味がない。地域化によって、実効的たりえない過度に一般的な規定を回避することもできる。

　第2に、異なる法システムの間での対話は女性の権利を促進する現行のメカニズムを改善するためには有益なものである。ASEAN人身取引条約がその前

文で欧州評議会人身取引条約の一節を参照したことや、ACWCが条約の正しい実施を評価するための監視メカニズムを開始したことはこの点において示唆的な例である。対話はモデルの押しつけではなく、相互の経験から最善の慣行を見出し自らのものとすることが含意される。従って、欧州連合(EU)によるイスタンブール条約の批准は、女性のための行動にとって一貫した枠組みを提供するための主要な成果となろう[98]。EUによる批准により、欧州評議会の加盟国及び日本のような非加盟国に批准を奨励することとなろう[99]。さらにイスタンブール条約は、ASEAN地域における女性の権利に関する将来の条約のモデルとなる。そのモデルとは、射程としてASEANシステムにおいて採択された行動計画に含まれる非拘束的規定が拘束的ルールに変容し、そのルールの遵守が監視システムの対象となるものである。このような提案はこじつけではない。EUとASEANの関係において、人権は相互協力の中心にある。2015年のEU・ASEAN共同コミュニケにおいて、EUはASEAN人権メカニズムを支援することを約束し、具体的にはACWCの訪問を受け入れ、「移民の権利、人身取引被害者の権利、ビジネスと人権及び企業の社会的責任、拷問、女性及び子どもの権利、ジェンダー平等、差別に対する闘いなどの分野における、ASEANとの対話と協力を進める」ことを約束した[100]。日本に関しては、欧州評議会のイスタンブール条約の批准及びASEAN人身取引条約を批准することで国内レベルにおける女性の保護を強化し、日本政府がこれまで漸進的に行ってきた必要な改革をさらに促すことになると確信している。

【注】

1) この点については、以下の文献を参照のこと。C. Chinkin, H. Charlesworth, *The Boundaries of International Law*, Manchester University Press, Manchester, 2000.
2) ブルネイ、ラオス、フィリピン、タイでは憲法に差別禁止原則が規定されていない。シンガポール及びインドネシアでは、差別禁止事由が盛り込まれているものの、差別禁止事由にジェンダーが含まれていない。
3) Gender data portal of the World Bank, available at http://datatopics.worldbank.org/gender/ (last accessed on 1 June 2017).
　これは性別毎に分類された最新のデータであり、人口・教育・健康・経済的機会へのアクセス・公的生活及び意思決定などをカバーするジェンダーに関する統計の包括的ソースである。

4) European Commission, *Report on Equality between women and men 2015*, Bruxelles, 2016.
5) https://www.oecd.org/gender/data/genderwagegap.htm (last accessed on 1 June 2017).
6) WHO, *Violence against Women, Intimate Partner and Sexual Violence against Women*, updated November 2016.
7) Data from the ASEAN Action plan on the Elimination of Violence against Women (ASEAN RPA on EVAW), adopted at the summit of November 2015, at http://www.asean.org/storage/images/2015/November/27th-summit/ASCC_documents/ASEAN%20Regional%20Plan%20of%20Action%20on%20Elimintation%20of%20Violence%20Against%20WomenAdopted.pdf (last accessed on 1 June 2017).
8) E. Yano, "Violence against Women in Japan: Contemporary Challenges," in M. Tsujimura, E. Yano (eds.) *Gender & Law in Japan*, Tohoku University Press, Sendai, 2007, p. 198.
9) *Women, Business and Law data*, World Bank, 2016, p. 8.
10) http://datatopics.worldbank.org/gender/country/italy (last accessed on 1 June 2017).
11) http://datatopics.worldbank.org/gender (last accessed on 1 June 2017).
12) CETS No.210. 2017年1月1日時点で24カ国が批准している。
13) 同条約は、フィリピンが6番目の批准書を寄託したことにより、条約29条に基づき2017年3月8日に発効した。
14) 同条約76条により、条約は欧州評議会の非加盟国にも開放されている。
15) 同議定書は2000年に採択され、署名のために開放されている。
16) Asis MMB, "Human Trafficking in East and South-East Asia: Searching for Structural Factors," in Cameron S, Newman E (eds.), *Trafficking in Humans: Structural Factors*, United Nations University, Tokyo, New York, Paris, 2008, p. 190.
17) H. Charlesworth, "Inside/Outside: Women and the International Human Rights System," in A. Constantinides, N. Zaikos (eds.), *The Diversity of International Law*, Martinus Nijhoff Publishers, Leiden-Boston, 2009, p 384.
18) 国連憲章1条4項。
19) 世界人権宣言2条。
20) D. Otto, "Women's Rights," in D. Moeckli, S. Shah, S. Sivakumaran (eds.), *International Human Rights Law*, Oxford University Press, Oxford, 2013, p. 320.
21) 女性差別撤廃条約1条は以下のとおり規定する。
「この条約の適用上、『女性に対する差別』とは、性に基づく区別、排除又は制限であつて、政治的、経済的、社会的、文化的、市民的その他のいかなる分野においても、女子(婚姻をしているかいないかを問わない。)が男女の平等を基礎として人権及び基本的自由を認識し、享有し又は行使することを害し又は無効にする効果又は目的を有するものをいう。」
22) Otto, *supra* note (20), p. 323.
23) しかしながら、諸国により留保が付されていることに留意しよう。

24) 中島淨美氏によれば、その主たる原因は「日本が、実際に機能している適切な人権保障システムをすでに備えていると考えている」ことである。K. Nakashima, "Japanese Implementation of International Gender Equality law: Monitoring the CEDAW," in M. Tsujimura, E. Yano, *supra* note (8), p.45.
25) C. Chinkin, "Feminism, approach to international law," in R. Wolfrum (ed.), *The Max Planck Encyclopedia of Public International Law*, Vol. IV, Oxford University Press, Oxford, 2012, p. 1.
26) イスタンブール条約38条。
27) 北アメリカにおいて多文化主義は「エスニシティのみならず、ジェンダー、性的指向及び障害に基づく差異を含む」包括的な人権政策として発展してきた。M. Tsujimura, "Introduction," in M. Tsujimura (ed.), *Gender Equality in Multicultural Societies. Gender, Diversity, and Conviviality in the Age of Globalization*, Tohoku University Press, Sendai, 2010, pp. 4-5.
28) A. Orford, "Feminism, Imperialism and the Mission of International Law," *Nordic Journal of International Law*, Vol. 71 (2002), p. 285.
29) 欧州連合基本権憲章21条は、性的指向を差別禁止事由に初めて含めた規定である。
30) M.C. Nussbaum, *Frontiers of Justice*, Belknap press, Cambridge, 2006, p. 260.
31) Charlesworth, *supra* note (17), p. 390.
32) 女性に対する暴力が差別の一形態であると認められるようになったのは、1992年に女性差別撤廃委員会の一般的見解19及び1993年の女性に対する暴力に関する国連総会決議によってである。
33) *Gabrielle Defrenne v. SA Sabena*, Case 43/75, judgment of 8 April 1976, European Court of Justice, para. 12.
「賃金」の意味は拡張され、委託年金を含むものとして解されている(*Barber v. Guardian Royal Exchange Assurance group*, C-262/88, judgment of 17 may 1990)。
34) 以下の文献を参照のこと。T. Hervey, "Thirty Years of EU Sex Equality Law: Leading Backwards, Looking Forwards," *Maastricht Journal of European and Comparative Law*, Vol. 12 (2005), p. 307; S. Sümer, *European Gender Regimes and Policies*, Ashgate, London, 2009, p. 67.
35) Declaration on Article 8 of the Treaty on the Functioning of the European Union, annexed to the Final Act of the Intergovernmental Conference which adopted the Treaty of Lisbon, signed on 13 December 2007.
36) Directive 75/117/EEC on the approximation of the laws of the Member States relating to the application of the principle of equal pay for men and women [1975] L45/19.
37) Directive 2011/36/EU on preventing and combating trafficking in human beings and protecting its victims, and replacing Council Framework Decision 2002/629/JHA [2011] L101/1. For the purpose of our analysis, we have decided to focus on the Council of Europe Istanbul Convention.
38) Regulation (EU) 606/2013 on mutual recognition of protection measures in civil matters [2013] L 181/4. See also Directive 2012/29/EU establishing minimum

standards on the rights, support and protection of victims of crime, and replacing Council Framework Decision 2001/220/JHA [2012] L 315/57; Directive 2011/99/EU on the European protection order [2011] L 338/2.
39) Directive 2000/78/EC establishing a general framework for equal treatment in employment and occupation [2000] L 303/16; Directive 2002/73/EC on the implementation of the principle of equal treatment for men and women as regards access to employment, vocational training and promotion, and working conditions [2000] L 269/15; Directive 2006/54/EC on the implementation of the principle of equal opportunities and equal treatment of men and women in matters of employment and occupation (recast) [2006] L 204/23. See also the European Added Value Assessment Combatting violence against women, 'An assessment accompanying the European Parliament's Legislative own-Initiative Report (Rapporteur Antonyia Parvanova, MEP)' (2013) 15, at http://www.europarl.europa.eu/meetdocs/2009_2014/documents/femm/dv/eav_violence-against-women-/eav_violence-against-women-en.pdf (last accessed on 1 June 2017).
40) シモーヌ・ヴェイユ (Simone Weil) がその当時欧州議会議長であり、彼女が初の女性議長だったことには留意しなければならない。
41) ジェンダー平等に関する進展は、未だに十分ではない。以下も参照のこと。http://eige.europa.eu/news-and-events/news/eige-launches-gender-equality-index-2015-marginal-improvements-gender-equality (last accessed on 1 June 2017).
42) Communication from the Commission, A Strengthened Commitment to Equality between Women and Men-A Women's Charter: Declaration by the European Commission on the occasion of the 2010 International Women's Day in commemoration of the 15th anniversary of the adoption of a Declaration and Platform for Action at the Beijing UN World Conference on Women and of the 30th anniversary of the UN Convention on the Elimination of All Forms of Discrimination against Women COM (2010) 78 final.
43) See the Report of 10 June 2015, at http://ec.europa.eu/justice/events/future-of-gender-equality-2015/files/report_forum_gender_equality_en.pdf (last accessed on 1 June 2017).
44) See, for example, European Parliament Resolution on Ending Female Genital Mutilation (2012/2684 (RSP)); EU Commission, Communication to the European Parliament and the Council Towards the elimination of female genital mutilation COM (2013) 833 final; European Parliament Resolution on the Commission Communication entitled 'Towards the elimination of female genital mutilation' (2014/2511 (RSP)); Council of the EU Justice and Home Affairs Conclusions on preventing and combating all forms of violence against women and girls, including female genital mutilation, 5 June 2014.
45) The Overarching Post 2015 Agenda-Council conclusions, General Affairs Council meeting Luxembourg, 25 June 2013, at http://www.consilium.europa.eu/uedocs/cms_data/docs/pressdata/en/foraff/137606.pdf (last accessed on 1 June 2017).

46) この点については以下の文献のこと。S. De Vido, "The Ratification of the Council of Europe Istanbul Convention by the EU: A Step Forward in the Protection of Women from Violence in the European Legal System," *European Journal of Legal Studies*, Vol. 9 (2) (2017), pp. 69-102.
47) *Rantsev v. Cyprus and Russia*, judgment of 7 January 2010, European Court of Human Rights, paras. 277-278.
48) 人身取引の定義について、同条約4条(a)は以下のとおり規定する。「『人身取引』とは、搾取の目的で、暴力その他の形態の強制力による脅迫若しくはその行使、誘拐、詐欺、欺罔、権力の濫用若しくは脆弱な立場に乗ずること又は他の者を支配下に置く者の同意を得る目的で行われる金銭若しくは利益の授受の手段を用いて、人を獲得し、輸送し、引渡、蔵匿し、又は収受することをいう。搾取には、少なくとも、他の者を売春させて搾取することその他の形態の性的搾取、強制的な労働若しくは役務の提供、奴隷化若しくはこれに類する行為、隷属又は臓器の摘出を含める。」
49) A.T. Gallagher, P. Holmes, "Developing an Effective Criminal Response to Human Trafficking: Lessons from the Front Line," *International Criminal Justice Review*, Vol. 18 (2008), p. 322; R. Pati, "Beyond the Duty to Protect: Expanding Accountability and Responsibilities of the State in Combating Human Trafficking," in A. Constantinides, N. Zaikos, *supra* note (17), p. 335.
50) 人身取引議定書は、前文において被害者の国際的に認められた人権に言及している。
51) Council of Europe Key Standards on Gender Equality and Women's Rights (2015); Make equality in law a reality in fact-Compilation of recommendations of the Committee of Ministers in the field of equality between women and men (2011); Recommendation Rec (2007) 17 of the Committee of Ministers to member states on gender equality standards and mechanisms adopted on 21 November 2007 and explanatory memorandum; EG (2009) 2 Report: National machinery, action plans and gender mainstreaming in the Council of Europe member states since the 4th World Conference on Women (Beijing, 1995); Stocktaking study of the effective functioning of national mechanisms for gender equality in Council of Europe member states; EG (2004) 4 Report: National machinery, action plans and gender mainstreaming in the Council of Europe member states since the 4th World Conference on Women (Beijing, 1995); EG (2001) 7 Handbook on national machinery to promote gender equality and action plans Guidelines for establishing and implementing national machinery to promote equality, with examples of good practice; EG-S-PA (2000) 7 Report: Positive Action in the Field of Equality between Women and Men; Recommendation R (85) 2 of the Committee of Ministers on legal protection against sex discrimination; Recommendation CM/Rec (2012) 6 of the Committee of Ministers on the protection and promotion of the rights of women and girls with disabilities.
52) http://www.coe.int/en/web/genderequality/gender-equality-strategy (last accessed on 1 June 2017).
53) 地域的レベルでは、その他にベレム・ド・パラ (Belém do Pará) 条約 (米州システム) 及びマープト (Maputo) 議定書 (アフリカ人権システム) がある。

54) Explanatory Report to the Council of Europe Convention on preventing and combating violence against women and domestic violence Istanbul, 11 May 2011.
55) イスタンブール条約の詳細な分析については、以下の文献を参照のこと。S. De Vido, *Donne, violenza e diritto internazionale*, Mimesis, Milano, Udine, 2016; S. De Vido, "The Council of Europe Istanbul Convention on Preventing and Combating Violence against Women and Domestic Violence: An Appraisal," in S. De Vido, L. Candiotto (eds.), *Home-Made Violence*, Mimesis, Milano, Udine, 2016, pp 75-87.
56) 同条の内容を実施するためにとられるべき具体的な行動については、以下の文献を参照のこと。Marianne Hester, Sarah-Jane Lilley, 'Preventing Violence against Women: Article 12 of the Istanbul Convention,' at https://rm.coe.int/CoERMPublicCommonSearchServices/DisplayDCTMContent?documentId=090000168046e1f0
57) 詳細については、De Vido, *supra* note (55)(*Donne, violenza e diritto internazionale*).
58) Addendum to the Human Right Council Thematic Report of the Special Rapporteur on Violence against Women, its Causes and Consequences (A/HRC/29/27/Add. 4), 16 June 2015.
59) http://www.coe.int/en/web/conventions/search-on-states/-/conventions/treaty/country/JAP (last accessed on 1 June 2017).
60) ASEAN人権宣言2条。
61) しかし、ブルネイとマレーシアはイスラム法(シャーリア)に言及し、留保を付している。ASEANは1976年に分野別機関として女性に関するASEAN委員会を設立した。
62) ASEAN SG: Gender Equality should be Central in Achieving ASEAN Community, 13 February 2013, http://asean.org/asean-sg-gender-equality-should-be-central-in-achieving-asean-community/ (last accessed on 1 June 2017).
63) *Ibid.*
64) 国連人権条約実施機関に関するシステムは完全ではなく改革が求められるものの、主要な成果もみられる。以下の文献を参照のこと。P.T. Stoll, "Human Rights, Treaty Bodies," in Wolfrum, *supra* note (25), p. 12.
65) 宣言の原文は以下で閲覧することができる。http://www.ohchr.org/Documents/Issues/Women/WG/ASEANdeclarationVaW_violenceagainstchildren.pdf (last accessed on 1 June 2017).
66) ジェンダーによるステレオタイプについては、以下の文献のこと。R. Cook, S. Cusack, *Gender stereotyping transnational legal perspectives*, University of Pennsylvania Press, Philadelphia, 2010.
67) http://www.asean.org/storage/images/2015/November/27th-summit/ASCC_documents/ASEAN%20Regional%20Plan%20of%20Action%20on%20Elimination%20of%20Violence%20Against%20WomenAdopted.pdf (last accessed on 1 June 2017).
68) Asis, *supra* note (16), p. 190.
69) *Ibid.*, p. 196.
70) A.T. Gallagher, "UN Protocols on Trafficking and Migrant Smuggling," *Human Rights Quarterly*, Vol. 23 (2001), pp. 986-987; A.T. Gallagher, *The International Law on Human Trafficking*, Cambridge University Press, Cambridge, 2010, p. 29.

71) Gallagher, *supra* note (70) (2001), pp. 990-993.
72) それぞれ 2 条及び 1 条。
73) 人身取引議定書は 4 条において「第 5 条の規定に従って定められる犯罪であって、性質上国際的なものであり、かつ、組織的な犯罪集団が関与するものの帽子、捜査及び訴追並びに当該犯罪の被害者の保護」について適用すると定める。
74) Asis, *supra* note (16), p. 196.
75) L. Shelley, "Human Trafficking. Why is it such an important women's issue?" in D. Bergoffen, P.R. Gilbert, T. Harvey, C.L. McNeely (eds.), *Confronting global gender justice. Women's lives human rights*, Routledge, Abington, 2011, p. 41.
76) Gallagher, *supra* note (70) (2010), p. 218.
77) http://asean.org/asean-strengthens-efforts-to-eliminate-trafficking-in-persons/ (last accessed on 1 June 2017).
78) M. Tsujimura, "Law and Praxis for a Gender-equal Society," in M. Tsujimura, E. Yano, *supra* note (8), p. 8. 男女共同参画社会基本法（平成11年 6 月23日法律第78号）。
79) *Ibid.*, p. 7.
80) M. Asakura, "Gender and Diversification of Labour Forms in Japan," in J. Conaghan, K. Rittich (eds.), *Labour Law, Work, and Family*, Oxford University Press, Oxford, 2005, p. 187.
81) CEDAW Committee, CEDAW/C/JPN/CO/7-8, 7 March 2016.
82) 離婚後の待婚期間及び婚姻後の夫婦の氏に関しての女性に対する差別については、以下の文献を参照のこと。S. De Vido, "Women's Human Rights in Japan: Two Recent National Judgments Under the Lens of International Law," *Federalismi.it*, Vol. 2 (2016), pp. 1-12.
83) 配偶者からの暴力の防止及び被害者の保護等に関する法律（平成13年 4 月13日法律第31号）。
84) Yano, *supra* note (8), p. 190.
85) *Ibid.*, p. 201. 最大判昭和28・6・24刑集 7 巻 6 号1366頁。
86) CEDAW/C/JPN/CO/7-8, para. 23.
87) イスタンブール条約第76条。
88) http://www.mofa.go.jp/fp/pc/page23e_000181.html (last accessed on 1 June 2017).
89) T. Kamino, "Japanese Law and Policy against Human Trafficking," in M. Tsujimura, E. Yano, *supra* note (8), p. 83.
90) 日本は2017年 7 月11日に条約と議定書に批准した。
91) Kamino, *supra* note (89), p. 88.
92) CEDAW, *supra* note (81), para. 26.
93) The ASEAN-Japan action plan, 2013, letter C, paras. 8 and 12. http://asean.org/the-asean-japan-plan-of-action-3/ (last accessed on 1 June 2017).
94) CEDAW, *supra* note (81), para. 26.
95) *Ibid.*, para. 27.
96) 例を 2 つほど挙げることにしよう。1792年にメアリ・ウルストンクラフト（Mary Wollstonecraft）は『女性の権利の擁護（*A Vindication of the Rights of Woman*）』におい

て、自然権について検討し、自然権が神によって与えられるものであることから男女ともこれを享受すると述べた。日本では市川房枝が、女性の政治参加に生涯を捧げた。日本の女性は1890年には政治活動への参加が法的に禁止された。市川は婦人参政権獲得期成同盟会の指導者として頭角を現し女性参政権の獲得において中心的な役割を果たした。

97) Committee on economic social and cultural rights, General Comment no. 16 on Article 3 of the Covenant on economic, social and cultural rights, E/C.12/2005/3 13 May 2005, para. 6.
98) このプロセスはすでに始まっており、EUは2017年6月13日にイスタンブール条約に署名した。
99) EUのイスタンブール条約への批准については、De Vido, *supra* note (46).
100) Joint Communication to the European Parliament and the Council. The EU and ASEAN: A Partnership with a Strategic Purpose, 18 May 2015, JOIN (2015) 22 final, p. 13.

第10章

表現の自由
――特に日本とドイツの学説の比較を中心に

實原　隆志

■ 要約

　報道の自由ランキングにおける日本の順位が下降している。「国境なき記者団」はその理由として特定秘密保護法を挙げるが、日本において表現の自由は、プレスの自由も含めて他にも制限を受けてきた。学説は表現の自由の規制の合憲性を、経済的自由の規制の場合よりも厳格に審査するよう求めてきた。そこではしばしばアメリカの判例や議論が参照されてきたが、日本の最高裁は表現の自由を制限する法律を違憲無効としたことはない。その一方で、日本ではドイツの議論が参照されることもある。これについて、ドイツでは人間の尊厳に結びついた基本権かどうかの区別しか行われない、表現の自由を特別の権利とする考えがない、とされることもあるが、ドイツ連邦憲法裁判所はしばしば表現の自由を保護してきた。それゆえ、ドイツには表現の自由を特別な権利として保護するとの考えがない、との主張にはいくらかの誇張があるように思われる。

I　はじめに――2016 World Press Freedom Index

　2016年に発表された報道の自由ランキングにおいて、日本は72位にランクされた[1]。順位の推移を見てみると、2010年には11位であったランクが、2015年には61位に急落しており、2016年の72位はそうした順位の低下傾向の延長線上にあるといえる[2]。このランキングを作成した「国境なき記者団」は、日本を72位とした原因として特定秘密保護法の問題を挙げ、この法律によって福島の原発事故や皇族の生活、防衛がすべて国家秘密になるのではないかと懸念している[3]。

このような近年における順位の急落は、報道の自由の保護という問題が日本において新しく発生した問題であるとの印象を与えるかもしれないが、この自由の重要さを考えると、これが以前の日本ではみられなかった問題なのかを別途検討する必要があるだろう。そこで本章では、日本における基本権保障にかかわる問題として表現の自由の問題を取り上げる。最初に日本における表現の自由の保護と制約の中で重要なものを取り上げ、それに関する判例と学説を概観する。そしてドイツ国内の状況についても、表現の自由の保護と制約、それに対する判例と学説を参照し、日本における表現の自由の保護・制約状況とその状況において必要と思われる視点を明らかにする。

Ⅱ　日本における表現の自由

　日本国憲法の規定の中で報道の自由と密接に関連するのは21条である。21条は集会、結社、言論、出版を列挙したうえで、その他一切の表現の自由が保護されていると規定している。ここには「報道の自由」との文言は出てこないが、判例と学説は報道の自由は憲法21条の観点で重要性をもつと考えている。[4]その一方で、取材の自由は一定の制約に服すこともありうるとされる。国家秘密を保護するためにそれらの秘密情報の取材・報道が制約されるという場面はその一例である。
　そして、冒頭でも取り上げた特定秘密保護法は、そうした取材の自由を制約する作用をもつ法律である。特定秘密保護法は国家公務員などの範囲に限定せず、国家秘密を全般的に保護する初めての法律であるが、この法律については内容面での様々な問題点が指摘されている。その代表的なものとしては秘密解除の原則の不徹底性や特定秘密の範囲の不明確性を挙げることができる。[5]こうした指摘を考えれば、報道の自由ランキングにおいて日本の順位を下げる要因として特定秘密保護法の制定が挙げられたことには十分な理由があったといえる。
　特定秘密保護法は2014年12月に施行されたものであり、その意味で、この法律が新しい問題をもたらした法律であるとはいえる。しかし、このことは、それ以前に取材・報道の自由の保護に関する問題が日本になかったことを必ずし

も意味するわけではない。実際、日本においては従来から表現の自由の保護という観点で活発な議論が行われてきている。

そこで以下では、これまで日本国内における表現の自由に対する主な法的制約と、それに関する判例を概観する。それに対して学説では様々な見解が示されているため、それも紹介した後に、表現の自由の保護に関するこれまでの日本の議論をまとめる。

1 法的な制約——関係規定

表現の自由の制約について規定する明文は日本国憲法にはないため、一般法における制約をみると、まず挙げられるのはわいせつ文書の規制である。刑法175条1項はわいせつな文書、図画、電磁的記録（以下では「文書」とだけ表記する）を規制の対象とし、その頒布、公然陳列、送信を処罰対象としている。また、同2項ではそれらの行為をする目的でわいせつな文書を所持・保管した者も処罰対象にしている。しかし、刑法175条では規制対象となる文書の内容を単に「わいせつ」とするにとどまっているため、刑法175条については規定の不明確性や広汎性が問題となってきた。

同様の問題は例えば関税法における「公安又は風俗を害すべき書籍」の輸入禁止においても起こっている。日本への入国者が持ち込もうとした書籍が輸入禁制品に該当するとされて日本国内に持ち込めない場合には、書籍を通じて日本国内で情報を受領する自由としての表現の自由との関係が問題になる。これらの国レベルでの規制とは別に、地方の条例レベルでも表現の自由の制約は問題となっている。その例としては、わいせつ性、残虐性、犯罪促進性を有する図書を「有害図書」として規制する「青少年保護育成条例」の問題があり、規制対象の不明確性や広汎性への対処が課題となっている。

ここまでみたのはわいせつ性のある文書に関連する規制であったが、それとは別の領域でも、例えば公職選挙法においては選挙運動が厳しく規制されている。典型的な規制として戸別訪問の全面的禁止がある（138条1項）。このほかにも公職選挙法では文書の掲示等について厳しい制限がなされているが[6]、選挙運動は政治的表現の典型例ともいうべきものであり、こうした規制が憲法が保障する表現の自由に反しないかが問題となる。さらに、国家公務員法にも報道

や表現活動にかかわる制限がみられ、111条は秘密漏えいの「そそのかし」を処罰するとしている。この規定は国家公務員を対象とした取材行為を処罰する根拠となる可能性があるが、取材は報道のための準備活動であり、こうした行為を処罰することが憲法上正当化できるかが問題となる。また、同じく国家公務員法は102条において政治的行為を禁止している。この規定は禁止される対象を「人事院規則で定める政治的行為」とするのみであるが、禁止の対象に政治的表現が含まれる可能性がある[7]。

このように日本においてはわいせつ文書に関係する規制が国と地方、それぞれのレベルで行われている。また、表現の自由の制約はそれにとどまっておらず、選挙運動や国家公務員による秘密保持といった場面でもみられている。しかし、これらの規制についてはそれぞれに課題や問題点が指摘されている。そこで以下では、これらの規制について日本の裁判所がどのような判断を示してきたかを概観する。

2 表現の自由に関する日本の判例

最高裁判所における違憲審査の実務をみると、違憲判決は少なからずみられる。さらに近年ではその増加傾向もみられる。表現の自由の制約という点で最高裁は、戦後の初期には公共の福祉を理由として簡単に制約を正当化していたが、その後は表現の自由の制約の合憲性をより精緻にみるための手法として比較衡量を用いている[8]。しかし、そのような手法の下でも、表現の自由の制約を理由とした法令違憲判決はこれまでない[9]。ここでは上で挙げた規制と密接に関連する具体的な事例を取り上げることにしたい。

まず、先に挙げた刑法175条におけるわいせつ文書の規制は合憲とされている[10]。1957年の判決において最高裁は、わいせつ性の概念を定義したうえで、表現の自由は性的秩序を守り最小限度の性道徳を維持するという公共の福祉によって制限できるとした。また、「情報受領権」としての表現の自由に関しても、わいせつな図書の輸入禁止は検閲に該当せず、国内における健全な性的風俗を維持確保することが公共の福祉に合致するため、憲法違反ではないとしている[11]。輸入が禁止される「風俗を害すべき書籍、図画」の概念も限定解釈することが可能であり、刑法175条に関する判例の蓄積によって明確化されている

とした。他方で地方レベルでの制約として先に挙げた「青少年保護条例」についても先例があるが、それらの規制も最高裁は合憲としている[12]。

わいせつ文書を通じた表現は名誉毀損的表現の場合と同様に、すでに刑法で処罰対象となっている表現であり、そこには特殊性もあるといえる[13]。しかし、わいせつ文書や有害図書以外の問題についても、表現の自由の制約を合憲とする最高裁の姿勢に大きな違いはない。まず、公職選挙法における戸別訪問の禁止は合憲とされている。その理由として最高裁は、戸別訪問が買収、利害誘導等の温床になり易く、選挙人の生活の平穏を害するといった、意見表明の手段方法のもたらす弊害を防止する必要性を挙げている[14]。そして、記者による国家公務員に対する秘密漏えいのそそのかしの処罰が問題となった事件でも最高裁は、取材の自由の意義を認める一方でこの事件における取材行為の倫理上の問題を指摘し、この記者の処罰を合憲とした[15]。同じく国家公務員法の問題としては、国営であった郵便局の局員が勤務外で選挙用ポスターを掲示したという事例がある[16]。最高裁はこれを国家公務員法が禁止する政治的行為に該当するとしたうえで、被告人を有罪とした。その理由としては、公務員の政治的中立性の維持と、これに対する国民の信頼を確保する必要があることを挙げている。

以上のとおり、日本において最高裁は比較衡量を用いることで表現の自由に対する規制の合憲性を審査し、わいせつ文書や有害図書の規制を合憲としてきた。確かに特に性表現は刑法上処罰対象となっているという点で特殊ではあるが、最高裁はそれ以外の表現行為の規制についても正当化する姿勢を見せてきている。このようにして日本の判例は全体として、表現の自由の制約を合憲とする傾向をみせている。

3　日本における学説——表現の自由と関連するもの

ここまで述べたことからわかるのは、日本においては報道の自由や表現の自由が憲法上の保護を受けている一方で、様々な制約を受けていることである。つまり、日本においては報道の自由や表現の自由の保護は最近になって初めて問題となったわけではなく、常に基本権保障という点で重要な課題であったのである。これに対して最高裁は、表現の自由の法的な制約の合憲性についても比較衡量を用いて多くの規制を正当化してきている。そこで問題となるのは、

こうした状況を日本の学説はどのように考えてきたかであろう。

学説は、最高裁が表現の自由の制約に際して比較的単純な比較衡量を用いる傾向があることに対して批判的である。最高裁における比較衡量の問題点としては、抽象的な利益を強調したうえで表現の自由の制約を認めていることと、衡量の方法や基準について述べられてないことが挙げられている[17]。これに対して学説は、比較衡量という手法自体を否定するわけではないが、表現の自由に「優越的地位」が認められるべきであるとしている。日本における標準的な憲法の基本書においては[18]、制約されているのが精神的自由である場合とそれ以外の場合とに分けられ、そのうち精神的自由の制約の合憲性は厳格に審査されるべきであるとされている。なかでも表現の自由は個人の人格の発展と民主政治にとって不可欠であるために、強い保護が求められるとしている。こうした、精神的自由の規制とその他の自由の規制の合憲性を異なる基準・厳格さで審査するよう求める考え方は、「二重の基準」論と呼ばれている。

しかし、表現の自由の制約も一様ではないため、学説は表現の自由の制約を表現内容の制約と表現内容に中立的な制約に分けている。そのうち表現内容の制約の合憲性は厳格に審査されるべきであり、規定の明確性や最小限度性などが厳しく検討されなければならないとする。その一方で、内容中立的な制約は、表現の時・所・態様の制約と表現そのものとはいえない行為（「象徴的言論」）の規制に分けられ、これらの合憲性はやや緩やかな基準によって審査してよいとされている。また、表現の自由の規制は事前抑制と事後規制とに分けられ、事前抑制は危険性の高い規制として扱われている。そして学説の多くは[19]、検閲は絶対的に禁止されるものと理解している[20]。

このようにして日本の学説は、最高裁が表現の自由を規制する法律を違憲としないのに対して、憲法が保護する権利・自由のうち、精神的自由をとりわけ重要なものとして扱い、特に表現の自由の規制の合憲性を厳格に審査するよう求めてきたが、これはアメリカの影響を受けてきたものである。二重の基準論や比較衡量論が用いられはじめた経緯には日本とアメリカとで違いもあるが[21]、日本の裁判所が表現の自由の制約を正当化する姿勢をみせているという状況において[22]、実務において表現の自由の強い保護が定着しているアメリカの議論を参考にすることは有意義であったといえよう。

200　第3部　ヨーロッパとアジアにおける個別の人権問題

4 小　　括

　以上のとおり、日本においては特定秘密保護法が制定される以前から、表現の自由の保護が課題となっていた。そして判例は表現の自由の規制を正当化する姿勢をみせてきたのに対して、学説は批判的な姿勢を示し、アメリカの理論を参考にしながら「二重の基準」論を提唱してきたのである。

Ⅲ　ドイツとの比較

　先に述べたとおり、日本の学説はアメリカの理論を参考にしながら表現の自由の重要性を説いてきたが、最高裁の判例を見る限り、学説が提示したこれらの考え方は最高裁で受け入れられているとはいい難い。そうであるならば他の国の議論を参考にすることも考えられ、1つの方法としてはドイツの議論を参照することが考えられる。実際、日本においても多くの研究者がドイツの議論を研究しているが、表現の自由に関するドイツの議論を参照することに対して懐疑的な見解もある。以下ではそうした指摘を紹介した後に、ドイツにおける表現の自由の保護と制約の状況を概観する。

1　ドイツにおける表現の自由の保護に対する懐疑的な見解

　松井茂記は、ドイツでは基本的人権の性質に応じて異なった基準を適用すべきだという考え方はとられていないといい、「二重の基準論はとられていないのです」と断言する[23]。ドイツにおいては、確かに人間の尊厳に結びついた基本権かどうかの区別は行われるが、意見表明の自由の制限について厳格な基準を適用すべきだとの考え方はとられていないとしている。

　また松井は、ドイツのプレスの自由に関する議論の問題点も挙げる[24]。マス・メディアが強大な社会的権力を有するに至っているという状況ではマス・メディアはそれ相応の社会的責任を負うべきとの考え方が生じ、このような議論がドイツではマス・メディアの「公的責任」ないし「公的責務」論として行われているとする。松井も指摘するとおり、ドイツの各州の出版法は情報を得て伝達し、意見を述べ批判を行うことや意見の形成に参加することをプレスの責務として規定しているが、マス・メディアがその社会的責任を自覚して責任ある

報道を行うことは望ましいとはいえるとしても、ドイツのこのようなやり方は表現の自由保障との関係で重大な憲法問題を提起せざるをえないと批判する。特に、マス・メディアの社会的責任を法的責任と捉えるという問題、責任追及のための法的制度を設けることの問題、法律を用いてマス・メディアの責任を実現・確保しようとすることの問題があるとしている。

しかし、ドイツにおける表現の自由やプレスの自由に関する松井の理解には批判的な検討も必要であろう。松井は、ドイツでは基本権について、人間の尊厳と結びついた区別しかしていないとし、また、ドイツではプレスが各州の出版法によって強い制限を受けているとの印象を与える議論をしている。しかし、ドイツでは本当に人間の尊厳に結びついているかどうかという点でのみ基本権が区別されているのか、確認しておかなければならないだろう。また、ドイツでは判例における表現の自由の保護が強いことを前提にその賛否が争われているとの認識も他の学説によって示されており[25]、ドイツの判例や学説は意見表明の自由の制限については厳格な審査基準を適用すべきとの考え方をとっていないのかも検証する必要がある。加えて、ドイツの州の出版法がプレスの公的責任について定め、それを法的責任としているとして、それによって具体的に何が実現・確保されようとしているのかもみておく必要があるだろう。

ドイツにおける表現の自由の保護・規制に関する松井の見解は先述したとおりであるが、以下ではドイツにおける表現の自由やプレスの自由に関する松井の認識が妥当であるかを検討する。ただその場合にはドイツの議論状況を具体的に示しておく必要があるため、ここではドイツにおいて表現の自由がどのように保護・制約されているかをみることとしたい。

2　ドイツにおける表現の自由の法的な保護・制約

ドイツにおける表現の自由の保護状況からみていくと、まずドイツの憲法にあたる「基本法 (Grundgesetz)」は5条1項1文で「意見表明」の自由を、同2文で出版の自由を保障している。また2文では報道の自由も放送と映画によるものとして明文で保障されており、ドイツにおいては、これらの自由が「コミュニケーションの自由 (Kommunikationsfreiheit)」と総称されることがある。次に基本法における制約をみると、まず基本法5条2項は、1項で保障されて

いるコミュニケーションの自由に対する制約根拠を挙げている。そこで挙げられているのは一般法律による制約と他人の名誉や青年の保護であるが、そのほかにも他の憲法上の利益による保護ゆえの制約もありうるとされている[26]。次に一般法の規定をみていくと[27]、ナチス支配を正当化するような言動が処罰対象となっていることが注目される。例えばドイツ刑法86条1項4号は、ナチス組織の試みを継続をするためのプロパガンダ的道具の配布等を処罰するとしている。また同130条も民衆煽動罪を構成する行為として、集会等におけるナチスの支配のもとで行われた集団殺戮（3項）や暴力的支配（4項）の正当化等を挙げている。他方で州レベルでは、州の出版法における規定をプレスの自由の制約として挙げることができる[28]。出版法の内容は州によって異なるものの、そのほとんどがプレスの公的責務について言及しており、具体的な特権や義務も個別に規定されている。代表的なものとしてはプレスが行った事実の主張に対する反論権がある[29]。

　このようにドイツにおいても表現の自由が基本法において保護されており、また、それに対する制約があることも日本におけるのと同様である。ただ、ナチス支配を正当化するような表現の処罰やプレスの公的責務が規定されていることは日本の現行法にはみられない特徴である。それゆえ、ドイツには表現の自由に対して日本では行われていないような規制があるということができ、ドイツでは表現の自由やプレスの自由を強く保護すべきとはされていないといわれることにもそれなりの理由があるといえる。

3　表現の自由に関するドイツの判例

　ここまでみたように、ドイツにおいては基本法において放送や報道の自由も含めて、コミュニケーションの自由が保障されている。他方で上述のような、基本法・一般法、また州レベルの法においてその自由を制約する規定がみられ、それがドイツにおいては表現の自由に対する制限の合憲性を厳格な基準によって審査すべきとはされていないとの指摘を招いているとも考えられる。しかし、ドイツにおける表現の自由の保護や制約の状況を評価するためには、上述のような制約の合憲性を（連邦憲法）裁判所がどのように検討してきたのかをみる必要があるだろう。以下では関係する判例を紹介するとともに、学説も概

ね判例に好意的なことから、関係する学説も必要に応じて紹介することにする。

(1) 表現の自由について

ドイツの判例においては明らかに真実でない事実の主張は憲法上保護されないとされており、「アウシュヴィッツの嘘」事件では意見表明の自由の制約がドイツに暮らすユダヤ人の宿命とその名誉の保護の必要性を理由に正当化されている[30]。しかし、連邦憲法裁判所の判例では意見表明の自由は重要なものとされることも多く、そのことを示した最初の事例と位置づけられている先例が「リュート判決」である[31]。

リュート判決は戦後のドイツ憲法史において重要な判決であり、その重要性は意見表明の自由の保護という点にも見出すことができる。この事件ではナチス政権下でプロパガンダ映画を作成していた脚本家が戦後に作成した、ある映画に対するボイコットの呼びかけが問題になった。これに対して、映画会社が、上映をしないことの呼びかけと映画鑑賞に行かないことを申立人が求めるのを禁止するよう求め、これを通常裁判所は認めた。しかし、この決定に対して憲法異議が申し立てられ、連邦憲法裁判所はこの憲法異議を認容した。

意見表明の自由に関係する部分だけを取り上げると、まず連邦憲法裁判所は、基本法は客観的秩序を構築しているとする。この事件は基本的には私人間の紛争に関するものであり、その関係において意見表明の自由がどのような効力をもつのかが問題となるが、連邦憲法裁判所は、基本権の秩序は自由に発展する人格とその尊厳を基本とした価値システムであり、その価値システムは法のすべての領域に妥当し、基本権は私法に対しても放射作用をもたらすとしている[32]。次に意見表明の自由の重要性に関する説明をみると、連邦憲法裁判所は、自由な意見表明という基本権は自由で民主的な国家秩序をまさに構成するものであるため、すべての領域において発言の自由が原則的な推定を受けるとしている。すでに述べたとおり、意見表明の自由に対しては一般法律による制約が基本法において予定されているが、基本権を制約する法律は、意見表明の自由が有する自由で民主的な国家における価値設定的意義を認識して解釈されなければならず、一般法律が有する意見表明の自由を制約する作用も再度制約されなければならないとしている（「相互作用理論」）[33]。リュート判決が意見表明の自由を自由で民主的な国家秩序にとって重要であるとの見解を示した部分は

後の判例でも繰り返し参照されており、一例としては、フランクフルト空港内でビラを配布することを一律に禁止し、事前の許可を求めたことが違憲とされた事例がある[34]。

リュート判決で示されたような見解に対する学説の評価をみると、意見表明の自由が有する重要性は学説でも認められており[35]、意見表明の自由には、私的なものとしての意義に加えて、民主的立憲国家における政治的公共化という意義もあるとされている。まず、5条1項は人間の尊厳に根源をもつとされ、意見表明の自由は精神的な好奇心や知への渇望、参加の欲求を個人的・私的に満たす権利であるとされる。他方で意見表明の自由には客観的保障という意味もあるとされる。そこでは民主的公共が高権的な活動を統制する中心的機関として位置づけられ、意見表明の自由の重要性もそれと関連づけられている。そして意見表明の自由が有する重要性は公共の利益との衡量の際に考慮されていると説明され、特にコミュニケーションの自由の制約が内容と直接かかわる場合には、侵害の正当化の可否を検討する際に行われる比例性の審査を厳格に行わなければならないとされている[36]。

既述のとおり、「アウシュヴィッツの嘘」事件では表明されている意見の内容に着目した制限が行われており、このような制限を連邦憲法裁判所は合憲とした。しかし、リュート判決においては意見表明の自由の重要性が説かれており、このような理解は後の判例でも基本的には維持されている。先に述べたものの他にも連邦憲法裁判所は、意見表明に対する刑事制裁[37]や民事制裁[38]がもたらす萎縮効果を指摘しており、また法律の明文にない不文のルールを適用して反ユダヤ集会を禁止することも違憲としている[39]。このように、連邦憲法裁判所の判例においては、意見表明の自由の意義、それに対する法的制裁のもたらす効果、法律に規定のない理由で規制することの問題が指摘されており、実際に、意見表明の自由を制約する当局の処分がたびたび違憲とされているのである。

(2) プレスの自由について

このように連邦憲法裁判所の判決において、少なからぬ事例で意見表明の自由の重要性が指摘されており、結論においてもしばしばその制約が違憲とされている。他方で、先に述べたとおりドイツではプレスの公的責務などが州の出版法で規定されており、プレスの自由の制約は認めやすくなっている可能性が

ある。そこで、連邦憲法裁判所がプレスの自由の制約とその合憲性についてどのように述べてきたかをみることにしたい。

　まず連邦憲法裁判所は「プレス」の概念を広く理解しており、企業誌を発行している者もプレスの自由を享受するとしている[40]。さらにその判決においては、企業誌に投稿した者の匿名性の保護がプレスの自由の制度的理解に含まれるとしている。また、雑誌『CICERO』の編集室等が国家秘密公表罪の容疑で捜索を受けたことが問題となった事例では、情報提供者の探知を目的とする捜索はプレスの自由に反し違憲であるとされた[41]。この事件において連邦憲法裁判所は、基本法5条1項2文は客観法的な意味を有しており、それによって情報源の秘密とプレス、場合によっては放送と情報提供者の信頼関係が保護されるとした[42]。他方で、学説においてもプレスの「制度的自由」や「公的任務」が語られている。実務において公的任務等が語られる場合にも、メディアの独自性（Eigenlogik）を保護するという観点から、プレス制度を形成する立法者の行為を拘束するものとして現れることがある[43]。

　先にも述べたとおり、ドイツにおいては各州が出版法を定めており、その中でプレスの公的責務が規定されている。公的責務に関する規定とは別に具体的な義務が個別に規定されていることも多いが、プレス法自体では明記されていない要請もあるとされ、そのような要請の例としてプレス企業における「内部的自由」の保護を挙げることができる。それゆえ、州の出版法がプレスの公的責務を規定することで何が帰結されているかは、この「内部的自由」の保護が問題となった連邦憲法裁判所の事例をみることでいっそう明らかになるだろう。

　連邦憲法裁判所は内部的自由に該当する事例の範囲を厳格に捉えており、プレス企業において発行者（Verleger）が編集者を解雇する際に、経営評議会の意見を聴かなかったことはプレスの自由の問題ではないとされた。その理由として連邦憲法裁判所は、この事件で問題となっているのが発行者と経営評議会の関係の問題であり、発行者とジャーナリストの関係の問題ではないことを挙げている[44]。また学説においては、内部的自由の問題はプレスの自由の労働法への放射作用と捉えられている[45]。内部的自由の原則が妥当するのはジャーナリストと編集者・発行者の関係においてであるが、編集者との関係でジャーナリストに保護されるのは最低限の独立性であるとされる。そのため、立法者が法律に

よって制度保障の形成を行うといっても立法者が行いうることは限定されると考えられている。

(3) ドイツにおける表現の自由に関する判例の特徴

以上のとおり、ドイツにおいてはプレスの「公的責務」が州の法律で規定されていたり、法には明記されていない要請として「内部的自由」の保護が挙げられたりしている。しかし、判例も学説もそれらを根拠にすることでメディアの独自性を失わせることを認めているわけではなく、内部的自由の妥当範囲も広いものとは理解していない。このことから、ドイツにおいてプレスの自由に対する「制約」は、一見するほどには簡単に正当化されているわけではないといえるだろう。

4　ドイツにおける表現の自由の保護状況

本章ではここまで、ドイツにおける表現の自由の保障と制約、そしてその合憲性を審査する際の判例や学説の姿勢を紹介してきた。そこでは、ドイツにおいてはコミュニケーションの自由の制約が少なからぬ事例で違憲とされていることをみた[46]。しかし、既述のとおり、日本では、ドイツでは基本権は人間の尊厳との結びつきの有無によって分類されている、また、ドイツには表現の自由を特に強く保護すべきとの考えはない、とする見解がみられる。そこで、以下ではこのような見解の妥当性について、意見表明の自由の問題とプレスの自由の問題の順に検討する。

ドイツの刑法にはナチス支配を正当化する言論を処罰する規定があり、実務においてもそれを合憲とするものがある。それでも、意見表明の自由の保護に含まれないものは明らかに真実ではない事実の主張に限定されており、表明される意見の内容の規制が正当化される場合でも、ドイツで暮らすユダヤ人の宿命が理由とされている。その意味でナチスの支配を正当化しようとする言論の規制は、ドイツに暮らすユダヤ人の保護を図るための、例外的なものといえる。ドイツにおいても意見表明の自由がもつ自由で民主的な秩序を構成するものとしての意義はしばしば指摘されており、人間の尊厳と結びつくかという観点でのみ基本権が区別されているわけでもない。刑事・民事上の制裁が意見表明に対してもたらす萎縮的効果の問題や法律の明文にはない不文の要件を適用

して表現行為を制約することの問題も指摘され、さらに連邦憲法裁判所の判例には意見表明の自由の制約を違憲としたものが少なくないのであり、ドイツでは意見表明の自由をとりわけ重要なものとする考えがないとまではいえないだろう。

　その一方で、「プレスの自由」についてはドイツに特有の理解がないわけではなく、プレスの自由がドイツにおいては強く制限されているとの評価は考えられる。しかし判例や学説をみる限り、まず、「プレス」の概念は広く理解されている。そして、判例や学説ではプレスの自由には制度的な側面や客観法的意味があるとされているが、プレスに対する規制が簡単に正当化されているわけではない。むしろ、プレスの制度的理解や客観法的意味からは、例えば投稿者の匿名性の保護や情報提供者の探知を目的とした捜索の違憲性が導かれている。事実の主張に対する反論権（の付与）のようなマス・メディアの義務を明示する規定がないにもかかわらず語られているものとして内部的自由があるが、内部的自由は学説においては公的責務から直接的に導出されているわけでなく、プレスの自由の労働法への放射作用の１つと位置づけられている。そして判例において内部的自由の問題となる事例の範囲は限定的に捉えられており、学説でも内部的自由は編集者に対するジャーナリストの最低限の独立性の保護にとどまると理解されている。それゆえ、立法者が内部的自由の保障という形でのマス・メディアの責任を法律を用いて実現・確保しようとしても、その権限は限定的なものとなる。ドイツにおいてはプレスの制度的自由や客観法的側面が語られ、州のプレス法ではプレスの公的責務が規定されているものの、それらがプレスの活動を強く拘束するものとはなっていないといえるだろう。

　本章で取り上げたのはコミュニケーションの自由に関するドイツの学説や判例の一部にとどまり、判例や学説を細かくみていけば、表現の自由やプレスの自由を必ずしも強く保護していないようなものもあるかもしれない。また、ドイツにおける表現の自由の保護がアメリカ国内での保護ほどには強くないことも確かだろう。それでも、日本でしばしばいわれるような「ドイツにおいては表現の自由を特別に保護するとの考えはない」との評価は誇張を含んでおり、正確なものではないように思われる。

Ⅳ　おわりに

　本章では、報道の自由ランキングにおける日本の順位が近年急落していることを背景に[47]、日本における基本権保障の課題として報道の自由や表現の自由の保護を取り上げた。しかし、日本においては以前から表現の自由の保護が基本権保障という点での課題となっている。このような状況においては日本以外の国における議論を参照することには大きな意味があり、これまでの学説はアメリカの議論を参照することで表現の自由を強く保護する必要性を示そうとしてきた。これに対してドイツでは表現の自由やプレスの自由の制約の合憲性が厳格に審査されていないとの見解も日本では示されているが、ドイツの判例や学説における表現の自由やプレスの自由の保護は決して弱いものではない。そのため、日本において表現の自由の重要性や表現の自由を強く保護する必要性を主張するのであれば、アメリカとドイツの違いを強調するよりも、ドイツと日本の違いに目を向け、ドイツの学説・実務から学べることを探るのが得策であろう。

【注】

1) 本章は2017年1月30日のEUSIシンポジウム "Human Rights Issues in Europe and Asia" において筆者が "Guarantee of the Right to Freedom of Speech in Japan: A Comparison with Doctrines in Germany" とのタイトルにおいて行った報告を基に作成されたものである。ここで2016年のランキングに言及しているのもそのような事情による。
2) https://rsf.org/en/ranking（最終アクセス日：2018年2月26日）。この順位は70位の韓国と71位のタンザニアに続くものであり、それ以降は73位がレソト王国、74位がアルメニアとなっている。なお、2017年のランキングも72位であった。
3) なお、2005年のランキングでは37位であった。
4) 判例として、最大決昭和44・11・26刑集23巻11号1490頁、最一小判昭和53・5・31刑集32巻3号457頁、最三小決平成18・10・3民集60巻8号2647頁。
5) また、「適正評価」においては、特定秘密を取り扱う予定の者が調査される。飲酒の量や病歴といったプライバシーの奥深くに入り込む調査であるため、プライバシー侵害ではないかという問題も含んでいる。
6) そのため、日本の選挙運動においては、選挙カーを使って候補者の名前を連呼して走るという運動が中心となっている。こうした日本の選挙運動の特異性は映画『選挙

（Campaign）』（想田和弘監督、2007年）でも描かれている。
7) 国家公務員法は「政治的行為」の内容の確定を人事院規則に委ねているという点で、禁止の対象となる行為の内容の確定を行政機関に委ねているという問題も含んでいる。
8) 山川洋一郎「利益衡量論」芦部信喜編『講座　憲法訴訟〔第2巻〕』（有斐閣、1987年（復刊版は2012年））301頁以下（343頁）。
9) 法律の規定を限定的に解釈することで表現行為が保護された事例はある。最二小判平成24・12・7刑集66巻12号1337頁。最近の事例の中には、精緻化された審査もみられないわけではない。渡辺康行・宍戸常寿・松本和彦・工藤達朗『憲法Ⅰ　基本権』（日本評論社、2016年）228頁（宍戸常寿）参照。
10) 最大判昭和32・3・13刑集11巻3号997頁。
11) 最大判昭和59・12・12民集38巻12号1308頁。
12) 最三小判平成元・9・19刑集43巻8号785頁。
13) 芦部信喜（高橋和之補訂）『憲法〔第6版〕』（岩波書店、2015年）189頁参照。
14) 最二小判昭和56・6・15刑集35巻4号205頁。
15) 最一小判昭和53・5・31刑集32巻3号457頁。この事件では記者と当該公務員がいわゆる不倫関係にあったことが問題とされた。
16) 最大判昭和49・11・6刑集28巻9号393頁。
17) 山川・前掲注8）、323頁以下。
18) 芦部・前掲注13）、103頁以下。
19) 芦部は検閲を絶対的禁止の対象とはみていない（同198頁以下参照）。
20) 佐藤幸治『日本国憲法論』（成文堂、2011年）257頁。検閲を絶対的禁止と理解している点では判例も同様であるが（税関検査事件・最高裁判決）、判例と通説とでは検閲の定義が異なっている。
21) 二重の基準論を提示したとされる1938年のU.S. v. Carolene Products Co.（304 U.S. 144 (1938). 松井茂記「市民的権利の制限と司法審査のあり方」樋口範雄・柿嶋美子・浅香吉幹・岩田太編『アメリカ法判例百選』（有斐閣、2012年）46頁以下）は、直接的には経済活動の規制の合憲性が問われた事件であった。また、比較衡量が日本の判例においては表現の自由の制限が簡単に正当化されてはならないとの観点で用いられ始めたという違いもある。
22) 例としてNew York Times Co. v. Sullivan, 376 U.S. 254 (1964). 常本照樹「名誉毀損と言論の自由」樋口範雄ほか同上書70頁以下。
23) 松井茂記『LAW IN CONTEXT　憲法』（有斐閣、2010年）300頁。また、それに依拠した説明をしているものとして、曽我部真裕・赤坂幸一・新井誠・尾形健編『憲法論点教室』（日本評論社、2012年）20頁（松本哲治）。
24) 松井茂記『マス・メディア法入門〔第5版〕』（日本評論社、2013年）347頁以下。
25) 毛利透「ドイツの表現の自由判例における萎縮効果論——1980年代まで」樋口陽一・上村貞美・戸波江二編集代表『日独憲法学の想像力　上巻　栗城壽夫先生古稀記念』（信山社、2003年）573頁以下、毛利透「ドイツの表現の自由判例における萎縮効果論——1990年代」法学論叢153巻1号（2003年）1頁以下。
26) Helmuth Schulze-Fielitz, in: Horst Dreier (Hrsg.), Grundgesetz Kommentar, Bd.I, 3.Aufl., 2013, S.685. なお、わいせつ表現の規制は「芸術の自由」の問題として扱われて

いる。Vgl. Michael Kloepfer, Verfassungsrecht Band II Grundrechte, 2010, S.305.
27) 連邦選挙法では、選挙運動に関する規制は特に規定されていない。
28) ドイツにおいても州レベルで青少年有害図書指定の制度があるが、仕組みが日本のものと異なっているため割愛した。関係する事件としてBVerfGE 90, 1（日笠完治「青少年有害図書指定と学問の自由および意見表明の自由」ドイツ憲法判例研究会編『ドイツの憲法判例II〔第2版〕』（信山社、2006年）197頁以下）がある。
29) メディアの特権を規定しているものの例としては、プレスに情報公開請求権を与えているバイエルン州・出版法4条がある。
30) BVerfGE 90, 241. 小野寺邦広「『アウシュビッツの嘘』規制と意見表明・集会の自由」ドイツ憲法判例研究会編『ドイツの憲法判例II〔第2版〕』（信山社、2006年）162頁以下。
31) BVerfGE 7, 198.
32) BVerfGE 7, 198 <205-207>. 木村俊夫「言論の自由と基本権の第三者効力——リュート判決」ドイツ憲法判例研究会編『ドイツの憲法判例〔第2版〕』（信山社、2003年）157頁以下。
33) BVerfGE 7, 198 <208f.>.
34) BVerfGE 128, 226.
35) Fielitz, Fn.26, S.638ff.
36) BVerfGE 124, 300 では、ナチス体制における幹部をたたえる集会の禁止が合憲とされている。それでも連邦憲法裁判所は、意見表明の内容と結びつき、そこから生じる権利侵害を禁止・制裁する法律は、厳格な中立性・平等性の下でしか認められないとしている。
37) BVerfGE 43, 130.
38) BVerfGE 54, 129.
39) BVerfGE 111, 147 <156>. 渡辺洋「NPDによるシナゴーグ建設反対集会の禁止」ドイツ憲法判例研究会編『ドイツの憲法判例III』（信山社、2008年）242頁以下。
40) BVerfGE 95, 28.
41) BVerfGE 117, 244.
42) BVerfGE 117, 244 <258f.>.
43) Fielitz, Fn.26, S.707f.
44) BVerfGE 52, 283.
45) Fielitz, Fn.26, S.745f.
46) 上で挙げられなかったものとして BVerfGE 107, 275. 川又伸彦「ショック広告と表現の自由」ドイツ憲法判例研究会編『ドイツの憲法判例III』（信山社、2008年）131頁以下。
47) このランキングは1つのNGOが作ったものにすぎず、ランキングの決定方法（鈴木秀美「『国境なき記者団』の調査からみえる過去最低の『72位』の背景と問題点」『Journalism』314号（2016年）106頁以下は、ランキングの決定方法を解説している）には問題もあるかもしれない。それでも、こうした順位付けがなされたことをきっかけとして日本国内の表現の自由の保護の現状を見つめ直すことには意味があると思われる。

第11章

アジアにおける中国の開発銀行
―― 人権の観点

マティアス・ファンフレブッシュ（Mattias Vanhullebusch）
（翻訳：渡辺　豊）

■ 要約

> 中国による新たな開発銀行の設立により、それらの銀行による融資が将来的に人権及び環境に関する権利保障が損なわれるのではないかとの懸念が西側諸国に生じている。しかし、アジアインフラ投資銀行（AIIB：Asian Infrastructure Investment Bank）の運営及び融資に関する規則をみると、銀行の評価及び（最大の出資国である）中国の国際的イメージを確立するためにこれらの国際的規範は遵守されるべきであるが、融資受入国の主権にかかわる利益との衡量がなされなければならない。AIIBにおいて先進国・途上国の双方が加盟国であることや、世界銀行やアジア開発銀行などの既存の開発銀行との協力を通して、AIIBの融資の実行において人権及び環境に関する権利の保障を漸進的に進展させる余地が十分にある。

I　はじめに

　中国経済の発展により、中国による海外発展方針は新たな段階に至った。BRICS銀行としても知られている新開発銀行の2014年の設立、及び2015年のアジアインフラ投資銀行（AIIB：Asian Infrastructure Investment Bank）の設立以来、アジアにおける地域開発銀行であり、中国も1986年から加盟国であるアジア開発銀行と中国との関係は捉え直されている。中国のイメージ通りの国際経済秩序に作り変える努力により、これらの開発銀行を通じた開発と規範に関する話法及び戦略的パートナーシップは必然的に影響を受けている。2015年の「シルクロード経済ベルトと21世紀海上シルクロードを推進し共に構築する構

想と行動」は、海と陸のシルクロードの途上にある国々との経済・発展関係を促進し、共通の発展のための共同体を構築しようとする中国の地政学的な野心と密接に結びついている[1]。

　これらの開発銀行が、既存の開発銀行と競合的であるよりは補完的であるとする中国の説明は、しかしながら中国の隠れた主権問題を無視するに至るほどは西側諸国を完全に納得させるものとはなっていない。特に、中国の関与する開発銀行により採択されたプロジェクト（ないしは提案）の選別・評価・監視における基準や、投資に対する資金供与の基準については懸念が表明されている。それゆえ、環境に関する指標や労働条件については妥協的であると理解されている。反対に、西側の開発銀行により提供される国際的基準・コンディショナリティにより、国内及び地域の共同体の生活をよりよく守ることができる。にもかかわらず、AIIBの加盟国には先進国・途上国が含まれることに鑑みれば、そのような態度は既存の開発銀行と新たな開発銀行との間のより広範な対話の始まりであり、対話が進むことで共通の基準を組み入れることになる[2]。

　開発銀行間の人権規範の相互富穣化や協力を強化するための潜在的基礎は、中国の開発銀行による社会・経済的権利及び環境に関する権利の保障である。だがそれは発展途上国による発展の権利の理解に照らして認識されなければならない。さらに、中国が国内において法の支配に基づく変革を追求するという約束は、中国の国際的イメージとりわけ人権・環境といった分野において国際法を遵守するという中国の決意について即座に影響を生じさせることになる。それでも、そのような約束は状況に依存するものにならざるをえず、結果として中国の開発銀行の資金供与の実行による人権及び環境に関する権利の実施は漸進的なものとなろう[3]。

　本章では、中国の新たな開発銀行の運営について、上述のような人権に関する様々な懸念を検討する。第1に、それらの開発銀行がいかに正当化されてきているのかについて中国の観点から検討する。そこでは特にいわゆる発展の権利が独自の開発銀行の設立という手段による、中国の新たな国際経済秩序に正統性を付与してきたことについて主に検討する。第2に、既存の開発銀行に対する中国の過去及び現在の貢献を考察し、新たな開発銀行が補完的であると中国は言明しているが、かかる貢献によりアジアにおける多数国間協力的アプ

第11章　アジアにおける中国の開発銀行　213

ローチを実効的に進展させてきたのか否かについて評価を行う。第3に、本章では中国の設立した新たな開発銀行を通じたプロジェクトへの資金供与における環境及び社会的基準の遵守の可能性を検討する。さらに、地域的及び国際的開発銀行との間で、アジアにおける開発資金供与の指針となりうる人権指標の作成・発展・解釈・適用の調和の可能性についても検討する。

II 発展の権利——中国による新国際経済秩序への正統性付与

　発展の権利は、1960年代以降世界中の様々な場所で植民地主義からの独立闘争の結果として人民を解放し、国際経済秩序の再構築のための新たな主張を支えるためにかつて援用された。新国際経済秩序は、1970年代初頭に（非拘束的文書あるいはいわゆるソフト・ローである）新国際経済秩序の樹立に関する宣言や国家の経済的権利義務憲章[4]などの国連総会決議において確認された。他方で、発展の権利は先進国にとっては、連帯や、開発資金供与ないしは特恵貿易などの開発支援の名のもとに、国際社会の最も恵まれていないメンバーに対する経済的・政治的な支配力を再構築し潜在的にはその支配力を追求し続けるためのツールともなった。先進国によるそのような介入は国連憲章2条7項違反であるが、かつては人民の自決権の表現であった発展の権利の集団的側面を、個人の人権保護の領域に移動させることとなった。この点で、1970年代終盤から国連人権委員会及び国連総会は発展の権利の二重の性質を認めていた。それはすなわち第1に国際的平面において人民を代表する主体である国家の特権を支持する性質であり、第2に国内的平面における個人の性質である[7]。

　それでも文言上は、そのような進展は国連憲章に合致しているように思われるものであり、また経済的及び社会的国際協力に関する国連憲章第9章によりすべての国連加盟国に課されている国際的義務にも合致しているように思われる。実のところ、経済的・社会的権利を含む人権改善の誓約は、結果として「一層高い生活水準、完全雇用並びに経済的及び社会的の進歩及び発展の条件」[8]となりうるものであった。国家と国際社会にとって、人権の実現の前提には、すべての人間が差別なく享受する権利を有する個人の人権が普遍的に受け入れられているという観念がある[9]。責任の配分がそのような目的の実現に関係

している限りにおいて、1986年に国連総会で採択された発展の権利宣言は、人権が主張される領域の国家にそのような責任をまず負わせ、次いで国際社会の他のメンバーに責任を負わせている[10]。しかし実際には、発展途上国は自らの国内・国外における経済的政治的優先順位を追求し、かつ発展の権利の集団的性質を口実にそのような人権の保護を怠ってきた[11]。逆に先進国は、発展途上国との政治的経済的関係において、発展の権利を是認し国家の第一義的責任の喪失を防ぐために、貿易交渉において人権コンディショナリティを導入した。

　先進国による発展途上国に対する人権保障についての戦略及び組織化により、発展の権利の二重の性質についてかつて存在していたコンセンサスを侵食し、発展途上国の防御的あるいはやや攻撃的な主張が、植民地時代の終焉以来進化してきたいわゆる新国際経済秩序を支える根本的な価値への誠実性の問題へと転化する政治の世界に、発展の権利の議論を戻してしまうことになった。途上国・先進国の社会経済的条件をひどく損ねた2007〜2008年の世界経済危機以降、双方の信頼関係の欠如はさらに悪化した。貿易あるいは開発援助を通じた人権保護を促進するという先進国の政治的経済的な誓約は後退し、地政学的役割は変化した。新興経済国が社会経済状況を劇的に変える一方で、個人の人権についての広範な議論は国内では結実をみることはなく、むしろ先進国・途上国間のよりよい理解を長い目で模索し、根本的な人権対話と協力を行うという、国連憲章及びその後の総会決議で予測されていたことがさらに難しくなってしまった。

　人権対話におけるリーダーシップの問題は、人権というヴェールのもとにある経済の覇権的願望がかつて可能であったため、それにより人権保護に対する（文化的）相対主義的アプローチを強化することになるという主張に対して反論せざるをえなくなる。それらの発展は、相手方にとって重要な問題についての相互の疑念により、貿易関係が環太平洋パートナーシップ協定（TPP）、大西洋横断貿易投資パートナーシップ協定（TTIP）、東アジア地域包括的経済連携（RCEP）などを含む地域的イニシアティブ、さらには西側諸国において特にみられる保護主義的態度へと分裂してしまった国際貿易交渉の領域における分断と並行的であった。普遍的なルールが地域的観点へと退いてしまった、国際レベルにおける社会経済分野、特に経済分野における人権保障について、どのよ

うにして諸国を結びつけて協力を模索すべきであろうか。

　この点に関して、中国の経済的ガバナンスに対する態度は西欧の伝統的ルールに基づく国際秩序から逸脱しているように思われる。そして経済社会分野や人権分野における国際的規範を通じて国際社会のあり方を自己陶酔的に規律してきた西欧諸国との対比において、自らを経済的にも政治的にも優位な立場にあるものと描くことが、中国の経済的ガバナンスに対する態度により可能となった。このような理由から、中国の関係によるガバナンス（relational governance）は、多くの分野で地域的・世界的なアクター間の関係を議論の対象とする。中国式認識論に基づく関係性の理論を発展させ、それを国際場裡における中国の規範行動に応用させた秦亜青（Qin Yaqing）によれば、関係によるガバナンスはかつてないほどに変化している国際的な経済・政治環境において秩序を創り出すことを目的としている。さらに、秦の関係によるガバナンスの定義である「共同体における複雑な関係を管理し、それにより共同体のメンバーが社会的規範と人間の道徳の共通の理解の上に発展した相互信頼に基づき相互的・協調的に行動するための社会経済的取極の交渉過程」[12]という理解は、現状の経済関係と地域的・普遍的に人間の生活を向上させるための開発協力分野における関連する誓約がいかにして発展してきたかを考察するうえで価値ある視点を提供する。

　このような関係によるガバナンスのアプローチは、「ルール、レジーム、制度は社会における個々のアクターの行動を統制し制約するために作られるのではなく、社会メンバー間の関係を調和させるために作られる」[13]という考えを前提としている。この関係によるアプローチに基づき、発展の権利の定義を狭くあるいは広く解している先進国・途上国の関係を規律するものに対する不満を有しているのであれば、中国が信頼を再構築しようとしているのは、（発展の権利の二重の性質に典型的にみられるような）先進国と途上国の間で根本的に異なる、多くの国際的義務にみられる共通の定義を理由とする単純なものではなく、国際関係・国際法の一般原則を理由としたものであることに気がつくであろう。この点において中国の平和共存五原則は、主権の相互尊重、領域の一体性、相互不可侵、他国の国内事項への不介入、互恵平等、及び平和共存を含むものであるが、これは国連憲章、特に本章との関連においては国際的な経済社

会協力分野における国際規範における共通分母となるものである。よって、国連憲章55条はその冒頭で「人民の同権及び自決の原則の尊重に基礎をおく諸国間の平和的且つ友好的関係に必要な安定及び福祉の条件を創造するため」と、明確にそのような協力について言及している。

　結果として、主権平等、互恵、平和共存の諸原則一体のものとして理解することができ、従ってこれら諸原則により関係が規律され、この重要な分野における協力とプロセスが時間の経過により達成できるものとならなければならない。これらの根本的な原則を遵守することで、長期的には先進国・途上国間の対立関係から信頼を回復することが容易となる。実のところ、中国は互恵原則の基礎に基づき、経済的・戦略的パートナーとの関係ではそのようなことが政治経済関係の前提となると繰り返し主張してきた。これにより、発展の権利は再度議論の主戦場に戻ることとなる。なぜならば、経済関係を構築するうえでは（発展の権利の）人権としての含意よりは政策への適用に焦点が当てられるからである。それでも、ルールに基づくガバナンス・アプローチは、発展の権利の内実が主権平等の基礎に基づき適切に定義されるのであれば可能性もあり望ましいものであることには変わりはない。この点において、中国の視点からみると発展の権利の意味は、その集団的・個人的次元の双方において内実を付与する国際的・地域的アクター間の関係から派生するものである。発展の権利の意味はいまだ先進国と途上国で異なるため、原則に基づくアプローチによりそのような根本的な差違を超越し、かつて発展途上国が社会経済分野において個人の人権を促進させる準備のあった地点を確保し信用を創り出す余地を生み出すことができるかもしれない[14]。

　この関係によるガバナンスは、2003年に中国が打ち出した新たな国際的政治経済秩序についての立場において明確に表れている。平和共存五原則は、先進国と途上国の間の協調的関係の基礎となるべきである。国毎の状況の相違は、国家間関係を確立する障壁となってはならないし、国の内部事項に介入する理由となってもいけない。諸国は「共通の発展を実現するために平等・互恵を基礎として相互に協力すべきである。旧来の不合理な国際経済秩序は、世界の諸国、特に多くの途上国の権利と利益に資するべく変革されるべきである[15]。」十分に逆説的であるが、西洋諸国の間でみられる、保護主義に対する不合理でナ

ショナリズム的な主張は、中国政府首脳特に習近平国家主席によって非難されてきた。なぜならば、国際社会の多様なメンバーの間で社会経済政策についての意見の衝突や多様な見解があれば、関係が維持されないという見方を否定するからである。[16]

　従って、国際経済秩序に関する中国のアプローチは、2011年の平和的発展に関する白書において示されているように[17]、長い時間をかけて相互利益と共通の発展に向けて変革をすることができる、国際平面上のアクターの間の経済的関係における内在的な肯定的・否定的特徴を考慮に入れざるをえない。しかし中国は長期にわたり、覇権的野望に対しての歴史的な反帝国主義的主張、とりわけ過去の日本及び現在の米国との歴史的な経験に鑑みて、そのような新たな秩序経済においてリーダーシップを引き受けあるいは途上国を代表する意思がないことを明確にし続けてきた。クリントン政権以降の非自発的なものにせよ、トランプ政権以降の自発的なものにせよ、米国の世界的リーダーシップの凋落は、中国がこの問題に関して大きな責任を引き受ける立場にあることを示すものであり、そのことは2017年1月17日に、ダボス会議における習近平国家主席の演説によっても示すことができる。

　地域的には、中国のそのような役割は他のアクターには警戒の目をもってみられている。中国は、自らのイメージで地域の経済秩序を操るというイニシアティブについては、とりわけ慎重であった。中国は2013年の習近平国家主席の就任以来、アジアにおける特定の地域的秩序に焦点を置くより、陸と海のシルクロードを通じたすべてのアジア諸国と中国の過去の経済的関係という歴史的ルネッサンスとして、一帯一路構想を打ち出してきた。東シナ海における海洋紛争にかかわる中小国や、インド・日本を含む大国による疑いの目がありつつも、中国はシルクロードにこれらの国を結びつけるべく説得を続けており、またそれにより主権平等の基礎において諸国が協調し、資本の投下を得、相互に利益を得るための十分な余地を与えるイニシアティブとして同プロジェクトを提示している[18]。

　中国は新たな国際経済秩序、特にアジア地域のシルクロード構想（一帯一路構想）を、主権平等、内政不干渉、互恵といった反覇権的言説を反映した平和共存五原則を基礎として形成することができるだろう。また、先進国・途上国

を含むすべての国の発展の権利の追求のために、共通の発展という要望があることに鑑みれば、中国の主張に支持を集めることもできるだろう。しかし他方で中国のそのような貢献は、多くの理由からその正統性に疑問符がつく。中国の地域経済における野望に関しては、中国の貿易相手国の国内では貿易赤字のため、中国あるいは中国共産党との貿易上・政治上の関係をどのように再定義すべきかについての議論が多くみられる。さらに、中国の対外投資及び外国における農業、化学、インフラ、IT（情報技術）、鉱山、医薬品、海運などの重要産業の買収により、西洋諸国に広がる保護主義的な雰囲気を増長させることになっている。アフリカ、アジア、南米などの発展途上国に対しては、中国のインフラ投資や、原材料・部品のサプライ・チェーンへの中国の製造業への依存のため、中国の強力なプレゼンスにより中国経済の問題が自国にどのように波及するかの結果について多くの懸念を生じさせている。にもかかわらず、2007～2009年の経済危機の期間中、それらの国は中国による大規模な投資により国内経済の悪化から救われている。

　これらの外的条件により、主権平等の原則への圧力が強まっている。さらに、政治・経済分野における中国内部の意思決定が、国際社会の他のメンバーとの間の関係に与える影響や国際的・地域的な経済秩序を再構築する可能性についての懸念を生じさせている。この点において、中国社会・中国政府内の汚職は国内・国際両面における中国のイメージを悪化させた。中国政府指導部はとりわけ2013年の習近平国家主席の就任以来、人気取り的な追放を通じ、あらゆるレベル、あらゆるセクターにおいて汚職と闘っている。このことにより中国政府が説明責任を果たすようになるのか、あるいは習近平国家主席の権力を確立する目的のみで行われているのかについては見定める必要があろう。国内における法の支配に向けての発展は、内在的には国際平面における中国の信用や、近隣諸国・地域・国際社会における政治的・経済的パートナーとの、貿易・発展目標の達成における中国の責任を引き受ける能力に影響を与えることになろう。次節以下において検討されなければならないのは、中国がいかにして国際的・地域的な開発銀行に参画し、アジアにおける共通の発展のために貿易・開発資金の供与のための自らの組織設立の際にいかにして信頼を得て正統性を獲得してきたかについて、上に述べたような背景に基づく分析である。

III　資金供与、開発と中国——参加から組織設立まで

　中国の観点からすると、国際組織は主権にかかわる利益を制限するものであり、中国は伝統的にそのような国際組織への参加には消極的であった。1949年10月1日の中華人民共和国建国以来、台湾政府が国連において唯一の代表となっていたため、1971年10月25日にその地位が回復するまで中華人民共和国は国連から排除されていた。[19] そのため、国連や他の国際的・地域的機関とりわけ開発銀行との協力に中国が互恵関係を見出すには相当の時間を必要とした。それでも、組織の構造と運営に関する当初からの懸念は現在に至るまで続いている。冷戦期間中、中国はそれらの組織が世界の超大国であるアメリカとソ連のいわゆる覇権的利益のために用いられることに強く反対してきた。また冷戦終結後は、多極的世界に抵抗するためのアメリカの手段としてそのような組織を用いて、途上国を政治的、経済社会的、あるいは金融・開発において劣位に置き続けようとする動きに反対してきた。その意味において世界銀行は、主権平等原則に反して途上国を抑圧し西側諸国の金融上の手段として第二次世界大戦後に設立された、旧来的な国際経済秩序の典型的例であると考えられた。

　1978年の経済開放以降、特に1980年代からは、中国は融資を得るためだけではなく、開発プロジェクトにおける主要な貸し手となるべく世界銀行に参加することの利益を見出した。中国は世界銀行設立時の加盟国であったものの、その権利が回復したのは1980年5月15日に世界銀行理事会が中国の代表権を承認してからであった。それ以降、中国は世界銀行との関係を強化し、開発融資において成熟したパートナーとなった。中国の世界銀行加盟30周年の際に、世界銀行グループの一員で最貧国の支援のため低利で資金を供与するIDA（国際開発公社）の出資者としてより大きな責任を引き受けることとなった。中国経済の発展により、世界銀行でのそのようなイニシアティブに融資するだけの十分な資力を得られたのである。

　従って、投票権のシステムや組織運営構造の改革が必要であった世界銀行において、中国は出資者間の均衡の取れた代表の実現のため繰り返し主張を行ってきた。[20] 先進国と途上国の間で投票権が平等になれば、組織構造により生ずる

介入という形での先進国と途上国の間の差別的取扱いを取り除くことで、世界銀行の運営におけるメンバー間の矛盾を解消でき、意思決定に影響を与える交渉過程における矛盾が主権平等を基礎として解消できる[21]。改革を促進することで、世界銀行の加盟国間の関係はより民主的なものとなり、世銀内部の運営や世界銀行を取り巻く環境が安定したものとなり、それにより必要な使命を果たすことができるようになる。2017年1月13日の時点で、中国は世界銀行において4.60%の投票権を有しているが、出資額(4.84%)はアメリカ(16.47%)、日本(7.12%)に次いで第3位である[22]。中国は西側諸国との対比では発言権が小さいが、自らの発展の経験を先進国・途上国に向けて発信するべく、多国間交渉において信頼を確立する目的のために、世界銀行を利用しようとしている。この点において、中国国内では貧困を減少させることに成功しており、農村部における貧困者の割合を73.50%(1990年)から7.20%(2014年)に大きく減らした。これは、当該期間における世界の貧困者数の削減数の実に70%を占める[23]。

中国はまた、他の地域開発銀行の地域外のメンバーとして参画してきた。中国は、アフリカ開発銀行(1985年)[24]、アジア開発銀行(1986年)[25]、カリブ開発銀行(1998年)[26]、米州開発銀行(2009年)[27]に参加している。これらの地域でも、近年とりわけ2007~2008年の世界経済危機以降、中国はエネルギー、インフラ、農業、医療、教育、職業訓練など多くのセクターでの開発プロジェクトへの資金供与提案において自らの発展の足跡を示し、それらの途上国が最終的に経済的に自立できるようにしてきた。このことは自らの天然の富を自由に処分し、自らの経済政策を独自に決定する権利という、発展の権利の集団的側面にも合致する。同時に中国は、ラテンアメリカやアジアの開発銀行の民主化を議論の対象とし、組織構造の変革を目指してきた。米州開発銀行におけるアメリカの支配力(30%)や、アジア開発銀行における日本(15.6%)とアメリカ(15.5%)の支配力を減少させることで、中国の見方からすれば先進国と途上国の間の信頼を回復させ、それぞれの地域開発銀行において自らの使命を実現し南南協力及び地域統合を強化するうえでの自信を取り戻すことができるのである[28]。

いうまでもなく、中国による開発資金供与における主要なものは、二国間援助である。中国の考えでは、国際的ないし地域的開発銀行を通じて行う資金援助との対比において、二国間関係によるアプローチが開発プロジェクトの実施

段階でははるかに効率的で有効である。開発銀行により供与される開発援助は、結果として透明性及び持続可能性の問題を生じさせることもある。[29]さらに、ほとんどの開発銀行は先進国が支配しており、中国の影響力の行使は限定されている。そのような開発銀行の構成に鑑みて、西側諸国により支配されている開発銀行の業務運営に隠された地政学的な覇権的言質に対して中国は警戒心を抱いてきた。従って、開発プロジェクトへの資金供与については、二国間関係の枠組みが、国家間の友好協力関係を確立するためには最も適切な方法であり、国連憲章第9章に叶うと確信している。

2014年に設立された新開発銀行（BRICS銀行）及び2015年に設立されたアジアインフラ投資銀行（AIIB）は、そのような観点から理解されなければならない。関係によるガバナンスによれば、機関設立やそれによる（覇権的）影響は、中国の唯一の目的でもなく正統性の淵源ともならない。それどころか、それらの組織は既存の開発銀行の加盟国間の関係を調和させ、さらに中国を含む二国間関係を調和させるものとなるだろう。確かに、新開発銀行及びAIIBの出資国や設立時の加盟国の偏りにより、これらの組織の設立は西側諸国及びアジア諸国の懸念となっている。具体的には、これらの組織が中国の地政学的あるいは経済的利益を推進するための道具として用いられ、アジア地域・シルクロード沿いの国々、果ては世界を巻き込むのではないかというものである。そのような（中国の経済的）野望は、人民元の国際化すなわち2016年10月1日に国際通貨基金（IMF）の特別引出権（SDR）の通貨バスケットに人民元が加えられて以降の、米ドル及び他の西側諸国の通貨に対抗しようという点にもみられる。[30]現在行われている通貨安競争もそのような疑念を増す要因であり、結果としてこれらの開発銀行の存在は、協力よりは対立の原因となっている。

しかし2014年7月15日の新開発銀行設立協定では、協定の締約国（ブラジル、インド、中国、ロシア、南アフリカ）は経済協力を強化し深化させるという明確な目的を有している。そして、既存の開発銀行では、西側諸国の経済危機による予算削減など資金面での制約のため融資を受けることができない新興経済国や途上国に対して金融支援へのアクセスを提供する、開発及び政策上のツールとして銀行を設立することを決意したとしている。新開発銀行は今後生ずるであろうそのようなインフラ・ギャップを埋めることを意図している。[31]新開発銀行

222　第3部　ヨーロッパとアジアにおける個別の人権問題

の権限は少なくとも設立協定では、既存の開発銀行と競合することを意図しておらず、むしろ既存の取り組みを補完し、必要な場合にはギャップを埋めるものであるとされている。一見するところ、資金の額では新たな開発プロジェクトに大きな影響を与えるものとはならないように思われる。というのも、当初の出資金は500億ドルであり、当初認められた資本額は1000億ドルだからである。当初の出資金は設立メンバーで平等に出資される（設立協定2条）。にもかかわらず、協定2条によれば新開発銀行の加盟資格は国連の全加盟国に開かれている。加盟国が増加すれば自ずと銀行の資本額も増え、開発プロジェクトに投資する手段も増えることになる。よって、新開発銀行の組織構造は主権平等原則に基づいており、設立メンバー5カ国が対等の投票権を有している。協定6条によれば、加盟国が増加すると新開発銀行の総資本額における各国の出資割合に応じて投票権が変化する。

　加盟国の公平な代表という観点から重要なのは、新開発銀行の（新）加盟国は自らに影響を及ぼす事項が検討される場合には理事会の会合に自国の代表を参加させることができることである。自国の代表を参加させる権利は、総務会により規律される（協定12条(i)）。同様に銀行の独立性を確保するため、銀行の役員や職員は加盟国の政治問題に介入してはならず、また銀行内部における決定に関して関係する加盟国から影響を受けることがあってはならない。銀行内部の決定において密接に関連するのは経済的考慮のみであり、協定13条に定める目的と機能を達成するためにそのような考慮は公平に評価されなければならない。

　2015年6月29日のAIIB設立協定は57カ国が設立メンバーとして署名したが[32]、同協定において新たな銀行が他の「二国間及び多国間開発組織」と協調（協定1条）することを目的としており、新開発銀行と同様の規定がある。この点において、AIIBの金立群（Jin Liqun）総裁は「AIIBはアジア開発銀行（ADB）の、開発の初期段階における支援を評価している。我々はアジア地域におけるインフラ需要に応えるために、時宜を得た効果的な資金供与を行うことについて、ADB及び他の開発パートナーと共に行うことになると予想している」と述べている[33]。当初認められた資本額は1000億ドルであるが（協定4条）、これは総務会の決定により増額できるものの「総務会における特別多数による決定での合

意によらない限り、総資本額のうち地域メンバーによる総出資金額が75％以下と」なってはならない（協定5条）。中国は最大の出資国（33.4％）であり、銀行構成国の中で最大の投票権（28.7％）を有する。[34] 協定31条により、銀行は国内事項不介入の原則を尊重し、公平性の原則を支持するため、意思決定においては経済的指標のみを考慮し、協定1条及び2条に定める銀行の目的及び機能に従い業務を行わなくてはならない。

Ⅳ　アジアにおける開発融資――中国の人権指標に関する可能性

　関係によるガバナンスの観点から、中国は主権平等の原則に基づき、かつ互恵及び共通の発展のため、発展の権利を追求し既存の開発銀行に参加し、また新たな開発銀行を設立したことを検討してきた。しかし、中国による新たな開発銀行の活動を規律する規範・実行に関する原則より生ずる帰結に関して多くの疑念を生じさせてきた。労働・環境保護の分野における普遍的な人権基準が、発展の権利の集団的側面の主張により覆されることになれば、そのような既存の基準が失われることになるという恐怖は現実のものとなるだろう。中国や発展途上国の立場を取る相対主義者は、貿易問題において見られるような国際法規範の大きな断片化に向けた国際法の衰退を明らかにしてしまうかもしれない。

　関係によるガバナンスが、規則に基づくガバナンスを完全に覆してしまうことに注意しなければならないものの、そのようなアプローチにより、なぜ長期的には地域における実行により、普遍的に受け入れ可能となる強固な規範枠組の確立に実効的に貢献しうるのかをよりよく理解すべきである。さらに、人権に関する議論の主導権が西側諸国あるいは途上国の一方のみになければならないとするのも誤りである。そのような偏見は克服されなければならない。国際法の関係的規範理論（theory on relational normativity of international law）[35]により、関係によるガバナンスとルール基底論的ガバナンスを統合し、新開発銀行やAIIBが世界銀行やアジア開発銀行を含む開発銀行と協力して開発プロジェクトに融資を行う際に直面する、現実に合致するアプローチとすることができる。この理論の主張は、肥沃な土壌がない限り人権及び環境に関する権利と

いった国際的規範は根を張ることがないということである。

　この点において、そのような規範の規範性を向上させる手段として、関係によるアプローチは長期にわたる信頼関係を構築する上で極めて重要な役割を果たす。すべての利害関係者（意思決定者、受入国、地域社会など）が、そのような規範の規範性を下支えする規範と道徳についての共通の理解を有するようになる。そのような交渉過程を基礎として社会経済的合意が形成される。究極の目的は、人権及び環境に関する基準の解釈・適用についての（先進国と途上国の間の）統一的見解にたどり着くことである。それでもそのような目的に至る複雑な過程は相当の時間がかかる上に、それによる結果については様々な文脈に応じた変数を要する。そのような結果が直ちに達成されることはなく、そのプロセス自体も見通せるものではないが、正しい条件が設定され国際的基準が異なる地域においても効果的に用いられるようになれば、国際的・地域的開発銀行及び二国間関係における先進国・途上国間の様々な形での対話そのものにより、関係を活発化させ、改善し復元させ、次のレベルに昇華させることができる。

　そのような関係が、AIIBという地域開発銀行においてどのようにして人権及び環境に関する基準の規範性を下支えすることができるのかについて検討する前に、中国国内において銀行業界に対して貸付政策及び融資において労働・環境に関する権利を取り入れ、いかに中国が銀行の責任を課しているかについて簡潔に見ることにしよう。1995年以降、中国人民銀行と国家環境保護部はそれぞれ「環境保護を促進するための与信政策に関する通知」と「環境保護を促進するための与信政策の利用に関する通知」を出した。実際には、国家の成長目標がこれらの措置に優越している。にもかかわらず、中華人民共和国国家発展改革委員会、中国人民銀行、中国銀行規制委員会は2004年に「与信リスクをコントロールするための産業政策・与信政策の強化に関する通知」という新たな通知を出した。この通知の付属文書により、汚染を生じさせる産業に対する貸し付けを制限し禁止した。2005年及び2006年に国務院は「産業構造調整を加速する規則」と「過剰資本の産業構造調整の加速に関する通知」を採択した。これらの文書では、重度の汚染を生じさせるプロジェクトに対する貸し付けを制限しただけである。金融業界は、ローンの供与・監視について相当の注意を

もって行うことや、環境上の危険を認定することなどについての何らかの指針を与えられておらず、また特定の義務を課されてもいない[36]。しかしながら、2007年に環境保護部は本格的な「グリーン与信ポリシー」を採択し、銀行の貸付における環境基準となっている。中国銀行協会は2009年以降、自発的な行動規範の形で取り組みを進めている。「中国の銀行業界のための企業の社会的責任についての指針」は、中国が産業政策をイノベーションに向けて変革させる時期において、銀行に対して社会的及び環境に関する責任を引き受けるよう求めている[37]。

　国際的な気候変動問題では、2016年9月に杭州で開かれたG20サミットに先立ち、中国とアメリカは2015年12月に国連気候変動枠組条約の締約国会議で採択されたパリ協定を批准した。2017年1月20日の米国トランプ政権の発足以前に、気候変動問題について中国は主導的役割を果たす明確な方針を交渉において示しており、このことは翻って中国国内の環境に関する目的を改善しかつ中国の国際的イメージを改善する[38]。中国国内における金融上の実行や国際的な環境問題に関する義務に鑑みて、中国の新たな開発銀行の運営における人権及び環境に関する権利の遵守について、先進国とりわけAIIBの西側加盟国をどのようにすれば安心させることができるだろうか。

　人権及び環境についての明確な基準を現在のところ有していない新開発銀行（BRICS銀行）とは異なり、AIIBは2015年の設立協定及び2016年2月に採択された銀行の環境及び社会的枠組において、これらの点に取り組むことを明らかにしている。AIIB設立協定13条は「銀行は、自らの活動が、銀行の運営及び貸付ポリシー（環境及び社会的影響を対象とするポリシーを含むが、これに限定されない）を遵守することを確保する」と定めている。銀行の環境及び社会的枠組は、開発プロジェクトの評価、資金供与、監督において、二国間及び多数国間開発銀行、貸付国、私的アクター、地域社会などと密接に協力しつつ、銀行の業務及び貸付ポリシーにおいてそのような基準を考慮に入れる目的について詳細に述べている[39]。銀行は特にいわゆる「プロジェクトの環境及び社会的リスクと影響に関して、銀行と株主の蒙る運営上及び評価に関わるリスク[40]」を懸念している。

　経済成長を促進しアジアの人々の生活を向上させるため、インフラ投資によ

り（アジア地域の）相互連携を支援するという目的を遂行するにあたり、AIIBは全ての活動において、国連の持続可能な開発目標における環境及び社会的側面を、均衡の取れた形で取り入れようとしている[41]。銀行の環境及び社会的枠組はこれらの側面のそれぞれの要点について述べている。第1に環境上の基準について、銀行は貸付国に資金を供与する際に「緩和、適応、資金、技術移転及び能力開発を含む手段を通じて[42]」各国が決定する貢献（NDC：nationally determined contributions）を達成するよう支援することで、2015年12月のパリ協定の目的を支持することを明確にしている。第2に、労働者の権利保障に関して、銀行はアジアにおける持続可能な成長への主要な貢献における労働者の保護そのものが、銀行の資金供与により行われるプロジェクトの質を保証するものであると考えている。その結果、銀行の融資により行われるプロジェクトにおいて労働条件を確保するために、適切な賃金、衛生的で安全な労働環境、強制労働及び児童労働の禁止、適切な人的資源管理、労働者の均等待遇、結社及び団体交渉の自由、不服申立へのアクセスなどが実際に機能すべきである。明らかなことであるが、そのような持続可能性に関する目標は貸付国により履行されなければならず、銀行による評価もバランスの取れたものでなければならない。また、それらの規範が貸付国の国内法や、主権平等及び国内法と立法過程などの国内事項への不介入の原則と合致している程度についても考慮しなければならない[43]。

　そのような文脈的アプローチにより、どのように環境及び社会的リスクが評価されるべきかが優先的に扱われることになる。銀行も貸付国も「補完的ではあるが別個の監督責任」を有しており、その範囲は「プロジェクトのリスクと影響に比例する[44]」。その結果、貸付国は「戦略的、分野別ないし地域の環境及び社会的評価並びに適切な場合にはそれらの累積的な評価」を利用し、環境及び社会的リスク並びに影響を評価する際に銀行が考慮すべき基準よりも低い基準を採用するかもしれない[45]。しかしそれによっても銀行はプロジェクトの環境及び社会的リスクの審査に際して銀行が有する相当の注意義務を放棄することはない。さらに、銀行はプロジェクトの取極に規定される環境及び社会的義務の履行について貸付国に対して責任を持たせ、執拗な不履行の場合にはそれにより生じた状況を是正しあるいは救済のための手段をとることもある[46]。銀行が

自らの環境及び社会的ポリシーを実施しなかったことにより悪影響を受ける、あるいは受けるであろう人々がいる場合には、彼らは救済のために銀行の監督メカニズムに苦情を申し立てることもできる。[47]

　各国の環境及び社会的評価基準と、業務及び貸付ポリシーにおける持続可能な開発目標を取り入れる銀行内部の手続との間のバランスを取りつつも、AIIBは環境及び社会的枠組に基づき環境及び社会的除外リストを作成した。これによると、銀行はプロジェクトにおいて以下のようなことが行われることを認識している場合には融資を行わない。すなわち、強制労働及び児童労働、PCB（ポリ塩化ビニール）の製造・取引、1998年の国際貿易の対象となる特定の有害な化学物質及び駆除剤についての事前のかつ情報に基づく同意の手続に関するロッテルダム条約及び2001年の残留性有機汚染物質に関するストックホルム条約により禁止あるいは段階的に廃止される「薬剤、駆除剤及び危険な物質」の製造・取引、1987年のオゾン層を破壊する物質に関するモントリオール議定書により段階的に廃止される「オゾン層を破壊させる物質」の製造・取引、「1973年の絶滅のおそれのある野生動植物の種の国際取引に関する条約で規制される野生動植物の取引及び生産」、兵器・弾薬の製造・取引、ワイン・ビールを除くアルコール飲料の製造及び取引、タバコの製造・取引、アスベストの製造・取引、「持続可能な方法で管理された森林」から産出された木材の製造・取引、「熱帯雨林あるいは原生林における商業伐採あるいはそれらの森林で専ら使用される伐採用機器の購入」、1989年の有害廃棄物の国境を越える移動及びその処分の規制に関するバーゼル条約により禁止される廃棄物の国境を越える移動、「ギャンブル、カジノ及び同種の事業」、国内法より禁止されるか1979年の移動性野生動物種の保全に関する条約、1971年の特に水鳥の生息地として国際的に重要な湿地に関する条約、1972年の世界遺産条約、1992年の生物多様性条約の違反に該当する行為、「海洋及び沿岸における魚種」特に「脆弱で保護されている種」を傷つける行為である。

　設立協定1条に規定されているとおり、AIIBは他の開発銀行と協力し、それらの開発銀行の人権に関する実行はAIIBの運営及び貸付ポリシーに影響を与える。この点において、AIIBは既に交通分野及びエネルギー分野における、3カ国の4つのインフラプロジェクトで他の開発銀行と共同出資を行ってい

る。世界銀行と共同で実施しているのがインドネシアのスラム改良プロジェクト、パキスタンのタルベラ第５水力発電所拡張事業[48][49]であり、世界銀行・アジア開発銀行・欧州復興開発銀行・欧州投資銀行と共同で実施しているのがアゼルバイジャンのアナトリア天然ガスパイプライン（TANAP）[50]であり、アジア開発銀行と共同で実施しているのがパキスタンの国道M-4計画[51]である。これらの協力により、各国及び地域における環境及び社会的基準が発展し、長い目で見れば国際的な人権及び環境に関する権利の規範性がアジアにおいて伸長する契機となる。

V 結論

　アジアとりわけ中国に代表される新興経済国の興隆は21世紀の地政学的景色を劇的に変化させ、またそれらの国と西側諸国との関係の進展の道筋を示すものとなろう。新興経済国と西側諸国との関係は、政治・経済の両面において大いに変化してきている。国際経済秩序の再編要請は、今や最終段階に近づきつつある。中国が新たな国際政治経済秩序を支配するのではないかとの懸念は続いており、そのような懸念により貿易や開発は国際機関だけではなく、中国の新たな開発銀行である新開発銀行やAIIBなどを含む地域的アクターによって支援し促進することができるとの理解が妨げられてきた。さらには、国際経済秩序の地域化と断片化による西側諸国の力の衰退は、新たな国際経済秩序や地域的枠組における経済及び政治の諸側面に関わる規範についての懸念を強めることとなっている。中国の新たな開発銀行による環境及び社会的基準の悪化が、西側諸国の政策決定者の中には敗北感と人権について語ることの徒労感を生じさせるかもしれない。

　断片化している世界秩序というよりは多極的な世界秩序において、中国は関係論によるガバナンスによりアジアと他の地域との相互連携を維持しようとしてきた。この観点からすると、世界は未だにグローバル化されており、そうあり続けるべきである。互恵と共通の発展という中国の政治的話法は、中国が国際経済秩序を形成する正統性を得ることを目指しており、また国際経済秩序の法的基礎となる発展の権利の内実を徐々に与えようとするものでもある。

AIIBの運営は時を経るにつれて集団的な次元に向かうが、主権平等原則に従ってAIIB内部において先進国と途上国が緊密に協働を行うことによって信頼を醸成することができる。そしてそのような信頼が生ずるのは、発展の権利の性質のみならず、世界銀行やアジア開発銀行などの他の国際的及び地域的開発銀行のような外部との関係や、先進国・途上国の関係をも規律する社会経済取極の交渉過程そのものにおいてである。

　このような複雑な関係や利害関係者間の意見交換において、アジアや他地域における開発プロジェクトへの資金供与というそれぞれの開発銀行の任務を遂行するための協力が欠かせない。環境及び社会的基準の実施に影響を及ぼす運営と与信政策についての真摯な対話では、キショア・マブバニ（Kishore Mahbubani）が主張する「新たな文化的及び政治的観点」も受け入れなければならない[52]。国際的な人権及び環境に関する権利の規範性は、これらの権利の地域的状況における所与の時間枠での権利の創設、発展、解釈、適用を下支えするAIIB加盟国間の関係の進展に依存する。従って、国際法の関係的規範理論によれば、中国による新たな開発銀行における人権保障に関する普遍主義者と相対主義者の論争は、複数の開発銀行の競争よりはそれらの銀行のメンバー間の関係の発展という見方を議論の出発点としてとれば、超越することができる。メンバー間の対話がなければ、そもそも人権保障についての共通理解のための余地も存在しえないからである。

【注】

1) People's Republic of China, Chinese National Development and Reform Commission, Ministry of Foreign Affairs, and Ministry of Commerce, "Vision and Actions on Jointly Building Silk Road Economic Belt and 21st-Century Maritime Silk Road. Information Office of the State Council," March 2015. 以下も参照のこと。L. Zeng "Conceptual Analysis of China's Belt and Road Initiative: A Road towards a Regional Community of Common Destiny," *Chinese Journal of International Law*, Vol. 15 (2016), pp. 517-541; J. Ingram and D. Poon, "BRICS: A New International Economic Order," (2013) The North-South Institute, Ottawa, at http://www.nsi-ins.ca/newsroom/brics-a-new-international-economic-order/; S. Griffith-Jones, "A BRICS Development Bank: a dream coming ture?" Presented at the United Nations Conference on Trade and Development: Discussion Papers, Geneva, March 2014; J. Schablizki, "The BRICS Development Bank: A New Tool for South-South Cooperation," BPC Policy Brief, No. 5 (2014); A.E.

Abdenur, "The New Multilateral Development Banks and the Future of Development: What Role for the UN?" The United Nations Centre for Policy Research, November 2015; A.E. Abdenur, M. Folly, "The New Development Bank and the Institutionalization of the BRICS," Revolutions, Vol. 3 (2015), pp. 66-95; D. Bob, "Asian Infrastructure Investment Bank: China as Responsible Stakeholder?" Sasakawa Peace Foundation USA, Washington D.C. (2015); S. Griffith-Jones, "Financing Global Development: The BRICS New Development Bank," Presented at the United Nations Conference on Financing for Development in Addis-Ababa, the German Development Institute: 13 Briefing Paper, Bonn, 12-16 July 2015; European Political Strategy Centre, "The Asian Infrastructure Investment Bank: A New Multilateral Financial Institution or a Vehicle for China's Geostrategic Goals," Presented at the European Commission: 1 EPSC Strategic Notes, Brussels, April 2015; T. Renard, "The Asian Infrastructure Investment Bank (AIIB): China's New Multilateralism and the Erosion of the West," 63 Security Policy Brief (2015); M. Callaghan, P. Hubbard, "Asian Infrastructure Investment Bank: Multilateralism on the Silk Road," *China Economic Journal*, Vol. 9 (2016), pp. 116-139; A. Etzioni, "The Asian Infrastructure Investment Bank: A Case Study of Multifaceted Containment," *Asian Perspective* Vol. 40 (2016), pp. 173-96; M. Wan, *The Asian Infrastructure Investment Bank: The Construction of Power and the Struggle for the East Asian International Order*, Palgrave Macmillan, New York, 2016.
2) Y. Chen, "Be Careful, BRICS Development Bank," Our World-Brought to You by United Nations University, 22 July 2013; M.P. Lagon, A. Nowakowski, "Banking on Autocracy: Chinese-led Bodies Distort Development," Freedom House, 17 August 2015; T. Ito, "The Future of the Asian Infrastructure Investment Bank: Concerns for Transparency and Governance," Occasional Paper Series, No. 72 (June 2015), Center on Japanese Economy and Business, Columbia Business School; Coalition for Human Rights in Development, "What You Need to Know about the BRICS New Development Bank," (2016), at http://rightsindevelopment.org/wp-content/uploads/2015/08/BRICS-NDB-Factsheet-Final-1.pdf (Accessed on 18 May 2017); J. Evans, "China: New Bank's Projects Should Respect Rights-Member Countries Key to Ensuring Transparency, Accountability," Human Rights Watch, 24 June 2016; J. Rosenzweig, "The AIIB and Human Rights: Transparency Will Be the Key to Ensuring the Chinese-led International Bank Supports Human Rights," The Diplomat, 24 June 2016.
3) See more, UN Guiding Principles on Foreign Debt and Human Rights, UN Doc. A/HRC/20/23 (10 April 2011); A. Acharya, "Norm Subsidiarity and Regional Orders: Sovereignty, Regionalism, and Rule-making in the Third World," *International Studies Quarterly*, Vol. 55 (2011), pp. 95-123; S. Griffith-Jones, "South-South Financial Cooperation (7 Background Paper)," Presented at the United Nations Conference on Trade and Development, Geneva, March 2012; T. Ruskola, *Legal Orientalism: China, the United States, and Modern Law*, Harvard University Press, Cambridge, 2012; J.P. Bohoslavsky, (Independent Expert on the Effects of Foreign Debt) End of Mission Statement, UN Doc. A/HRC/31/60/Add. 1 (6 July 2015).

4）総会決議3201/2（S-VI）, UN Doc. A/9559（1 May 1974）.
5）総会決議3181（XXIX）, UN Doc. A/RES/29/3281（12 December 1974）.
6）1966年の経済的、社会的及び文化的権利に関する国際規約第1条1・2項は以下のとおり規定する。
　「1　すべての人民は、自決の権利を有する。この権利に基づき、すべての人民は、その政治的地位を自由に決定し並びにその経済的、社会的及び文化的発展を自由に追求する。
　　2　すべて人民は、互恵の原則に基づく国際的経済協力から生ずる義務及び国際法上の義務に違反しない限り、自己のためにその天然の富及び資源を自由に処分することができる。人民は、いかなる場合にも、その生存のための手段を奪われることはない。」
7）国連人権委員会決議4（XXXIII）(21 February 1977); 総会決議 34/46, UN Doc. A/RES/34/46（23 November 1979）.
8）国連憲章55条(a)。
9）同55条(b)。
10）総会決議41/128, UN Doc. A/RES/41/128（4 December 1986）.
11）See more, P. Cunliffe, "Sovereignty and the Politics of Responsibility," in C.J. Bickerton, P. Cunliffe, A. Gourevitch, (eds), *Politics without Sovereignty: A Critique of Contemporary International Relations*, University College London Press, London, 2007, p. 40.
12）Y. Qin, "Rule, Rules, and Relations: Towards a Synthetic Approach to Governance," *Chinese Journal of International Politics*, Vol. 4 (2011), p. 133.
13）Y. Qin, "International Society as a Process: Institutions, Identities, and China's Peaceful Rise," *Chinese Journal of International Politics*, Vol. 3 (2010), p. 138.
14）See M. Vanhullebusch, "Searching for Human Rights: Free Trade Agreements in Asia," in J. Hu, M. Vanhullebusch (eds.), *Regional Cooperation and Free Trade Agreements in Asia*, Brill/Nijhoff, Leiden/Boston, 2014, p. 226.
15）新国際政治経済秩序の確立に関する中国の立場（2003年8月18日）。
16）世界経済フォーラム年次総会における習近平国家主席の演説（2017年）。中国が世界的な自由主義的秩序を呼びかけるのは、リベラルな反対派に対する国内での姿勢と異なるとの議論もある。China's Beleaguered Liberals: The Two Faces of Mr Xi, The Economist, 18 February 2017.
17）中華人民共和国国務院新聞弁公室「中国の平和的発展白書」(2011年9月)。
18）Xi Jinping, *The Governance of China*, Foreign Languages Press, Beijing, 2014, pp. 315-319.
19）総会決議 2758（XXVI）, UN Doc. A/RES/26/2758（25 October 1971）.
20）International Division of Ministry of Finance, "Promotion of the Reform Program of Voting Power in the World Bank made the Rising Power of Developing Countries," *Finance Yearbook of China*: China State Finance Magazine (2011), pp. 132-133
21）World Bank Group Voice Reform: Enhancing Voice and Participation of Developing and Transition Countries in 2010 and Beyond, at http://siteresources.worldbank.org/

DEVCOMMINT/Documentation/22553921/DC2010-006 (E) Voice.pdf (Accessed on 18 May 2017).
22) Subscriptions and Voting Power of Member Countries, at http://siteresources.worldbank.org/BODINT/Resources/278027-1215524804501/IBRDCountryVotingTable.pdf (Accessed on 18 May 2017).
23) United Nations, *The Millennium Development Goals Report*, 2015.
24) http://www.afdb.org
25) http://www.adb.org
26) http://www.caribank.org
27) http://www.iadb.org
28) South-South Development, at http://www.fmprc.gov.cn/web/ziliao_674904/tytj_674911/zcwj_674915/t24777.shtml (Accessed on 18 May 2017); Xie X, "Governors' Statements: People's Republic of China," Presented at the 41st Annual Meeting of the ADB Board of Governors, 5-6 May 2008, at http://www.adb.org/publications/summary-proceedings-41st-annual-meeting-board-governors (Accessed on 18 May 2017).
29) D. Brautigam, "Chinese Development Aid in Africa: What, Where, Why, and How Much?" in J. Golley and L. Song (eds.), *Rising China: Global Challenges and Opportunities*, Australia National University Press, Canberra, 2011, pp. 203-222.
30) Review of the Special Drawing Right (SDR) Currency Basket, at https://www.imf.org/en/About/Factsheets/Sheets/2016/08/02/19/35/Review-of-the-Special-Drawing-Right-SDR-Currency-Basket (Accessed on 18 May 2017).
31) NDB Factsheet, at http://ndb.int/pdf/NDB-Fact-Sheet.pdf (Accessed on 18 May 2017).
32) Subscriptions and Voting Power of Member Countries, at https://www.aiib.org/en/about-aiib/who-we-are/membership-status/.content/index/_download/20160930035841674.pdf (Accessed on 18 May 2017).
33) L. Jin, Asia Investment Bank: Win-Win New Solution, Liberation, 16 April 2015.
34) 署名した57カ国は以下のとおりである。
アイスランド、アゼルバイジャン、アラブ首長国連邦、イギリス、イスラエル、イタリア、イラン、インド、インドネシア、ウズベキスタン、エジプト、オーストラリア、オーストリア、オマーン、オランダ、カザフスタン、カタール、韓国、カンボジア、キルギス、クウェート、サウジアラビア、ジョージア、シンガポール、スイス、スウェーデン、スペイン、スリランカ、タイ、タジキスタン、中国、デンマーク、ドイツ、トルコ、ニュージーランド、ネパール、ノルウェー、パキスタン、バングラデシュ、フィリピン、フィンランド、ブラジル、フランス、ブルネイ、ベトナム、ポーランド、ポルトガル、マルタ、マレーシア、ミャンマー、南アフリカ、モルディブ、モンゴル、ヨルダン、ラオス、ルクセンブルク、ロシア。
35) See more M. Vanhullebusch, "Governing Asymmetries on the Battlefield: Towards a Relational Normativity," *Chinese Journal of International Politics*, Vol. 9 (2016), pp. 307-348.

36) Y. Bai, M. Faure, J. Liu, "The Role of China's Banking Sector in Providing Green Finance," *Duke Environmental Law and Policy Forum* Vol. 24 (2014), pp. 105-106; M. Aizawa, C. Yang, "Green Credit, Green Stimulus, Green Revolution? China's Mobilization of Banks for Environmental Cleanup," *Journal of Environment and Development*, Vol. 19 (2010), pp. 119-144.
37) M. Vanhullebusch, "Finance, Rule of Law and Human Rights in China," in J. Hu, M. Vanhullebusch, A. Harding (eds.), *Finance, Rule of Law and Development in Asia: Perspectives from Singapore, Hong Kong and Mainland China*, Brill/Nijhoff, Leiden/Boston, 2016, p. 176.
38) V. Volcovici, S.L. Wong, "Trumps Wins Open Way for China to Take Climate Leadership Role," at http://www.reuters.com/article/us-usa-election-climatechange-idUSKBN1360DK (Accessed on 18 May 2017).
39) AIIB Environmental and Social Framework, paras 21, 33.
40) *Ibid.*, preamble.
41) *Ibid.*, para 7.
42) *Ibid.*, para 16.
43) *Ibid.*, para 15.
44) *Ibid.*, para 62.
45) *Ibid.*, para 67; Environmental and Social Standard 1, para 4A.
46) *Ibid.*, para 65-66.
47) *Ibid.*, para 64.
48) Indonesia: National Slum Upgrading Project, at https://www.aiib.org/en/projects/approved/2016/indonesia-national-slum.html (Accessed on 18 May 2017).
49) Pakistan: Tarbela 5 Hydropower Extension Project, at https://www.aiib.org/en/projects/approved/2016/pakistan-tarbela-5.html (Accessed on 18 May 2017).
50) Azerbaijan: Trans-Anatolian Natural Gas Pipeline Project (TANAP), at https://www.aiib.org/en/projects/approved/2016/trans-anatolian.html (Accessed on 18 May 2017).
51) Pakistan: National Motorway M-4 Project, at https://www.aiib.org/en/projects/approved/2016/pakistan-national-motorway.html (Accessed on 18 May 2017).
52) K. Mahbubani, *The New Asian Hemisphere: The Irresistible Shift of Global Power to the East*, Public Affairs, New York, 2008, p. 224.

索　引

あ　行

「アウシュヴィッツの嘘」事件 …………… 204
アジア …………………………………………… 129
アジアインフラ投資銀行（AIIB）…… 212, 222
アジア開発銀行 ………………… 212, 223, 229
アフガニスタン ………………………………… 132
アフリカ ………………………………………… 129
アメリカ型 ……………………………………… 99
アラブ諸国 ……………………………………… 129
安全な第三国 …………………………………… 67
安全な本国 ……………………………………… 67
違憲状態 ………………………………………… 107
イスタンブール条約 …… 168, 176, 184, 186, 187
イスラエル ……………………………………… 136
一帯一路構想 …………………………………… 218
インターナチオナーレ貿易会社事件 …… 26
受入基準（reception conditions）指令 …… 68
ウクライナ ……………………………………… 132
欧州人権条約 …………………………… 116, 174
　　——14条 ………………………………… 80
　　——第1議定書 ………………………… 81
　　——第12議定書 ………………………… 80
欧州庇護支援局（EASO: European Asylum
　Support Office）……………………………… 70
欧州連合基本権憲章（EU基本権憲章）…… 172

か　行

外国人の人権享有主体性 …………………… 147
外国法の参照 …………………………………… 158
関係によるガバナンス ………………… 216, 224
慣習国際法 ……………………………………… 130
カンボジア ………………………………… 129, 132
血統主義 ………………………………………… 154
憲法アイデンティティ ………………………… 27

合憲限定解釈 …………………………………… 158
国際刑事裁判所（ICC: the International
　Criminal Court）…………………………… 129
国際刑事法 ……………………………………… 130
国際人権法 ………………… 114, 117, 119, 121-123
国際的保護 ……………………………………… 67
国際連合安全保障理事会 …………………… 130
国　籍 …………………………………………… 147
国籍差別禁止原則 …………………………… 149
国籍法違憲訴訟 ……………………………… 156
国連憲章 …………………………………… 214, 217
国連国際組織犯罪条約 ……………………… 169
国家公務員法 ………………………………… 197
国家主権 ……………………………………… 159
婚外子差別 …………………………………… 105
コンディショナリティ ……………………… 8

さ　行

サーシオレイライ …………………………… 102
在外邦人選挙権訴訟 ………………………… 106
裁判官同士の対話 …………………………… 159
裁判所意見2/15 ……………………………… 14
シェンゲン圏 ………………………………… 57
ジェンダーに基づく暴力 …………………… 173
司法消極主義 ………………………………… 98
司法の政治化 ………………………………… 109
社会的な扶助ツーリズム …………………… 86
自由権規約2条 ……………………………… 170
終審裁判所 …………………………………… 101
集団殺害犯罪 ………………………………… 132
集中審理型 …………………………………… 99
ジュネーブ条約 …………………………… 61, 130
主流化（mainstream）………………………… 3
職業裁判官 ……………………………… 101, 102

235

女性及び子どもに対する暴力の撤廃に関
　する宣言 ·································· 179
女性及び子どもの権利の促進及び保護に
　関する委員会 (ACWC) ················ 178
女性差別撤廃委員会 ·············· 184, 185
女性差別撤廃条約 ············ 154, 170, 183
女性に対する暴力 ············ 167, 168, 183
女性の人身取引 ························ 168
新開発銀行 ············ 212, 222, 226, 229
新開発銀行設立協定 ···················· 222
人権侵害 ······························· 131
人権の普遍性 ·························· 147
人身取引 ······························· 184
　――議定書 ·············· 169, 175, 181, 185
　――に対する行動に関する欧州評議会
　　条約 ······························· 174
人道に対する犯罪 ······················ 132
侵略犯罪 ······························· 132
水平的条項 (horizontal clauses) ······ 12, 13
性質説 ································· 149
政治的法 ······························· 100
政治任用 ······························· 103
世界銀行 ······················ 220, 221, 229
世界人権宣言 ·························· 170
戦争犯罪 ······························· 132
戦略的パートナーシップ協定 (SPA) ······· 8
相互互換性 ···························· 147
相互作用 (cross-fertilisation) ······ 19, 3, 5, 8
相互作用理論 ·························· 204
相互承認 ······························· 150

た　行

第1段階のCEAS ························· 60
第2段階のCEAS ···················· 60, 61, 63
第3段階のCEAS ························· 71
大韓民国 ······························· 132
代替可能性 ···························· 147
大陸型 ·································· 99
対　話 ································· 108
台湾憲法裁判所 ···················· 115, 117

唯一の機会 (one only chance)(原則) ··· 63, 66
小さな司法 ···························· 105
ドイツ基本法 ······················ 115, 116
同等の保障 ···························· 161
東南アジア諸国連合 (ASEAN) ·········· 129
投票価値の不均衡 ······················ 106
特定秘密保護法 ························ 195
トランスナショナル ···················· 160

な　行

内部的自由 ···························· 206
「二重の基準」論 ······················· 200

は　行

発展の権利 ················ 213, 214, 217, 221
　――宣言 ······························ 215
パレルモ条約 ·············· 169, 175, 181, 185
庇護ショッピング ··················· 63, 66
庇護のためのEU機関 (European Union
　Agency for Asylum) ···················· 71
庇護パッケージ2013 ····················· 60
庇護要件 (Qualification) 指令 ··········· 60
非嫡出子 ······························· 155
平等原則 ······························· 147
平等保護の保障の適用のための「ドア・
　オープナー」 ··························· 82
フィリピン ···························· 129
夫婦同氏の原則 ························ 108
プレスの自由 ·························· 201
分散型 ·································· 99
平和共存五原則 ···················· 216-218
包括的経済貿易協定 (CETA) ·············· 7
法曹一元 ······························· 100
報道の自由 ···························· 196
補完性原則 ···························· 131
補充的保護 (Subsidiary protection) ····· 61

ま　行

マクリーン事件 ························ 150
マラケシュ条約 ························· 15

民衆煽動罪 …………………………… *203*
民主主義 ……………………………… *152*

や 行

有害図書 ……………………………… *197*

ら 行

リスボン条約 ………………………… *172*
リュート判決 ………………………… *204*
リロケーション（relocation） ……… *65*

わ 行

わいせつ文書 ………………………… *197*
枠組秩序 ……………………… *120, 122, 123*

アルファベット（A〜）

AIIB ……………………………… *226, 229*
　──設立協定 ……………………… *223*
　──設立協定13条 ………………… *226*
Akerberg Fransson 事件 ……………… *37*
Altinay 事件 …………………………… *83*
Annibaldi 事件 ………………………… *37*
ASEAN 人権宣言 …………………… *178*
ASEAN 人身取引条約 ……… *168, 181, 186, 187*
ASEAN 政府間人権委員会 ………… *178*
Bartsch 事件 …………………………… *37*
Bickel and Franz 事件 ………………… *85*
Chassagnou 事件 ……………………… *83*
Costa v.E.N.E.L. 事件 ………………… *25*

Crzelczyk 事件 ………………………… *85*
Dano 事件 ……………………………… *38*
Darby 事件 …………………………… *81*
Driha 事件 …………………………… *83*
EU 運営条約 ………………………… *172*
　──18条 …………………………… *84*
　──157条 …………………………… *83*
　──207条 …………………………… *14*
　──352条 …………………………… *17*
EU 基本権憲章21条 ………………… *84*
EU 基本権庁 ………………………… *17*
EU とシンガポールの FTA ………… *14*
Fransson 事件（判決） …………… *33, 36, 38*
ICC 規定（ローマ規程） …………… *130*
Karlheinz Schmidt v. Germany 事件 …… *80*
Kucukdeveci 事件 ……………………… *87*
M.S.S. 事件 …………………………… *65*
Mangold 事件 ………………………… *87*
Martinez Sala 事件 …………………… *85*
N.S. and M.E. 事件 …………………… *65*
NGO ………………………………… *140*
Nistlahnz Polclava 事件 ……………… *38*
Okpisz 事件 …………………………… *82*
Omega 事件 …………………………… *32*
Siragusa 事件 ………………………… *38*
Solange 判決 ………………………… *26*
Solange II 判決 ……………………… *26*
Solange III 判決 ……………………… *31*

索　引　237

執筆者・翻訳者紹介（執筆・翻訳順、＊が編者）

＊中西　優美子（なかにし　ゆみこ）
　　一橋大学大学院法学研究科教授
　　担当：第1章、第2章（翻訳）、第3章、第4章（翻訳）

フェルディナンド・ヴォッレンシュレーガー（Ferdinand Wollenschläger）
　　ドイツ・アウグスブルク大学教授
　　担当：第2章

ニール・ペーターソン（Niels Petersen）
　　ドイツ・ミュンスター大学教授
　　担当：第4章

只野　雅人（ただの　まさひと）
　　一橋大学大学院法学研究科教授
　　担当：第5章

黄舒芃（Shu-Perng Hwang）
　　台湾・中央研究院教授
　　担当：第6章

渡辺　豊（わたなべ　ゆたか）
　　新潟大学法学教授
　　担当：第6章（翻訳）、第9章（翻訳）、第11章（翻訳）

竹村仁美（たけむら　ひとみ）
　　一橋大学大学院法学研究科准教授
　　担当：第7章

大藤　紀子（おおふじ　のりこ）
　　獨協大学法学部教授
　　担当：第8章

サラ・デ・ヴィード（Sara De Vido）
　　イタリア・カ・フォスカリ・ベネツィア大学准教授
　　担当：第9章

實原隆志（じつはら　たかし）
　　福岡大学法学部准教授
　　担当：第10章

マティアス・ファンフレブッシュ（Mattias Vanhullebusch）
　　中国・上海交通大学准教授
　　担当：第11章

Horitsu Bunka Sha

人権法の現代的課題
―― ヨーロッパとアジア

2019年1月15日　初版第1刷発行

編　者　中西優美子
発行者　田靡純子
発行所　株式会社 法律文化社

〒603-8053
京都市北区上賀茂岩ヶ垣内町71
電話 075(791)7131　FAX 075(721)8400
http://www.hou-bun.com/

＊乱丁など不良本がありましたら、ご連絡ください。
　送料小社負担にてお取り替えいたします。

印刷：西濃印刷㈱／製本：㈱藤沢製本
装幀：奥野　章
ISBN978-4-589-03984-2
Ⓒ2019 Yumiko Nakanishi Printed in Japan

JCOPY　〈㈳出版者著作権管理機構 委託出版物〉

本書の無断複写は著作権法上での例外を除き禁じられています。複写される
場合は、そのつど事前に、㈳出版者著作権管理機構（電話 03-3513-6969、
FAX 03-3513-6979, e-mail: info@jcopy.or.jp）の許諾を得てください。

中西優美子編	環境規制基準など世界をリードするEU環境法の最新の内容を紹介し、検討。環境影響評価／地球温暖化対策／動物福祉／生物多様性／海洋生物保護／GMO規制／原子力規制等を取りあげ、日本法との関係や影響を分析、示唆を得る。
EU環境法の最前線 ―日本への示唆― Ａ５判・240頁・3200円	
安江則子編著	外交政策、安全保障、通商、開発援助、環境、刑事司法といった各分野においてグローバルアクターとしてのEC／EUがどのような価値規範を形成し外交政策に反映させてきたのか。リスボン条約成立以降の新展開を詳細に分析。
EUとグローバル・ガバナンス ―国際秩序形成におけるヨーロッパ的価値― Ａ５判・204頁・3200円	
横田洋三編	国連人権理事会の普遍的定期審査など、国際人権法の新展開に即し全面的に内容を見直した。初学者が親しみやすいように、資料や設問を新たに盛り込む。個人通報制度の受諾問題をはじめ日本との関わりも意識的に取りあげる。
国際人権入門〔第2版〕 Ａ５判・272頁・2700円	
手塚崇聡著	自国の憲法解釈をする際に国際法規範を取り入れる方法のひとつである「参照」に焦点をおき、その方法と実態をカナダ最高裁の実践手法を具体的に明らかにしつつ考察。「参照」の正当性や司法の国際化にとっての「参照」の意義を探究する。日本の司法にも示唆を与える論考。
司法権の国際化と憲法解釈 ―「参照」を支える理論とその限界― Ａ５判・270頁・5600円	
風間 孝・河口和也・守 如子・赤枝香奈子著	性的マイノリティの権利獲得の歴史や「クィア理論」をふまえ、「性」の総体を考える。性的指向・性自認（トランスジェンダー・同性愛）、愛と性（セックス）の関係、性暴力（セクハラ・DV）、性感染症（エイズ）、性の商品化（性風俗・買売春）などをとりあげる。
教養のためのセクシュアリティ・スタディーズ Ａ５判・234頁・2500円	

― 法律文化社 ―

表示価格は本体（税別）価格です